Hoch über dem Fluss Nore erbaut: Kilkenny Castle

vorhergehende Doppelseite: Weiter Himmel in stetig wechselnden Wolken- und Lichtstimmungen

IRLAND

Fotos: Christian Prager
Text: Susanne Dockrell
Gestaltung Umschlag: Wolfgang Heinzel
Lektorat: Monika Goldschmidt

Printed in EU
ISBN 3-7243-0324-6

***Das Bild rechts zeigt
die «Akropolis» Irlands, Rock of Cashel***

IRLAND

CHRISTIAN PRAGER · SUSANNE DOCKRELL

terra magica

Textinhalt

Sichtwechsel

Irland ist Europa weit voraus, denn im Gegensatz zu anderen Völkern brauchen die Iren multikulturelles Zusammenleben nicht erst zu lernen – aus langjähriger Erfahrung wissen sie, was das bedeutet. Seit Jahrhunderten haben über 60 Millionen Auswanderer irischer Abstammung das Zusammenleben mit anderen Völkern auf der ganzen Welt praktiziert. Durch ihre gemeinsame Herkunft und ein stark ausgeprägtes Gefühl der Zusammengehörigkeit verfügen sie heute fast überall über Verbindungen und Stützpunkte. Dieses weit gespannte Kontaktnetz ist seit der Entwicklung moderner Kommunikationsmittel so dicht und engmaschig wie nie zuvor.

Mit Internet und World Wide Web rücken die Menschen gedanklich fortwährend enger zusammen und der geographische Standort wird weniger wichtig. So wohnt die Sekretärin des Arztes in New York weiterhin in ihrem Dorf in Donegal, der Übersetzer faxt täglich seine Pressestimmen von Athlone im Herzen Irlands nach Tokio, während der Bankmanager in Dublin morgens auf seinem Bildschirm die Börsennachrichten aus den Großstädten der Welt analysiert. Wie kaum ein anderes Volk können die Iren weltweit rasch und mühelos Kontakte knüpfen, die gemeinsame Herkunft bei neuen Ansprechpartnern als Vertrauensbasis nutzen und die vormals trennenden geographischen Entfernungen mühelos überbrücken.

Die Zeiten, in denen ein irischer Auswanderer sein Herkunftsland verleugnete, sind vorbei. Irische Pässe stehen hoch im Kurs, und nicht ohne Stolz verweisen Reisende und Auswanderer auf ihre Heimat, eine Insel so groß wie Bayern, am Rande Europas. Jeder von ihnen trägt «sein» Irlandbuch mit sich, und je größer der zeitliche und geographische Abstand von der Heimat ist, desto verklärter wird die Erinnerung. Etwas auswendig lernen heißt «to learn things of by heart»: mehr mit dem Herzen als mit dem Verstand werden Erinnerungsbruchstücke aus der Entfernung neu zusammengesetzt und mit einem guten Schuss Phantasie gewürzt. Lange bevor die Tourismus-Werbung das heutige Klischeebild der grünen Insel hervorbrachte, hatte die Kunde über Irland aus der Mundpropaganda derer bestanden, die die Insel verlassen hatten, sowie aus begeisterten oder abwertenden, äußerst widersprüchlichen Berichten vorübergehender Besucher.

Keltische Krieger waren als Erste auf der «Insel hinter der Insel» gelangt, nach ihnen fromme Pilger mit dem Christentum, dann wissbegierige Gelehrte und Studenten, Naturliebhaber und Neugierige. Was zog sie damals, was zieht sie heute ins Land? «Sie leben nur von Tieren und wie Tiere» hatte Giraldus Cambrensis (1146-1223) in der ersten erhaltenen, ausführlichen Irlandbeschreibung eines Fremden festgestellt. 700 Jahre später meinte William Buffin während einer Fahrradtour durch das Land: «Dieses Königreich ist mit göttlicher Grazie und großem Reichtum angefüllt.» Friedrich Engels dagegen rief nach einer Rundreise im Jahre 1869 aus: «Das Land ist eine vollkommene Wüste, die niemand mehr haben will», während der Dichter Chesterton über die Iren bemerkte: «Alle ihre Kriege sind lustig und all ihre Lieder voll Trauer.» Der deutsche Reiseschriftsteller Jakob Venedey berichtet 1844: «Die Kinder sehen aus, als ob sie nie gewaschen worden, die Alten, als ob das Wasser Geld kostet.»

Im Gegensatz zu anderen Reisenden, die zu Fuß mit einem Bündel Habseligkeiten die Insel erwanderten, fuhr der Hausierer Karl Gottlieb Küttner im Jahre 1783 in der Privatkutsche auf den Landsitz seiner Herrschaft und beschrieb seine Umgebung mehr aus anglo-irischer Sicht, wobei er doch verwundert feststellen musste: «Selten habe ich eine Unterredung mit Engländern über Irland, dass ich nicht mit Erstaunen bemerke, wie so gar wenig sie dieses Land kennen.» Und auch in Deutschland musste er feststellen: «Überdies ist Irland ein Land, das man auf dem festen Lande noch gar wenig oder höchst falsch kennt.»

Die Anreise mit dem Auto ist entweder über England oder Frankreich mit den Fährverbindungen möglich

nächste Doppelseite: Vorstadt-Pub von Cork: Das Pub hat in Irland soziale Funktion. Hier trifft man sich, um zu trinken, zu reden, Musik zu hören und zu tanzen

BRIEFE EINES VERSTORBENEN

Das änderte sich schlagartig, als ein literarischer Bestseller im Jahre 1832 eine Sensation und große Irlandfaszination in Deutschland auslöste: *Briefe eines Verstorbenen* nannte Fürst von Pückler-Muskau seine Tagebuchnotizen, die er während einer viermonatigen Reise durch Irland zusammengetragen hatte. Bei seinem ersten Ritt durch Dublin beeindruckte ihn weniger das Gesamtbild der Stadt als der Anblick und das Verhalten der einfachen Leute: «Der Schmutz, die Armut und die zerlumpte Tracht des gemeinen Mannes übersteigen oft allen Glauben. Dennoch scheinen die Leute stets guter Dinge und zeigen zuweilen auf der Straße Anwandlungen von Lustigkeit, die an Verrücktheit grenzen.»

Nach seiner Rundreise von Landsitz zu Landsitz, doch auch nach Begegnungen mit allen Schichten der Bevölkerung, lautete sein Gesamturteil: «Das irische Volk vereinigt im Allgemeinen bei all seiner Rohheit die Biederkeit und poetische Gemütlichkeit der Deutschen mit der Lebhaftigkeit und der schnellen Konzeption der Franzosen und besitzt als Zugabe alle Natürlichkeit und Unterwürfigkeit der Italiener. Man kann mit vollem Recht von ihm sagen, dass es seine Fehler nur anderen, seine Tugenden aber allein sich selbst zu verdanken hat.»

Irland ist ein Land der Widersprüche und «Artenvielfalt» geblieben; deshalb gibt es immer nur individuelle Erlebnisse und Berichte, die einander ergänzen, doch niemals allumfassend sein können.

Zahlreiche Belege in der deutschen Literatur spiegeln seit der Romantik ein wachsendes Interesse an den politischen Entwicklungen in Irland. Neben Freiligrath, der mehrere Gedichte über die ferne Insel schrieb, sind auch Heine, Görres, Droste, Schücking, Otto Ludwig und sogar Goethe zu nennen. Doch ihre Werke oder Kommentare fanden in ihrer Zeit nicht solche Beachtung wie die ihnen vorausgegangenen sensationellen Briefe von Pückler-Muskau und die 130 Jahre später aufgeschriebenen Erlebnisse des Schriftstellers Heinrich Böll. Im Jahre 1957 erschien sein *Irisches Tagebuch* und löste einen anhaltenden Irlandboom aus. Seither gibt es so viele Ansichten über diese Insel wie Menschen, die sie besucht haben.

LAND OHNE VERGANGENHEIT

Wer Irland richtig kennen lernen will, sollte das Land erwandern: auf den Klippen der Westküste, über die Moore der Midlands, durch die bewaldeten Berge der Mourne Mountains. Dabei sollte man viel Zeit und Bücher irischer Schriftsteller im Gepäck haben. Abends am Torffeuer kann man dann Geschichten aus der Umgebung hören oder aus der Literatur mehr über das Wesen derer erfahren, die diese Insel bewohnen.

Zudem liegt das Land selbst wie ein aufgeschlagenes Geschichtsbuch vor uns: Steine und Seen, Wälder und Weiden, Gemäuer, Gewächse und Menschenwerk. Sie bilden nicht nur eine Kulisse, sondern bergen Mosaiksteine einer turbulenten, widerspruchsvollen, leiderfüllten Geschichte. Dabei bleibt es der Neugier und Vorstellungskraft eines jeden Einzelnen überlassen, wie weit er das Gewesene in die Gegenwart mit einbezieht und als wegweisend für die Zukunft wertet.

Irland *hat* keine Geschichte, sondern Irland *ist* Geschichte! Es ist sozusagen ein Land ohne Vergangenheit, weil diese noch nicht abgeschlossen ist. Brian Boru und Oisin sind ebenso Zeitgenossen wie die Königin Maeve, der heilige Patrick, der Krieger Strongbow oder Politiker Parnell. Die Fähigkeit, Geschichte als etwas Zurückliegendes, Abgeschlossenes zu betrachten, das zwar Auswirkungen hat, aber eine Zeit ist, auf die wir heute keinen Einfluss mehr haben, diese Fähigkeit des Abstandnehmens gibt es kaum.

Innerhalb weniger Minuten kann der Fremde durch unwissende oder auch nur unvorsichtige Formulierungen über «Historisches» heftige Diskussionen auslösen. Die Größe Cuchulainns, der Hass auf Cromwell, die Verehrung für O'Connell ist aktuell und von anhaltender Bedeutung. Dabei werden mythologische Ereignisse und Gestalten oft wie historische Tatsa-

O'DRISCOLLS
TABHAIRNE
DEOCHLANN
SEOMRA SIAMSA
BIALANN
PUBLIC HOUSE
O'DRISCOLLS
ESTB. 1884
RESTAURANT
O'DRISCOLLS
TO LET
LISNEY

MYTHENLANDSCHAFT

chen behandelt und umgekehrt kann Geschichte zur Mythologie werden. Man findet kaum objektive Geschichtsbücher, denn historisch-mythische Gestalten leben in ständig wechselnder Deutung weiter. Freiheitskämpfer setzt man mythischen Figuren gleich; auch eine gewisse Opfer- und Märtyrertradition lässt sich in gegenwärtigen politischen Aktionen wiedererkennen.

Fairy-Circles, eine kreisförmig angeordnete Baumgruppe, wo Feen zu Hause sind, werden landwirtschaftlich ausgespart. Und fragt man den Bauern, ob er das tue, weil er an *Fairies* glaube, so lautet die entrüstete Antwort: «Natürlich nicht – aber es gibt sie!» In Irland ist nicht nur der große Schatz an Mythen und Legenden erhalten, sondern eben auch die dazugehörige, wenig veränderte Mythenlandschaft, in der sich diese Geschichten ereigneten. Grenzen zu Begebenheiten in der Vergangenheit bleiben offener als Wege in die Zukunft.

Die politischen Gegenwartsprobleme in Nordirland lassen oft Zweifel aufkommen am rechten Umgang mit Historischem und Traditionen. Beharrlich holt man die alten Geschichten hervor, denn nichts ist zu Ende, alles lässt sich in Form von Erzähltem wieder erleben und wie Knetmasse nach eigenem Gutdünken um- und verformen.

Geschichten bekräftigen Bilder, die wir in uns aufnehmen und die sich minutenschnell ändern können, je nachdem wie der Wind die Wolken verschiebt. Mit allen fünf Sinnen gleichzeitig lässt sich dieses Land erfassen; wir fühlen den Wind, wir riechen das Torffeuer und die Erde, wir schmecken das braune Sodabrot und den Whiskey, wir hören das Meer und die Sprache und Lieder und sehen die zerklüftete Küste, die saftgrünen Wiesen, die schwarzblauen Seen und die romantischen Ruinen. Wir erleben aber auch bettelnde Kinder, herumlungernde Jugendliche, gebrechliche Alte. Wir bemerken den süßlichen Geruch von Drogen, rußige Luft, graue Steine, nasse, endlose Straßen, herumwirbelnde Plastiktüten, lähmende Verkehrsstaus in den Städten, grelle Neonbeleuchtung, heruntergekommene Häuser. Wir hören unerträglich laute Popmusik und Kneipengegröle und spüren kriechende, klamme Kälte; auch das ist Irland.

GRENZENLOSE VIELFALT VON WAHRNEHMUNGEN

Diese grenzenlose Vielfalt von Wahrnehmungen und Empfindungen zwingt uns unwillkürlich Fragen und Überlegungen auf: Warum muss das so sein, was ist hier geschehen, wer hat in diesem *Cottage* ausgeharrt, wem gehörte der Prachtbau, warum betteln Menschen auf der Straße, wer lebt heute in den feudalen Landhäusern? Sei es ein *Georgian House* in Dublin, eine verlassene Kirche auf dem Lande, ein einsam gelegenes Schulgebäude, eine von Efeu umrankte Burgruine, ein stillgelegter Hafen, ein rundes Steinfort, ein ödes Fabrikgelände oder ein überwachsenes Hochkreuz – überall sind sichtbare Spuren menschlichen Wirkens, die sich über Jahrhunderte bis weit in die vorchristliche Zeit zurückverfolgen lassen. Bauwerke aus verschiedenen Epochen stehen unmittelbar nebeneinander auf dieser Insel, anderes liegt noch in den Mooren, Seen und Höhlen verborgen oder ist von Erde und Gras überwuchert.

VON ERDE UND GRAS ÜBERWUCHERT

«Interpretierende Zentren» heißen sinngemäß die Stätten, wo man die Vergangenheit besonders von der Geschichte oder Natur geprägter Orte durch Rekonstruktion wirklichkeitsnah darzustellen versucht. Dem Fremden erleichtern sie den Zugang zu einer an Vorurteilen und Erwartungen reichen und doch nur vage vorschwebenden Welt; dem Iren bestätigt die Wiederbelebung der fernen Vergangenheit den Reichtum und die Vielfalt seiner Herkunft.

Menschengemisch

In der Vorstellung seiner Sänger und Dichter erscheint Irland als reizvolles, junges Mädchen oder auch als verhutzeltes Weib, das sich jedoch in eine Königin verwandeln kann. Entsprechend sind die Geschichten um diese Gestalt ein wirres Gemisch aus Tatsachen und Phantasie und immer voller Widersprüche. Der ausgewanderte irische Schriftsteller G.B. Shaw meinte, der Ire sei ein Spielball seiner Phantasie, sie lasse ihn nie in Frieden, versetze ihn ständig in Zweifel und mache ihn zu einem ewig Unzufriedenen. Woher kommen diese «irischen» Eigenschaften eines zahlenmäßig kleinen Inselvolks, das sich am liebsten mit sich selbst und seiner ererbten Geschichte beschäftigt; das immer wissen möchte, was andere über sein Land denken und welche Attraktionen es für Fremde birgt? Sigmund Freud verstieg sich zu der Behauptung, die Iren seien der einzige Volksstamm, der sich nicht psychoanalysieren ließe, denn sie seien zu schnell darin, Träume zu erfinden oder Lügen aufzutischen, die interessanter als die Wahrheit seien!

Wie jede Insel war auch Irland von jeher fremden Überfällen ausgesetzt, niemals in der Geschichte war die sesshafte Bevölkerung vereint genug, Eindringlingen ein gemeinsames Heer zur Verteidigung ihres Eigentums entgegenzustellen. Neben Viehzucht und Ackerbau beherrschten häufige Stammesfehden das irische Leben und öffneten den Kelten, Wikingern, Normannen und Engländern den Zugang zu der ungeschützten Insel. Bis heute setzen sich die Kämpfe unter anderen Namen und Vorwänden fort. Oft mussten sich die Einwohner der größeren Waffengewalt von außen fügen, doch über die Jahrhunderte gelang ihnen ein anderer Sieg, indem sie nämlich die Fremden gänzlich absorbierten und diese sich vollkommen dem irischen Lebensstil anpassten. Wikinger und Normannen lernten im Laufe der Zeit die Landessprache und vermischten sich mit der einheimischen Bevölkerung.

Erst später führte die Übermacht aus England harsche Gesetze ein, um die fortlaufende Vermischung zweier Nationen und Sprachen zu verhindern und die Oberhand zu behalten. Das aber steigerte nur den Zusammenhalt der Eroberten. Sie verschanzten sich hinter ihrer gemeinsamen Sprache und Religion und pflegten die alten Traditionen wie nie zuvor: Musik, Tanz und Geschichten blieben ihre große Stärke, und aus der aufgezwungenen englischen Sprache schufen sie nach geraumer Zeit eine eigene Weltliteratur.

Wenn der Wind die Wolken weiterwirbelt, erhaschen wir einen Blick auf eine Insel, die Jahrhunderte lang abseits lag, zunehmend aber von Menschen und Medien entdeckt und aufs Neue «erobert» wird. *Blow-ins*, Hereingewehte, nennt man alle, die sich hier niederlassen, aber damit noch lange nicht den Anspruch haben, richtige Inselmenschen zu sein. Noch gehören sie nicht zu dem «echten» Menschenschlag der Iren, diesem Gemisch aus Kelten und Normannen, aus Hugenotten und Pfälzern, Engländern, Walisern, Schotten, Spaniern, Russen und Portugiesen, die im Laufe vieler Jahrhunderte unter äußerst unterschiedlichen Voraussetzungen hier ankamen, blieben und irisch wurden.

Als Erste waren die Kelten am äußersten Punkt ihrer Wanderungen hier angelangt und sie verdrängten die angetroffenen Volksstämme der Ureinwohner. Im 5. Jahrhundert folgte dann die Bekehrungswelle durch Christen und der Aufbau größerer, gemeinsamer Siedlungen. Die wohlhabenden Klöster an den Flussmündungen waren wiederum ein begehrenswertes Ziel für die Wikinger mit ihren wendigen Piratenschiffen. Nach anfänglicher Plünderung und Zerstörung wurden aber auch sie sesshaft und verlagerten ihre Erwerbstätigkeit auf andere Bereiche: Auf ihren Reisen tauschten sie Schafshäute und Wolle gegen Tuche und Weine. Für ihren florierenden Handel gründeten sie entlang der Küste feste Niederlassungen und nannten sie Wexford, Waterford, Cork, Limerick und Dublin.

Von den Anglo-Normannen wurden Festungen gebaut: zunächst als Holzbauten auf Hügeln gelegen, später in Form trutziger Turmburgen. Viele der Einwanderer aus England übernahmen die gälische Kultur und gingen in der irischen Lebensweise auf, während spätere englische Siedler alles Gälische als primitiv verachteten und höchstens Interesse für irische Musikanten zeigten.

Das englische Feudalrecht verdrängte das keltische Brehon-Recht; statt Gälisch sprach die Oberschicht Französisch oder Englisch. Grundverschiedene Volksstämme existierten nebeneinander, wobei sie sich teilweise, aber nie ganz miteinander vermischten. Die Trennung von Stadt und Land half mit, die Gegensätze aufrechtzuerhalten.

Die Iren blieben auf dem Land als Bauern und Viehzüchter; in den Städten dagegen, die die Wikinger gegründet hatten, lebten deren Nachkommen mit Normannen und Engländern. Daneben errichteten die vielen religiösen, vom Festland eingewanderten Orden, wie Zisterzienser, Benediktiner und Franziskaner, geschlossene Klosteranlagen innerhalb schützender Mauern und ersetzten die bisherigen lose zusammengefügten, inzwischen verweltlichten Klosterstädte.

Durch Zerstörung, Alter und Verfall bedingt, blieben die von Menschenhand errichteten Steinbauten vorwiegend als Ruinen übrig. Wir finden erstürmte Burgen, kahle Dorfskelette, verfallene Schlösser, aufgegebene Kirchen, überwachsene Anwesen. Die Bauweise und die Art der Funde in der Umgebung bergen Hinweise, Überreste und Geheimnisse über das Leben der Menschen, die diese Insel, wie wir sie heute vorfinden, geprägt haben. Selbst eine ganze Stadt mit großzügig gestalteten Originalbauten und Straßenzügen aus der Blütezeit des 18. Jahrhunderts ist erhalten: Dublin!

Abgesehen von Künstlern und Handwerkern mit vielseitigen Fertigkeiten brachte eine große Einwanderungswelle vertriebener Hugenotten Geschäftstüchtigkeit, Kunstverständnis und großes handwerkliches Können in der Textilverarbeitung: Im

Bild nächste Doppelseite: Cork: Blick zur St. Finbarr's Cathedral. Obwohl Cork an der Südküste nicht mehr als 150 000 Einwohner hat, zählt die Stadt zu den wichtigsten Zentren der Insel

Weben, Klöppeln und Handarbeiten waren sie den Einheimischen überlegen. Zu ihnen gesellte sich eine zweite Welle protestantischer Einwanderer: 821 Familien aus der von Kriegen gebeutelten Pfalz ließen sich im Jahre 1709 in der Gegend um Limerick nieder und steigerten durch ihre fortschrittlichen Arbeitsmethoden die Wirtschaftskraft des Landes.

Zu ihnen gehörten 1083 Bauern und Winzer, 90 Zimmerleute, 46 Schmiede, 13 Stellmacher, 22 Bäcker, 48 Maurer, 40 Schuhmacher, 56 Weber, 48 Böttcher, 58 Schneider, 15 Metzger, vier Hirten, zehn Lehrer und drei Wundärzte. Im Februar 1710 kam eine zweite Gruppe mit etwa 800 weiteren Pfälzern, so dass ihre Zahl auf 4000 Menschen anschwoll. «Ihre Ernten sind viel besser als die ihrer Nachbarn», bemerkte Arthur Young bei seiner Reise durch Irland (1776-1779), und John Wesley sagt über die Pfälzer: «Es sind ernste, nachdenkliche Menschen. Mit ihrem Fleiß machen sie aus ihrem ganzen Land einen Garten.»

Auch Quäker suchten Zuflucht in Irland, als Bauern, Händler und Kaufleute. Sie zeichneten sich vor allem durch Hilfsbereitschaft und soziales Engagement aus und spielten bald eine wichtige Rolle in der Wirtschaft und Gesellschaft. Auf ähnliche Weise integrierte sich eine kleinere Gruppe verfolgter Juden, die in zwei Schüben aus Portugal und später aus Russland nach Irland gelangt waren.

Im Norden der Insel ersetzten die Eroberer rebellische Iren durch loyale britische, vor allem schottische Siedler. Waren die früheren Einwanderer aus England hauptsächlich Adlige oder Kaufleute katholischen Glaubens gewesen, so kamen jetzt calvinistische Bauern nach Ulster; harte und fleißige Kolonisatoren, die die ihnen zugedachten kargen Gebiete in ein blühendes Land verwandelten. Doch lebten sie auf enteignetem Boden und wurden von den bisherigen Bewohnern entsprechend verfolgt und verachtet.

Diese waren entweder aufs Festland oder in die Berge von Ulster geflohen, von wo sie durch wiederholte Überfälle versuchten, ihre früheren Ländereien zurückzuerobern. Die Samen des bis heute anhaltenden Hasses wurden bereits damals gesät, und die grundverschiedenen Volksstämme haben stets mehr gegeneinander statt miteinander gelebt.

Neben diesen herkunftsmäßig klar bestimmbaren Einwanderern bildete sich die gemischte Schicht der Anglo-Iren heraus: Sie setzte sich ursprünglich aus Normannen, englischen Immigranten und Nachkommen früherer gälischer Clans zusammen. Der Wirrwarr der Nationen manifestierte sich vollends bei der Schlacht am Boyne.

Dort siegte vor 300 Jahren auf irischem Boden der von den Engländern herbeigerufene protestantische Holländer, Wilhelm III. von Oranien, mit Unterstützung des Papstes und einer französischen Armee, über den in Frankreich katholisch erzogenen Schotten James II.!

Von da an wurde die vertriebene katholische Aristokratie durch ein Gemisch aus schottischen, englischen und französischen Bauern, Soldaten, Abenteuern, Adligen und Spekulanten ersetzt. Sie bildeten fortan die dominierende Schicht der Grundbesitzer.

Weniger die ethnische Herkunft spielte eine Rolle als vielmehr die Zugehörigkeit zu einer machthabenden, protestantischen Oberschicht, die dann später innerhalb ihrer eigenen Kreise für einen großen Aufschwung in Wirtschaft, Kultur und Baukunst sorgte. So haben vor allem drei Kräfte die irische Nation entscheidend geprägt: das Keltentum, England und die Religion.

In unzähligen Machtkämpfen untereinander und gegen Eindringlinge verschoben sich immer wieder die Besitzverhältnisse und Ansiedlungsgebiete innerhalb des Landes. Das mag die irische Vorliebe erklären, einer langfristigen Planung stets die kurzfristige und oft geniale Improvisation vorzuziehen. Umverteilung der Ländereien, Massenaus- und -einwanderungen und immer wieder neue, oft nicht eingehaltene Vereinbarungen haben eine herkunftsmäßig stark gemischte und noch immer nicht einigungsbereite Bevölkerung hervorgebracht.

Keinem der vielen Eroberer und Zugewanderten ist es je gelungen, das zersplitterte Volk der Kämpfer, Phantasten und Individualisten vollends zu unterwerfen, geschweige denn zu einigen. Ähnlich den früheren Clans etablieren sich nach wie vor Gruppen, die sich im Namen einer religiösen oder politischen Ideologie zusammenfinden und unter diesem «Etikett» berechtigt fühlen, zu urteilen und zu handeln. Entsprechend möchte der Ire auch bei einem Fremden wissen, «wes Geistes Kind» er sei, welches Etikett zu ihm passt, ehe er sich auf ein ernsthaftes Gespräch einlässt. Dabei versucht er, wie eine Redensart bekundet, im Fremden zunächst einmal einen Freund zu sehen, dem er bisher noch nicht begegnet ist.

Paradoxerweise gelang den Iren die endgültige Verwirklichung einer nationalen Eigenständigkeit erst vollends durch die eigene Abgrenzung innerhalb der internationalen Europäischen Gemeinschaft. Aus dieser wiederum stammt die bunte Mischung der gegenwärtigen Zuwanderungswelle: Aussteiger, Abenteurer, Berufstätige aus Industrie- und Kulturbereichen, Maler, Musiker und Schriftsteller, Bauern und Handwerker, Lehrer, Journalisten und Studenten, Pferdeliebhaber und alle möglichen Irlandfans kommen vorübergehend – und möchten bleiben!

Aber nicht immer erfüllen sich ihre Wunschvorstellungen und manch einer zieht enttäuscht wieder davon. Statt Romantik und Ruhe zu finden, kann sich ebenso gut Enttäuschung, Resignation oder Schwermut einstellen. Deshalb sollte man die Irlandreisenden, die sich ernsthaft mit dem «traumverseuchten» Land und den Menschen der Insel befassen möchten, statt Be-sucher zunächst einmal Sucher nennen: Ein Traumland finden sie nicht, wohl aber ein Land zum Träumen!

Der Steinkreis von Drombeg bei Rosscarbery in der Grafschaft Cork, vermutlich um 200 vor Christus errichtet

Gegend im Regen?

Bild nächste Doppelseite: *Ein besonders vornehmes Pub: die «Reidy's Vault Bar», Western Road in Cork*

übernächste Doppelseite: *Das Städtchen Cobh liegt zirka 15 Kilometer südöstlich von Cork. Der Hafen ist von Bedeutung für die Geschichte der Seefahrt, denn hier legte die «Titanic» zum letzten Mal vor ihrem Untergang* an

Rund 90 Kilometer liegen zwischen der Hafenstadt Holyhead in Wales und dem Dubliner Vororthafen Dun Laoghaire. Hatten Reisende im 18. Jahrhundert noch bis zu 40 Stunden für eine Überfahrt bei Sturm gebraucht, so legt heute die moderne Hoovercraftfähre dieselbe Strecke in 99 Minuten zurück, wenn sie mehrmals täglich über die 200 Meter tiefe Irische See hin und her prescht. Die kürzeste Entfernung zwischen Irland und Schottland beträgt nur 18, die größte nach England 192 Kilometer. Die einst gefürchteten Überfahrten werden heute kaum noch wahrgenommen, da die meisten Menschen per Flugzeug anreisen. Ihnen entgeht allerdings die wunderbare, beim Näherkommen allmählich aus dem Meer auftauchende Silhouette mit Kirchtürmen und Häuserreihen vor der Bergkette der Wicklow Mountains. Stattdessen erblicken sie im Anflug eine vorwiegend grüne, von Flüssen, Straßen, Hecken und Mauern durchzogene, von Seen gesprenkelte und mit vereinzelten Ortschaften bebaute Landschaft. So wie wir die Insel heute vorfinden, gleicht sie nur noch in ihrer Lage und in ihren Ausmaßen dem Gebiet, das vor zirka 8000 Jahren die ersten Siedler angelockt hatte.

Seither haben Jahrhunderte bewegter Ereignisse das Land grundlegend verändert: Die unberührte Naturlandschaft wurde von Menschenhand be- und ausgenutzt, bebaut, verwüstet, gerodet und bepflanzt. Was noch erhalten ist von ersten Generationen arbeitender, kämpfender, kurzlebiger Ureinwohner, sind Steine in allen Größen und Anordnungen sowie eine Fülle mündlicher Überlieferungen, die man später aufschrieb – und über hunderte von Generationen weiterverarbeitet und neu vermischt sind vor allem die Eigenschaften der Menschen. Aus der dicht bewaldeten Insel wurde im Laufe der Zeit eine vielfältig aufgeteilte Landschaft mit Wiesen, Feldern und Mooren, auf denen Steindenkmäler aus fernen Zeiten Anknüpfungspunkte zu überlieferten Geschichten bilden. Mit viel Geduld und Hilfe moderner Bestimmungsmethoden lassen sich die mannigfachen Steinspuren verschiedenen Zeitabschnitten zuordnen, wobei zum Erstaunen der Archäologen sogar Steingruppen aus vorkeltischer Zeit zum Vorschein kommen. Spätere Dolmen und Ganggräber zeugen von einem hohen Niveau der Bau- und Berechnungskunst, während von weiteren Generationen vor allem Werke aus Stein und Metall erhalten blieben.

Die geographischen Gegebenheiten Irlands könnten abwechslungsreicher nicht sein: Während sich an der Peripherie Gebirge entlangziehen, liegt die Mitte der Insel in einem Tiefland mit Hügelketten und Hochebenen. Im Westen wechseln streckenweise steile Felsen mit weiten Stränden, im Osten öffnet sich das Land an vielen Stellen zur See. An die gesamte stark gegliederte, buchtenreiche Küstenlinie schmiegen sich zwischen oft Schwindel erregend hohen Klippen geschwungene Sandbuchten unterschiedlicher Ausmaße. Manche der Sandhügel erreichen eine Höhe von 30 Metern und sind mit Strandhafer befestigt, andere Sandstrände liegen flach und langgestreckt unterhalb schützender Dünen.

In der Mitte der Insel fließt von Norden nach Süden Irlands größter Fluss, der Shannon. Mit einer Länge von 370 Kilometern teilt er das Land in zwei Hälften, bevor er sich bei Limerick dem Atlantik zuwendet. Östlich des Shannon dehnen sich Weiden, Moore und Hügel; westlich des Flusses liegt der kargere Teil des Landes. Es ist weniger fruchtbar, meist baumlos, öde, steinig, aber ebenfalls von landschaftlicher Schönheit.

Irlands höchster Berg, der 1041 Meter hohe Carrantuohill (auch Carrauntoohill) im Westen der Insel, gehört zu den Macgillycuddy's Reeks, welche eine Fortsetzung der Gebirgsketten von Schottland und der Bretagne bilden. Die Gebirgszüge im Süden Irlands sind Auffaltungen aus rotem Sandstein und werden durch teilweise bewaldete Flusstäler getrennt. Neben Gebieten mit den Gesteinsarten Granit, Schiefer, Quarzit und Basalt erweist sich das Karstgebiet des Burren besonders für Geologen und Botaniker als ein an Überraschungen reiches Forschungsgebiet. Irland hat mindestens zwei Eiszeiten erlebt. Sie hinterließen Spuren in Form dunkler Bergseen und glatt geschliffener Felsen sowie runder Talabschlüsse und gehäufter Geröllablagerungen. Eine Kette lang gezogener Hügel, sogenannte Drumlins, bildet streckenweise eine natürliche Grenze zum nördlichen Teil der Insel. Von der Gesamtfläche Irlands (rund 84 500 Quadratkilometer) entfallen etwa vier Fünftel auf die Republik und ein Fünftel auf Nordirland.

Typisch für das Landesinnere sind die weiten, grün bewachsenen oder schokoladenbraunen Moorgebiete, zwischen denen oft bizarre, windschiefe Baumgruppen herausragen. Im Frühling erstrecken sich über weite Flächen und Hügel blühende Rhododendronbüsche, während geschützte Berghänge mit sonnengelbem Stechginster leuchten. Im Herbst säumen kilometerlange Fuchsienhecken die Straßen, daneben breitet sich streckenweise das violette Heidekraut aus.

Irland ist aber auch ein Land weiter, kahler Ebenen, endloser Weideparzellen, zerklüfteter Felsküsten, dunkler Seen und baumloser, öder und steiniger Mondlandschaften, über die mitunter ein scharfer Wind fegt. Er biegt Bäume und kleinere Gewächse erbarmungslos in eine Richtung und nimmt dem Wanderer Schutz und Atem.

Wie die vom Wind bestimmte, stets wechselnde Beleuchtung sowie die Tageszeit und die Stimmung des Betrachters jeder Gegend ihr eigenes, nur für diesen einen Augenblick gültiges Gesicht geben können, hat James Joyce einmal eingefangen: «Der Sommerabend hatte begonnen, die Welt in geheimnisvoller Umarmung zu umschließen. Fern im Westen ging die Sonne unter, und lieblich lag noch kurze Zeit der letzte Schimmer des nur zu schnell schwindenden Lichtes auf Meer und Strand, auf dem alten, lieben, stolzen

CARLING
BLACK LABEL
MICHELOB
CASHEWS
Heineken
Budweiser
Budweiser
Heineken
Budweiser

Vorgebirge Howth, das seit Ewigkeit die Wasser der Bay schützt, lag auf den mit Unkraut bewachsenen Felsen am Sandymount-Strand und dann vor allem auf der stillen Kirche, aus der von Zeit zu Zeit ein Gebet hinausströmte in die Stille, an die, die in ihrem strahlenden Glanz von alters her ein Leuchtfeuer ist für das sturmumtoste Menschenherz – Maria, Stern des Meeres.»

Das ganze Jahr über beeinflusst das umgebende Meer nicht nur die Menschen, sondern auch das Klima der Insel, der man milde Winter und kühle Sommer nachsagt. Dem Zugewanderten entlockt diese Verallgemeinerung ein unwillkürliches Lächeln, denn die Winter können eisig sein, besonders wenn ein scharfer Ostwind weht und gewaltige Regen- und Hagelschauer mit sich bringt. Nasse Kälte kriecht dann durch alle Öffnungen und Ritzen und hinterlässt neben durchdringender Feuchtigkeit und Schimmel ein klammes Gefühl in Gebäuden und Menschen.

Sean O'Casey (1880-1964) beschreibt ein solches Unwetter in seiner Heimatstadt: «Über ganz Dublin hing schwer ein Oktoberhimmel. Kein einziger Stern hatte die Reise in die Dunkelheit angetreten, und kalter Regen prasselte herab auf die verlassenen Straßen. Der Regen hatte die stille, widerstandslose Stadt ganz für sich. Niemand war draußen, der ihn fühlen konnte, und es sah aus, als prasselte er umso wütender herab, weil kein Mensch im Freien war, der unter seiner Kälte und seinen Nadelstichen gebebt hätte. Selbst die Polizisten mit den schweren Mänteln und den Ölhauben suchten Schutz in den tiefsten Hauseingängen, verdösten voller Unbehagen die Nachtstunden, halb eingeschläfert vom prasselnden Gemurmel des peitschenden Regens, der unablässig auf das von Spritzwasser blank gefegte Pflaster niederfiel.»

Schnee fällt wirklich selten, doch wenn er auch nur sanft niederrieselt, bricht Panik aus. In den Städten steht der Verkehr still, Schulen schließen, Hamsterkäufe leeren die Supermärkte. Noch schlimmer ist es auf dem Lande: Vereinzelte Rinder oder Schafe, die oft das ganze Jahr über draußen bleiben, versinken in Schneewehen, in denen sie elend umkommen. Selten liegt der Schnee länger als drei Tage. Dann entdeckt der Bauer die verendeten Tiere und erklärt resigniert, es sei «an act of God», höhere Gewalt, gewesen, gegen die man selbst bei lange im Voraus warnenden Wettervorhersagen nichts habe ausrichten können.

Im Sommer wechseln warme, mitunter auch heiße Tage rasch mit solchen, an denen tief hängende Wolken und frische Winde, auch Regenschauer vorherrschen. Immer wieder wähnt man sich an der Mittelmeerküste, wenn im Westen an windgeschützten Stellen die Vegetation mit subtropischen Gewächsen weite Landstriche verändert. Dort gleitet fast unmerklich der ausgleichende Golfstrom vorbei, der ein Absinken der Temperatur unter null Grad verhindert und somit eine üppigere Pflanzenwelt gewährleistet. Sie wird darüber hinaus durch häufige Regenfälle begünstigt.

Vom Atlantik her treiben die Seewinde feuchte Luftmassen auf die gebirgige Westküste zu, die dort in kältere Luftschichten aufsteigen und dann als Steigungsregen niedergehen. Auch wenn diese Wassermengen sich zu zirka 3000 Millimeter pro Jahr akkumulieren, an der Ostküste dagegen nur zu 750 Millimeter fallen sie nicht immer in Form eines Dauerregens. Vielmehr verhüllen dicke Wolken die Bergspitzen und verdecken mit einem leichten Nieselregen die viel gerühmten, schönen Ausblicke.

«It's a soft day», es ist ein «weicher» Tag, bemerken dann die Einheimischen und sie wissen, die Belohnung ist umso größer, wenn es plötzlich aufklärt und sich ein Regenbogen wie ein runder Rahmen um ein farbenprächtiges Landschaftsbild spannt. Der Meister der irischen Short Story, Frank O'Connor (1903-66), hält diesen Wandlungsprozess fest und spricht von einem Regenguss, der «sich in goldene Lichtpunkte auflöste, aus denen in

THE £1 SHOP
£1 SHOP
INDIVIDUALS

DOUX PRESAGE

der Ferne eine sonnenbeschienene Landschaft wuchs, während die Wolken wie Kinder in übermütigem Entsetzen holterdiepolter ausrissen, zurück an den Horizont. Der Streifen Himmelsbläue wurde breiter, der Regen ließ nach, Wiesen und Meer entledigten sich der grauen Schlacke, bis alles glänzte und dampfte.»

Regenbogen und klare, reine, vom Wind stets weiter getriebene Luft gehören zum Alltag wie kurze Regenschauer und endlose Wolkenspiele am oft launischen Himmel. Frühling und Herbst sind klimatisch völlig unbestimmbare Jahreszeiten. Ein plötzlicher Wetterwechsel kann jede Minute, jede Stunde alles verändern. Man ist nicht sicher vor gewaltigen Stürmen, wird aber auch überrascht von sonnigen Frühlingstagen und unerwartet großartigen Lichteffekten mit dramatischen Stimmungen, die in ihrer kaleidoskopartigen Vielfalt Maler, Fotografen, Dichter und Besucher faszinieren.

Das wechselhafte Wetter ist ausnahmslos für alle Inselbewohner das Thema Nummer eins. Eine Bemerkung darüber gilt als Begrüßungs- oder Abschiedswort, als Anfang oder Ende eines Gesprächs und bildet den besten Einstieg für eine Unterhaltung, egal bei welcher Gelegenheit.

Im Bantry House (Grafschaft Cork) wird heute in stilvollem Ambiente ausgestellt, was der einstige Besitzer im vorigen Jahrhundert auf seinen Reisen an Möbeln und Kunstschätzen gesammelt hat

Schrecken und Schutz: das Meer

The wind is rough tonight
Tossing the white-combed ocean;
I need not dread fierce Vikings
Crossing the Irish sea.

Bitter heut der Wind fürwahr
Kämmt das weiße Meereshaar.
Im Norden vom dunklen Riff
Droht uns kein Kriegerschiff.

Das «Fort des Fremden» hieß die Küste Donegals, wo einst die landhungrigen Wikinger einfielen und mit ihren Raubzügen die Bevölkerung in Angst und Schrecken versetzten. Nur bei Sturm konnten die Menschen in der Gewissheit schlafen, dass selbst den seetüchtigen Wikingern die Lust an der Seefahrt vergehen würde. Eine Art Hassliebe zum Meer setzte sich über die Jahrhunderte fort und mündet heute in den Hader mit den Bestimmungen der EG über die Nutzung und Ausnutzung der irischen Gewässer.

Eine Insel hinter der Insel am nordwestlichen Zipfel Europas, wo die Flugzeuge ein letztes Mal landen, bevor sie den Ozean überqueren, eine solche Insellage führt zu der Vorstellung, das Land sei noch weitgehend unberührt von der westlichen Zivilisation. Zugewanderte suchen nach Vergangenem; sie lassen sich auf verlassenen Bauernhöfen nieder, in reizvollen Gegenden, an der malerischen Westküste und glauben zu finden, was sie auf dem Festland verloren haben. Im Sommer begegnen sie Gleichgesinnten, im Winter mehr den Einheimischen. Sie treffen auf Künstler, die malen, erzählen und festhalten, was geographisch und visuell reizt und inspiriert. Warum gerade hier?

Das Meer hat Irland nicht nur vom Festland getrennt, sondern zugleich auch Verbindungen geschaffen nach England, Frankreich, Spanien, Portugal und entfernteren Ländern, mit denen seit jeher ein reger Austausch von Waren und Gedankengut und auch Menschen stattgefunden hatte. Ohne diese gegenseitige, wenn auch nicht regelmäßige Beeinflussung wäre Irland ein Dschungel geblieben: unterentwickelt und tatsächlich im Urzustand. Denn die Blütezeit irischer Kultur hatte ihre Impulse immer aus der Fremde erhalten; neue Anstöße kamen und kommen noch heute jedes Mal über das Wasser.

Die Erbauer der megalithischen Grabkammern waren vermutlich auf Fellbooten aus Schottland angerudert. Über den Golfstrom an der Westküste kamen Einwanderer aus Spanien, Portugal und Nordfrankreich, wie die gemeinsamen Überreste aus der Steinzeit in diesen Ländern vermuten lassen. Danach gelangte mit dem Christentum die Kunst des Schreibens, der wir heute umfassende Kenntnisse über frühe Jahrhunderte verdanken, über die Irische See.

Auch die Kirchenbaukunst und die Konstruktion militärischer Festungen wurde von den Eindringlingen übernommen. Die große Nachbarinsel England spielte zunehmend eine Vermittlerrolle für Ideengut und Sprachen vom Festland. Selbst die Wikinger waren besser als ihr Ruf. Nachdem sie anfangs viel geplündert und zerstört hatten, wandten sie, als sie sesshaft wurden, ihr Geschick in Schiffs- und Städtebau an; und ihre vielfältigen Erfahrungen in der Navigation ermöglichten einen verstärkten Handel mit weiter entfernten Gebieten.

So ist ein Irland aus dem Gemisch vieler Einflüsse und Einwanderungen aus allen Himmelsrichtungen entstanden. Neues verband sich mit Vorhandenem, wurde angepasst oder abgelehnt. Die «Zutaten» zu diesem Gemisch mögen von weit her über das umgebende Meer gekommen und geographisch unterschiedlich absorbiert worden sein, das Ergebnis im Land selbst nannte sich schließlich «irisch».

Die extreme Randlage Irlands machte es aber auch möglich, stärker als im übrigen Europa alte Traditionen, Bräuche und Bauten zu bewahren. Denn nicht alle kulturellen und gesellschaftlichen Entwicklungen des Festlands gelangten zur Grünen Insel, und nicht alle Eroberer drangen bis hierher vor. Die Römer und Sachsen machten in England Halt. So prägten vor allem die eingewanderten Kelten, die sesshaft werdenden Normannen und das Christentum mit seinen internationalen Verbindungen die Denkweise und den Lebensstil im frühen Irland.

Jede dieser drei Kulturwellen war an ihren äußersten Punkt gelangt; der Atlantik hinderte sie weiterzuziehen und sie hatten genügend Zeit, sich an Vorhandenes anzupassen oder umgekehrt absorbiert zu werden. Allmählich vermischten sie sich miteinander und begannen von Tradition zu sprechen – bis neue Impulse von außen kamen. Militärische und kulturelle Eroberungen erreichten Irland seltener als andere europäische Länder, wo Eroberer schneller und radikaler vordrangen und dabei sehr oft Vorhandenes vollkommen zerstörten.

Deshalb gibt es nur noch in den Randgebieten Europas keltische Spuren: in der Bretagne, in Schottland, in Wales und Irland. Sie sind erhalten in der Form von Steinen, in der Sprache, in der Musik, im Tanz, in Sagen, in Legenden und auch in der besonderen Denkweise der Menschen. Durch seine Randlage wurde Irland der letzte Hort keltischer Überlieferungen. Die Ankunft der Wikinger verwandelte die Küstenbewohner in ein Volk von Fischern und Seefahrern, wohingegen die Menschen im Innern des Landes wenig von den Früchten des Meeres hielten, hatten sie doch ihre saftigen Wiesen für das Vieh und ihre Flüsse voller Lachse und Forellen – von allem im Überfluss!

Überall an der Westküste sieht man die typischen, seit Jahrhunderten bewährten Fischerboote, die Curraghs. Es sind Gestelle aus Weidengeflecht, die mit Tierhäuten überzogen sind und die jede Generation im überlieferten Stil nachbaut. Als im 17. Jahrhundert die Seetauglichkeit der irischen Flotte beachtliche Ausmaße annahm, versuchten die Engländer, den blühenden Seehandel mit Flandern und Spanien durch eine erhebliche Transport- und Salzsteuer zu unterbinden. Tatsächlich verringerte diese Maßnahme die Nachfrage nach irischem Fisch und führte zur

Bild nächste Doppelseite: *Über der Bantry Bay thront das Bantry House, eines der letzten Herrenhäuser, das noch in Privatbesitz ist. 1740 begonnen, wurde der Herrensitz erst 100 Jahre später fertig gestellt*

übernächste Doppelseite: *O'Shea's Campsite in Glengarriff*

Aufgabe des Fischhandels, woraufhin England die irischen Absatzmärkte übernahm.
Für den Eigenbedarf brauchten die Iren nicht viel, denn sie sind keine großen Fischesser. Das mag an dem inzwischen aufgehobenen Gebot der Kirche liegen, freitags Fisch zu essen, oder es mag eine Aversion gegen Fisch sein aus Zeiten, als nur die Allerärmsten auf dieses einzige Nahrungsmittel angewiesen waren. Heute ist es umgekehrt. Fisch ist ebenso teuer wie Fleisch und wird in großer Vielfalt angeboten.
Vom Fish-and-chips-Verkäufer am Straßenrand bis zu hervorragenden Fischrestaurants kann man in den schweigenden Fängen aus dem Meer schwelgen. Der Ruhm besonders guter Restaurants setzt sich im wahrsten Sinne des Wortes durch Mundpropaganda fort. Ausgezeichnete Kochkünstler erfreuen ihre Gäste mit frischen Makrelen, einem gerade gefangenen Hummer oder einer umfangreichen Auswahl an Meeresfrüchten. Es kann vorkommen, dass ein guter Koch seine Gäste nach der Bestellung auf einen kleinen Spaziergang schickt, um deren Appetit anzuregen und selbst in aller Ruhe an die Vorbereitung der Mahlzeit gehen zu können.
Die Küste mit einer Länge von 3200 Kilometern um die ganze Insel besitzt etwa 800, oft malerisch gelegene Hafenanlagen, von denen die meisten heute für Fährschiffe und Privatboote benutzt werden. Sieht man in einem Fischereihafen die bunt bemalten Kutter schaukeln und auf der Mole die Hummerkörbe und die vielen Netze liegen, so stellt man sich einen blühenden Fischhandel vor. Doch gestaltet sich der Alltag eines Fischers wenig rosig, denn bei genauerem Hinsehen muss man zugeben: Die irische Flotte ist veraltet.
Unmöglich können die kaum noch seetüchtigen Trawler mit den modernen Fangschiffen der Holländer, Spanier, Deutschen oder Dänen konkurrieren. Haben die veralteten Schiffe mit ihrer jungen Mannschaft trotzdem einmal einen guten Fang gemacht, so erschweren Preisabsprachen und vorgeschriebene Fangquoten den Absatz, abgesehen von einem zeitraubenden Papierkrieg für Exportware, den meistens die daheim gebliebenen Fischersfrauen bewältigen müssen.
Weder moderne Fischkutter noch ausreichende Sicherheitsmaßnahmen schützen die ausfahrenden Mannschaften bei ihrem gefährlichen Beruf. Captain Philip McParlin, Hafenmeister von Killybegs, Irlands ertragreichstem Fischereihafen, in der Grafschaft Donegal gelegen, ist nach vier Jahrzehnten Dienstzeit aus Protest über die mangelnde Fürsorge der Regierung von seinem Posten zurückgetreten. Wie nur, so fragt er, kann sich Irland am internationalen Wettbewerb mit einer so unzureichend ausgestatteten Flotte beteiligen? Stattdessen kann man täglich von der Küste aus fremde Fischkutter erspähen, die offensichtlich ökologischen Raubbau in irischen Gewässern betreiben.
Ohne redegewandte Fürsprecher und eine starke Lobby in Regierungskreisen sieht eine erfolgreiche Beteiligung am internationalen Großmarkt ziemlich hoffnungslos aus. Zwar fahren täglich riesige Containerwagen mit frisch gefangenen Aus-tern, Hummern, Krabben, Seeteufeln und Lachsen Richtung Kontinent. Doch bleibt der Gewinn beim Handel im Hafen verhältnismäßig gering, die Frustration der Fischer dagegen umso größer.
Eine weitere neue «Plage» sind gut organisierte Gefrierwagentouristen. Sie reisen mit ihren Minibussen an, mieten Kabinenkreuzer und spannen verbotene Netze zwischen ihren Booten aus, ziehen rücksichtslos alles an Bord, was sich im Wasser bewegt, und verstauen es in den geräumigen Gefrierfächern ihrer Kleinbusse. Zu Hause prahlen sie mit reicher Beute und ihrem Jahresvorrat, wohlwissend, dass ihnen nach dem Anglergesetz maximal nur zwei Hechte pro Tag zustehen.
Doch die große Mehrzahl der Besucher kommt wegen der weithin bekannten, ungestörten Angelmöglichkeiten von Süß- und Salzwasserfischen in unbestritten reizvollen Gebieten, und im eigenen Inter-

WRACKFISCHEN

KLIMA LÄDT NICHT IMMER ZUM BADE

GEBLEICHTE GEBEINE

esse halten sie sich an die vorgegebenen Richtlinien. An den einsam gelegenen Seen gibt es bisher überhaupt keine Schonzeit, man darf Süßwasserfische das ganze Jahr über angeln. In den meisten Angelgebieten haben Gemeinden viel Geld in die Erschließung der Fanggründe investiert. Zahlreiche Boote, Landungsstege und spezialisierte Unterkünfte, in denen der Hobbyfischer alles Nötige vorfindet, machen Irland zu einem viel und gern besuchten Anglerparadies.

Für die Küstenfischerei stehen kleine Boote mit Außenbordmotor zur Verfügung, die das Hochsee- und neuerdings auch Wrackfischen ermöglichen, denn in den Überresten unzähliger versunkener Kutter, Boote und Schiffe vor den Küsten Irlands fühlen sich Tausende von Fischen zu Hause. Mit der Vorstellung von Wracks auf dem Meeresboden verbindet sich aber auch, wie so oft in Irland, der Gedanke an menschliches Leid. Irlands abwechslungsreiche Küstenstrecke besticht bei stets wechselnder Beleuchtung durch ihre atemberaubende Schönheit. Steile Felsen gehen über in herrlich geschwungene Sandstrände und gewähren verführerische Bade- und Tauchmöglichkeiten. Im Süden und Südosten locken weite, lang gestreckte Strände zum Wandern und Ausreiten. Im Südwesten, Westen und Norden gibt es kleinere Buchten, Dünenlandschaften, zwischen Klippen eingebettete Nischen und fjordartige Flussmündungen; und da das Klima nicht immer zum Baden einlädt, hat man meistens eine ganze Bucht für sich allein.

Geschichten und Anekdoten ranken sich um fast alle Felsen und Strände. Sie handeln von Schmuggelunternehmen, Wracks und gelandeten Armeen, von deutschen Spionen über U-Boote in Killary Harbour bis zum Leichenstrand von Mayo, wo man zur Zeit der großen Hungersnöte im letzten Jahrhundert die Toten verscharrte, weil niemand mehr die Kraft für richtige Begräbnisse aufbrachte. Spukgeschichten kursieren über diese Gegend, wo Sturmfluten noch immer gebleichte Gebeine von Mensch und Tier in ungewöhnlichen Mengen an Land spülen.

Dagegen verspricht die Werbung von Irlands einzigem Dampf- und Seetangbad in Kilcullen, in der Grafschaft Sligo, das genaue Gegenteil von Gruseln und Grübeln, nämlich eine «wohltuende therapeutische Wirkung». Es garantiert dem Gast in altmodisch reizvollen Badeanlagen «ein Schwelgen in ruhigen bernsteinfarbenen Gewässern, in einem Meer von schamlosem Luxus». Hier herrscht dank der Wärme des Golfstroms ein ausgeglichenes Klima, in dem nicht nur Seetang, Strandblumen und seltene tropische Gewächse gedeihen, sondern auch zugewanderte Aussteiger, Rentner, Naturliebhaber, Künstler und – bleibende Besucher vom Festland.

Das Netz der Wasserwege

Wie ein Spinnengewebe überzieht ein weit verzweigtes Wassernetz das Land; es ist durch eine Vielzahl von Flüssen, Seen und Kanälen miteinander verbunden und ergibt insgesamt eine Wasserstrecke von etwa 14 000 Kilometer Länge. Bis zur Anlage einer Eisenbahn hatten die Wasserstraßen zum Transport von Fracht und Menschen gedient, waren dann mangels Benutzung stillgelegt worden und erleben nun eine neue Blütezeit als neu erschlossenes Erholungsgebiet. Allerdings hatten in vielen Gewässern Pflanzenwuchs und Verschlammung überhand genommen, bis Nutzungsmöglichkeiten für den Tourismus Anlass gaben, die Reinigung und Wiederherstellung der Kanäle in Angriff zu nehmen.

So ist ein künstlicher Wasserweg ab Robertstown in der Grafschaft Kildare wieder von Kabinenkreuzern befahrbar, während seine Strecke durch Dublin inzwischen zu einem idyllischen Erholungsgebiet für die Stadtbewohner hergerichtet wurde. Wenn dann noch der seltene Fall eintritt, dass ein Schwanenpaar sein Nest am Ufer des Kanals im Stadtinnern baut und brütet, wacht eine Schar naturliebender Kanalspaziergänger über die kostbare Familie, damit ihr kein Leid zustößt. So groß ist die Freude, wenn die Küken endlich ausschlüpfen, dass sogar ein farbiges Foto vom Nachwuchs in Irlands Tageszeitungen erscheint und von weit her Schaulustige anlockt. Sie setzen sich dann neben eine lebensgroße Abbildung eines Mannes auf eine Bank und erfahren, dass es sich um den «Kanaldichter» Patrick Joseph Kavanagh (1904-1967) handelt, der hier viele Stunden am Ufer verbrachte und sich zu immer neuen Versen inspirieren ließ.

Bild nächste Doppelseite: *Dunboy Castle wurde 1602 zerstört. Wie eine Filmkulisse thront die Ruine zwischen Wald und Bucht*

Die bewundernswerte Bauleistung der beiden Kanäle quer durch Irland hatte im 18. Jahrhundert ihren Anfang genommen. Zu den von der Natur vorgegebenen Wasserstraßen und Seen wollte man eine Verbindung vom Liffey-Fluss im Osten bis zum Shannon im Westen des Landes herstellen, das heißt von der Irischen See bis zum Atlantik. Das ausgeklügelte Wassernetz von Flüssen, Kanälen und Seitenkanälen sollte vor allem zum Transport von schweren Handelsgütern und Soldaten dienen und erst in zweiter Linie dem privaten Personenverkehr. Auf Treidelpfaden mühten sich die schweren Zugtiere ab, ihre beladene Fracht zu bewegen und an den zahlreichen Brücken und Schleusen vorbeizukommen. «Zwei Pferde zogen das Schiff im Trabe, 14 Schilling für 60 Meilen, ein gutes Mittagsmahl und ein sehr vollständiges Frühstück: Speck, Hammelfleisch, Rindfleisch, Kartoffeln und Bier. Der Whiskeypunsch vertrat die Stelle des Kaffees», berichtete der Reisende Venedey im Jahre 1844.

Erst im Jahre 1911 lösten Dampfmaschinen die Muskelarbeit der Pferde ab. Als Ende August 1756 in Europa der Siebenjährige Krieg ausbrach, begann man in Dublin Bay mit dem kühnen Bau des Grand Canal. Er verläuft ziemlich genau in Ost-West-Richtung, von Dublin über Naas und Tullamore bis Shannon Harbour. Die geländebedingten Niveauunterschiede wurden durch insgesamt 52 Schleusen überwunden. In Teilabschnitten ging die Arbeit planmäßig voran: 1785 wurde die Barrow Line, der Stichkanal von Robertstown nach Athy, in Betrieb genommen. Im Jahre 1804 war das Bauwerk mit 130 Kilometer Länge vollendet und die ersten Boote konnten die gesamte Strecke befahren.

Doch damit nicht genug! Nach einer Planungs- und Vorbereitungszeit von mehr als 30 Jahren wurde 1792 der Bau eines zweiten Kanals, ebenfalls von Dublin bis zum Shannon, in Angriff genommen. Das geschah nicht etwa wegen Überlastung des ersten Kanals, sondern aufgrund heftiger Auseinandersetzungen im Aufsichtsrat der Grand Canal Company. Tatsächlich ließ sich der damalige Duke of Leinster überreden, einen zweiten Kanal zu finanzieren, sofern dieser an seinem Schloss in der Nähe von Maynooth vorbeiführen würde! Deshalb verläuft dieser neuere künstliche Wasserweg weiter nördlich als der Grand Canal und trifft oberhalb des Lough Ree auf die Verbindung zum Shannon. Auch dieses Mal galt es, erhebliche Höhenunterschiede zu überwinden; für den Ausgleich der etwa 100 Meter hohen ostirischen Hügelzone sorgen insgesamt 47 Schleusen, deren Ausmaße im heutigen Wasserverkehr ausschlaggebend sind für die Zulassungsgröße der Freizeitboote.

Nach der Fertigstellung des insgesamt 146 Kilometer langen Kanals im Jahre 1817 erfolgte eine erhebliche Zunahme des Gütertransports und der Passagierschifffahrt, besonders als zu nahe gelegenen Städten Stichkanäle angelegt wurden. Aber wie auch beim Grand Canal verursachte der Bau der wesentlich schnelleren Eisenbahnen Mitte des 19. Jahrhunderts wachsende wirtschaftliche Schwierigkeiten, bis die Eisenbahngesellschaft kurzerhand das Kanalgebiet kaufte und entlang der Wasserstraße ihren Schienenweg anlegte.

Der Nutzen der Kanäle sank allmählich zur Bedeutungslosigkeit herab. Im Jahre 1905 nahmen nur noch 16 Prozent des Gesamtgütertransports den Wasserweg, wie zum Beispiel Torf, Kohle, Weizen, Zement, Düngemittel und Zuckerrüben. Durch mangelnde Wartung füllten sich die Kanalbetten und Hafenbecken mit Unrat und versandeten, während die stattlichen Hotels an ihren Ufern zu Lagerhäusern umfunktioniert wurden.

Ein Jahrhundert später erlitt die Eisenbahn ein ähnliches Schicksal durch das Aufkommen des Autos. Schienenstränge und Bahnhöfe wurden stillgelegt, gingen in Privatbesitz über oder verfielen. Der Transport auf den Wasserstraßen kam Mitte des 20. Jahrhunderts vollends zum Erliegen, doch erst 1961 erfolgte eine offizielle Schließung für die Berufsschifffahrt. Beide Kanäle haben ihren Ausgangspunkt in Dublin und münden in den Shannon im Westen Irlands. Der über 370 Kilometer lange Fluss verbindet nicht weniger als vier große Seen, ist auf 220 Kilometern schiffbar und ermöglicht die Fahrt bis zum Norden Irlands. Das gesamte Seengebiet dort ist ein einzigartiges, unverdorbenes

SELTEN ESELSKARREN, DAFÜR MERCEDES

UFER SO SCHÖN WIE DER RHEIN

Natur- und Ferienparadies. Gut ausgestattete Kabinenkreuzer stehen im Sommer für Erholungsuchende bereit. Man kann sie wochenweise mieten, sodann auf gut markierten Gewässern davontuckern, unbewohnte Inseln erforschen, schwimmen, angeln oder auch nur die Füße im Wasser baumeln lassen. Nachts legt man in einer stillen Bucht an oder macht an einem der vielen Landestege Halt, um in einer Kneipe mit anderen Freizeitkapitänen Erfahrungen auszutauschen.

Einen ganz anderen Charakter hat die Flusslandschaft im Südosten der Insel, wo die Statistik die meisten Sonnenstunden zählt und sich üppige Täler mit geruhsam dahingleitenden Flüssen ausbreiten. Sie tragen die Namen Slaney, Suir, Barrow, Nore und Blackwater. Auf den saftigen Wiesen links und rechts ihrer Ufer weiden Rinder und Pferde. Daneben verlaufende Straßen werden von stolzen Baumreihen gesäumt, deren Kronen sich oft tunnelartig zusammenschließen, Linden- und Kastanienalleen wechseln mit Buchen und Ahornbäumen. Links und rechts der Nebenstraßen, die bisweilen mitten im Gelände aufhören, finden Kleintiere, Insekten und Vögel dicht gewachsene Hecken und Büsche zum Unterschlupf; Igel und Wiesel sind in diesen unberührten Oasen zu Hause; und deutlich spürt man, hier sagen sich noch Fuchs und Hase gute Nacht.

Doch inzwischen verändern sich die fruchtbaren Täler und Felder, zumindest im Umkreis von Ortschaften. Statt vereinzelter, heruntergekommener Bauernkaten prägen heute stattliche neue Bungalows das Landschaftsbild; Satellitenschüsseln hängen wie übergroße Pilze an den Giebeln und Hausmauern. Die Bauernhöfe samt ihren Nebengebäuden sind auffallend ordentlich instand gehalten, und Blumenschmuck ziert Fenster und Türen. Ganz selten noch sieht man Strohdächer oder Eselskarren; und Mercedes und Volvo ersetzen im Hof die einst bevorzugten Austin oder Ford.

Der offensichtliche Wohlstand ist weitgehend dem saftigen Weideland und einem ausgedehnten Vieh-Exportmarkt zu verdanken. Schon immer hatten sich die Menschen in diesen fruchtbaren Flusstälern von den Erzeugnissen ihrer Rinderherden ernährt, während das Getreide in früheren Zeiten lediglich als Pferdefutter gedient hatte. Auch die Kartoffel blieb zunächst eine exotische Delikatesse, nachdem Sir Walter Raleigh dieses Gewächs zum ersten Mal erfolgreich am Ufer des Blackwater-Flusses angebaut hatte. Wenige Jahre später sollte ihr Massenanbau Tausenden den einzigen Lebensunterhalt bieten und irische Essgewohnheiten grundlegend verändern.

Bei dem Dorf Affane südlich von Cappoquin liegt ein stattlicher Gutshof, auf dem Sir Walter Raleigh die ersten Kirschbäume auf den Britischen Inseln anpflanzen ließ. Auch Tabakpflanzen soll er Anfang des 17. Jahrhunderts in Irland eingeführt haben, offensichtlich mit geringem Erfolg. Als er sich erdreistete, genüsslich eine Pfeife mit dem seltsamen Kraut anzuzünden, soll seine Haushälterin einen Eimer Wasser über ihn gegossen haben, aus Sorge, er könne verbrennen.

Im Gegensatz zu den Auto fahrenden Einheimischen bewegen sich die Touristen in den Flusstälern am liebsten auf Fahrrädern. Hinter jeder Biegung bietet sich ein neuer, unerwarteter Anblick von atemberaubender Schönheit. Noch hat sich in der Natur wenig verändert seit der Zeit, als der reisende Schriftsteller W.M. Thackeray in seinem Skizzenbuch die Strecke zwischen Cappoquin und Lismore begeistert beschrieb: «In keinem anderen Land, das ich besucht habe, ward ich eines edleren Anblicks gewahr – es ist zu reichhaltig und friedlich, um romantisch genannt zu werden, doch erlesen, gewaltig und verschwenderisch, falls man einen solchen Ausdruck dafür benutzen kann; der Fluss und die Ufer so schön wie der Rhein.»

Gewaltig wirkt das Schloss von Lismore, das sich hoch auf einem bewaldeten Felsen über der Stadt und dem Flusstal erhebt. Seine Grundmauern stammen aus dem Jahre 1185; die prachtvollen Garten-

GEMÄUER AUS DEM 12. JAHRHUNDERT

EINSAME STEINBRÜCKEN

TRAPPISTENKLOSTER FÜR HASTMENSCHEN

anlagen ringsum verleihen dem Bau einen stattlichen, grünen Rahmen. Der massive Turm steht auf einem ehemaligen Klostergelände, das bereits im 7. Jahrhundert durch seine Gelehrten und Kalligraphen zu grossem Ruhm gelangt war und wo im 9. Jahrhundert der englische König Alfred studiert haben soll. Das Buch von Lismore und ein Bischofsstab sind noch aus dieser Zeit erhalten.
Jahrhunderte später erhielt Sir Walter Raleigh das gesamte Schloss als Geschenk. Doch der ruhelose Seefahrer wusste nicht viel mit diesem Besitz anzufangen und verkaufte ihn weiter an Richard Boyle, den späteren Earl of Cork. Aus dieser Familie ging Robert Boyle, der Physiker und spätere Urheber des Boyle-Mariotteschen Gesetzes, hervor und nach weiteren Generationen eine Tochter, durch deren Heirat das Schloss in den Besitz der Grafen von Cavendish aus Devonshire überging.
Für den Angler unten am Fluss ist es nur Kulisse. Sein Augenmerk richtet sich auf den großen Fischreichtum im schwarzbraunen Moorwasser, in dem sich Brassen, Hechte, Schleien, Forellen und auch Lachse tummeln. Ein wahres Anglerparadies könnte es sein, würde der Friede nicht wiederholt durch Wilderer gestört: Statt zu angeln, breiten sie weite Netze aus und verringern damit beträchtlich die Fangmöglichkeiten für den Hobbyangler. Wenigstens bleibt diesem der Anblick einer zauberhaft schönen Landschaft mit dem Duft von Blumen und wilden Kräutern. Hin und wieder erhebt sich ein Fischreiher aus dem dichten Schilf, und irgendwo im Hintergrund thront eine der vielen Ruinen und lenkt wie so oft die Gedanken in die Vergangenheit. Viele Gemäuer in dieser Gegend stammen von den Normannen aus dem 12. Jahrhundert, die außer ihrer trutzigen Steinarchitektur auch ihre Namen und Wesensmerkmale in der Bevölkerung hinterließen.
Die Schriftstellerin Elizabeth Bowen war hier zu Hause und fasste die Erinnerungen an ihre Heimat in einem ihrer Romane zusammen: «An manchen Stellen fließen die Flüsse zwischen steilen Wäldern; anderswo wiederum sind ihre Täler offen, flach und üppig bewachsen – dort sind sumpfige Strecken, auf denen Vieh weidet und wo die Pappelreihen am Wegesrand ihre zitternden Schatten auf den Boden werfen. Reiher fliegen in ihrem lässigen, unregelmäßigen Flug darüber; Wasserpfefferminze wächst in den Binsen; Knabenkraut und die wilde gelbe Iris blühen hier Anfang Juni. Einsame Steinbrücken stehen jetzt an runden Flusswindungen, und alte Bergfriede oder Wachtürme, die man hier Burgen nennt, wachen über die Täler. Einige sind so zerfallen und verwittert, dass sie wie Felsen aussehen, andere verschwinden fast unter dem Efeu; ein paar sind vollständige Hülsen, deren Treppen man noch hinaufsteigen kann.»
An anderen geschützten Stellen deuten verfallene Klosteranlagen auf wohlhabende Ordensgemeinschaften, die einst in dieser fruchtbaren und abgeschiedenen Landschaft mit Überzeugung und Hingabe ihre Bleibe errichtet hatten. Eine Übernachtung im Gästehaus des hoch gelegenen Trappistenklosters Mount Melleray vermittelt dem heutigen Hastmenschen den Genuss vollkommener Stille und Abgeschiedenheit.

Dunboy Castle am Ring of Beara: eine Burgruine wie aus dem Märchenbuch

Inseln um Irland

An der Westküste Irlands, im Hafen von Dingle, schaukelt ein bunter Fischkutter und bietet eine Überfahrt zu den Blasket-Inseln an, wenn das Wetter geeignet und die Gruppe groß genug ist. Acht Menschen finden sich zusammen, und auf der mehrstündigen Fahrt entlang der felsigen Küste entfalten sich bruchstückhaft acht Lebensgeschichten. Sie versuchen ihre Berufe zu erraten, die Nationalität, die Herkunft, und sie irren sich fast immer! Eine behinderte, vornehme alte Dame ist da mit ihrer Betreuerin, ein junges Paar auf Hochzeitsreise, eine Nonne nach einem Nervenzusammenbruch, ein junger Priester auf Heimaturlaub aus Südamerika und das deutsch-irische Paar aus Dublin. Der Bootsbesitzer und Kapitän stammt samt Kutter aus Holland, seine Frau ist Irin und sie bewirtet die Fahrgäste mit einem deftigen Seemanns-Imbiss und Anekdoten aus der Umgebung, bis das Boot am steinigen Ufer der Großen Blasket-Insel anlegt.

Verstreut wandern sie über das geschichtsträchtige, grasbewachsene Land: Hausruinen, Dorfanlagen, Kirchenreste, Touristen im Zelt. Unter Sonne und Wind feiert der junge Priester, in Jeans und T-Shirt, eine Messe, denn es ist Sonntag, und Inselbesucher umringen ihn, stimmen ein in Gebete und Lieder oder lassen die Gedanken wandern. Hier lebte bis in die Fünfzigerjahre eine Gemeinschaft von Menschen, denen Insel und Ozean fast alles gaben, was sie zu ihrem einfachen Leben brauchten.

Vieles hatte das Meer angeschwemmt; als es einmal, so erzählt man, mehrere Kisten Tee waren, wussten die Einheimischen mit dem seltsamen, feuchten Kraut nichts Besseres anzufangen, als es als Färbemittel für die selbst gewebten Unterröcke der Frauen zu benutzen – so unbedarft und abgeschnitten von der Festlandwelt lebten vor noch 100 Jahren die Inselbewohner. Ihr entbehrungsreicher Alltag war geprägt vom mühsamen Überlebenskampf, der sie eng zusammenschmiedete, jedem seine bestimmte Rolle zuteilte und eigenwillige Gewohnheiten zu Tradition und Geschichte werden ließ.

Zwei der Inselbewohner, Thomas O'Crohan (1856-1937) und Maurice O'Sullivan (1904-1950), haben das herbe Leben ihrer Zeit beschrieben: die Ausfahrten auf Makrelenfang, die Begegnung mit einem Wal, der dem *Curragh* bedrohlich nahe kam, eine Robbenjagd, auf die man nie ohne heimliche Scheu zog, denn nach altem Aberglauben konnte in der Robbe ein verwunschener Mensch stecken. Das Singen der Sturmschwalben fürchteten die Inselmenschen als Geistergeheul und die Angst vor dem Jenseits ließ grausige Spukgeschichten entstehen.

Doch die zweifellos schönste Zeit, meint Maurice O'Sullivan, war für alle der Krieg: «Das Leben auf der Insel war letzt vom Besten. Geld wurde angehäuft. Man konnte es nicht ausgeben. Nichts wurde gekauft. Es war nicht notwendig. Man konnte alles auf dem Wasser finden – Mehl, Fleisch, Schmalz, Petroleum, Wachs, Margarine, reichlich Wein, sogar Schuhe, Strümpfe und Kleidung. Auf der Insel wurde kein Haus ohne einen Lagerraum daneben gebaut, um die Beute aufzunehmen, und ohne jede Übertreibung, wenn man einen betrat, dachte man, man wäre in einer großen Stadt, mit all den übereinander gestapelten Mehlfässern, Petroleumbüchsen und jeder Art von Reichtümern. Und wenn die Alten vorbeikamen, brauchten sie sich nur an die Weinfässer zu machen, um sich einen Schluck zu genehmigen. Käufer aus allen Gegenden Kerrys kamen, um Holz, Wachs und alle Ölsorten zu kaufen. Geld wurde auf die Schnelle gemacht. Ohne Zweifel ist ein *Curragh* in der schäumenden See ein wunderbares Fahrzeug. Nach meiner eigenen Erfahrung aus dieser Zeit kann ich das sagen, und wenn es Sturm gibt, tanzt es wie eine Feder auf den Wellen.»

Etwa 9000 Menschen leben heute noch auf den Inseln um Irland, davon etwa ein Drittel auf den drei Araninseln in der Bucht von Galway. Vergleiche der Inseln mit schlafenden Riesen, Tier- oder Geisterformen drängen sich auf, wenn man vom Festland hinüberschaut. Mit jeder Bewegung der Wolken ändert sich ihr Aussehen. Schwarz heben sich manche ab gegen den schimmernden Ozean oder grün unter jagenden Wolken in der aufgepeitschten See oder verschwommen schimmernd im Sommerlicht.

Magnetisch wirkt ihre Anziehungskraft, denn die meisten liegen in einem Umkreis von nur acht Kilometern und keine ist weiter als 16 Kilometer vom Festland entfernt. Früher waren sie nur mit *Curraghs* zu erreichen, den offenen Ruderbooten aus Teer und Leinwand, die bis heute zum Fischfang benutzt werden und nebeneinander zum Austrocknen wie gestrandete Wale am Ufer liegen.

Der heutige Betrachter vom Festland stellt sich Ruhe und Romantik vor auf den entlegenen Inseln weit draußen im Meer, und gern würde er sich den Worten des Schriftstellers William Thackeray anschließen, der bereits im Jahre 1843 ausrief: «Der schönste Blick, den ich je in der Welt hatte», als sich die Clew Bay sich vor ihm ausbreitete. Mehr als 100 Inseln und Inselchen verteilen sich auf diese Bucht, in deren Gewirr jeder nicht einheimische Bootsfahrer in kürzester Zeit die Orientierung verliert.

Aus diesem Irrgarten von Wasser und Landbrocken kann den erfahrenen Fischer einzig sein Instinkt, den Fremden jedoch nur ein Kompass retten. Wenn aber die untergehende Abendsonne diese Inselwelt in Gold, Purpur und Feuerrot kleidet, wenn man mit einem frischen Makrelenfang einer köstlichen Mahlzeit entgegengleitet und die Stille nur durch das sanfte Eintauchen der Ruder unterbrochen wird, dann hat man gar nicht das Bedürfnis, diesem Erlebnis rasch ein Ende zu bereiten. Vom Meer aus gesehen hebt sich das Festland dramatisch vom Horizont ab, wo weite Moore, enge Täler und steile Berge Unbekanntes bergen.

Croagh Patrick, Irlands heiliger Berg, ragt mit 762 Metern heraus. Der Blick von dieser ersteigenswerten Erhebung hinunter

UND EWIG FLÜSTERN DIE BÄCHE

KIRCHE DER VIER SCHÖNEN HEILIGEN

3000 INSELN UM IRLAND

auf die Inselwelt bietet durch stets wechselnde Beleuchtung von oben und den Wellengang des Meeres von unten ein ständig bewegtes Bild.

«Wenn des Abends unbestimmte Wolken in der Purpurglut des Westens schweben und in dem lautlos gleitenden Spiel von Dunst und Farben die Nähe und die Ferne ihr Wesen miteinander vertauschen, dann mag wohl ein Träumer auf den Gedanken verfallen, dort hinten fern im Westen warteten geheimnisvolle Inseln darauf, von Wagemutigen angesteuert zu werden. Und in Irland sind von jeher alle Träume zu Hause gewesen. In der verhangenen Luft über den Hügeln, in den ziehenden Schwaden des Nebels oder des Regens über den weiten Mooren, in den Luftgebilden und Wolkenschatten, die die Sonne herauf-, heran- und vorüberzaubert – ach, und im ewigen Flüstern der Bäche, im Wellengekräusel über den schwarzbraunen Torfteichen, im Singen der hohen Binsen im Wind vom Meer, im Raunen und Rauschen der alten Bäume an den Flussufern, dem Rascheln und Flüstern in den Fuchsienhecken und den Weißdornwänden – gewiss, gewiss, sie leben noch fort, die <stillen Leute>, die <kleinen Leute>, die Feen und Zwerge, das seltsame, listen- und kunstreiche Volk der *Tuatha De Danann* – sie alle leben noch heute, und wenn dich des Abends unter der finster aufragenden Mauer des Dún Aenghus oder des Dun Eoghanacht oder zwischen den Trümmern der Kirche der vier schönen Heiligen, obgleich sonst kein Wind geht, ein Luftzug trifft, ein kühles Windwirbelchen, wie sie manchmal zur stillen Nacht um alte Gemäuer streichen, dann weißt du genau, dass eben ein Feenzug, eine heimliche Schar der <friedlichen Leute> an dir vorübergewallt ist. Auf alle Fälle empfiehlt es sich dann, die Kappe abzunehmen, ein Kreuz zu schlagen und ein Ave Maria zu beten.»

So rät uns der erfahrene Reiseschriftsteller A.E. Johann.

Gibt es heute noch Leben auf diesen vielen Inselchen? Ganz gewiss Schafe und Ziegen, Kaninchen und Mäuse, Vögel und Insekten, und auf 64 von rund 3000 Inseln um Irland auch noch Menschen.

Auf Clare Island zum Beispiel, die sich, 32 Quadratkilometer groß, als kantige Silhouette vom Horizont vor der Westküste abhebt. Eine weite Bucht schwingt sich um ein Gewirr kleinerer Inseln; doch zum Atlantik hin sind die Klippen schroff und unzugänglich. Manchmal umrahmen mehrere Regenbogen auf einmal die geheimnisumwitterte Welt da draußen. Delphine tummeln sich im klaren Wasser, Seehunde jagen Felsenfische, und über ihnen schweben die rotschnabligen Krähen des Westens: unzählige Dohlen. Verwundert blicken sie auf menschliche Taucher, die wie große Fische die facettenreiche Unterwasserwelt erforschen. Eine der ersten großen Seelachsfarmen Irlands nimmt einen Teil der Bucht ein.

Es fällt schwer, sich vorzustellen, dass wir auf den Schauplatz grausamer Seeschlachten blicken und dass der trutzige viereckige Festungsturm aus dem 16. Jahrhundert einst Ausgangspunkt wilder Piratenfahrten war. Er gehörte der sagenumwobenen Piratenkönigin Grace O'Malley, die ihrem Familienmotto «Unbesiegbar zu Wasser und zu Lande» und mannigfachen Skandalgeschichten alle Ehre machte.

Nach wie vor richten sich die Inselbewohner in ihrem Lebensrhythmus nach dem Wetter und den Gezeiten. Gleiches erwarten sie von den Besuchern, die sich vergeblich nach Fahrplänen erkundigen. Die Fähren verkehren nach Bedarf und Witterungsverhältnissen; sie transportieren auch die Post und alles Nötige vom Festland. Herbeigeschaffte Güter, wozu früher auch Torf als Brennmaterial gehörte, waren eine Seltenheit damals, als man vorwiegend autonom von Mais- und Hafermehl, von Kartoffeln und Fischen lebte. Solch einfache Kost hat die Menschen genährt und geprägt. Krankheiten und Ansteckungen waren selten; verstauchte Knochen schob im Allgemeinen der ansässige *Bonesetter* (Knocheneinrenker) wieder zurecht.

LITTLE SKELLIG UND SKELLIG MICHAEL

Sichtbare Spuren insularer Dorfgemeinschaften aus vielen Jahrhunderten sind hier weniger überwuchert als auf dem Festland. Überbleibsel der Behausungen frommer Einsiedler dienen heute wieder hergerichtet als Orte der Stille für die neuen Eremiten: die modernen Aussteiger. Verfallene Unterkünfte, Kreuze und Kapellen lassen uns erschauern: Welch ein Glaube mag ein so karges, einsames und entbehrungsreiches Leben bewirkt haben? Man vermutet, dass das Durchschnittsalter der gottesfürchtigen Einsiedler bei 30 Jahren lag.

Zwei steile Felseninseln, Little Skellig und Skellig Michael, ragen mit 230 Metern vor der Küste der Kerry-Halbinsel aus dem Meer. Little Skellig ist ein einzigartiges Vogelschutzgebiet und gilt mit schätzungsweise 20000 Brutpaaren als zweitgrößte Basstölpelkolonie Europas. Der andere steil aufragende Fels birgt erstaunlich gut erhaltene Reste einer frühchristlichen Mönchssiedlung. Über 670 Stufen führen zu einem Plateau in 180 Metern Höhe. Ein paar Bienenkorbhütten, zwei Kapellen sowie Kreuze und Grabsteine lassen auf eine gottesfürchtige Gemeinschaft von etwa einem Dutzend Menschen schließen.

Ebenso wie sich Einsiedler seit dem 3. Jahrhundert in der Wüste niederließen, um sich dem Gebet und der Verehrung Gottes zu widmen, ebenso wie in Antiochia Simon 30 Jahre auf einer Säule ausharrte, so zogen sich irische Mönche auf diesen meerumtosten Felsen zurück.

Wovon haben sie gelebt? In *The Monks Garden*, dem Garten der Mönche, mögen winzige, von Steinmauern eingefasste Parzellen als Anbaufläche für Getreide und Gemüse gedient haben. Zusätzlich ergänzten Fische, Vögel und deren Eier die karge Kost. Doch selbst auf dieser felsigen Einöde überfielen Wikinger die wehrlosen Mönche und suchten nach vermeintlichen Schätzen. Enttäuscht zertrümmerten diese Kriegerhorden die Wohnstätten, raubten die wenigen Habseligkeiten und erschlugen alle Widersacher; doch vermochten sie schon damals nicht, die eigenartige, mysteriöse Stimmung an diesem einsamen Ort zu zerstören, die George Bernard Shaw mit den folgenden Worten einfing: «Magie reißt dich weit, weit aus der Zeit und Welt auf Skellig Michael, dieser Insel, die 200 Meter senkrecht aus dem Atlantik aufschießt. Wer nicht auf dem Friedhof dort oben auf der allerhöchsten Klippe gestanden hat, inmitten der Steinzellen der Klostersiedlung, kennt Irland nicht in all seiner Tiefe.»

Im 12. oder 13. Jahrhundert zogen die wenigen noch verbliebenen Mönche aufs Festland zurück, nicht wegen der schwierigen Lebensverhältnisse, sondern im Zuge von Klosterreformen und Anweisungen aus Rom. Doch bis heute übt die skurrile Felsenformation, die gern mit einer Kathedrale verglichen wird, eine sakrale Ausstrahlung besonderer Art aus. Es verwundert nicht, dass auch im 17. und 18. Jahrhundert Gläubige zur Buße und Kontemplation die oft gefährliche Überfahrt auf sich nahmen und unter größten Mühen hinaufstiegen bis zu dem 210 Meter hohen Nadelöhr, genannt *The Needle's Eye*, um dort in schwindelnder Höhe und unter Furcht einflößender Absturzgefahr das Gipfelkreuz zu küssen.

HEIRATSFÄHIGE MÄDCHEN AUSGESETZT

Auch um die zweite Felsenspitze ranken sich Legenden: Junge, heiratsfähige Mädchen, die man dort ausgesetzt hatte, damit sie sich mit Exerzitien auf ein gottesfürchtiges Leben in der Ehe vorbereiteten, ließen es sich stattdessen ein letztes Mal besonders gut gehen mit selbstgebrautem *Poteen* und wilden Tänzen – bis ein Priester sie dabei ertappte und diesem ausgelassenen Treiben ein Ende bereitete. Heute sind es Touristen, die die 13 Kilometer lange Überfahrt wagen, um einen ehrfurchtsvollen Blick auf die verwitterten Spuren einer entbehrungsreichen, aber spirituell erhabenen Vergangenheit zu werfen.

Jede Einzelne der niemals ganz vollständig gezählten Inseln war eine Welt für sich: wirtschaftlich unabhängig und genügsam. Allen gemeinsam waren Bootsbau, Fischfang, Tangschleppen – zur Gewinnung von Mutterboden –, Geflügel-, Schaf- und Ziegenhaltung, und immer wieder das Stapeln von Steinen. Während abends die Frauen die Schafwolle spannen, strickten die Männer mit Nadeln aus Gänsekielen die berühmten Aranpullover. Dabei entwickelte jede Familie ihr eigenes Muster, denn daran konnten die Angehörigen im Notfall die ertrunkenen Fischer erkennen.

BUCHT VOLL GRÜNEM DELIRIUM

In «der Bucht voll grünem Delirium», wie John Millinton Synge (1871-1909) sie treffend beschrieb, liegen in der Nähe von Galway die drei noch gut bewohnten Araninseln. Die niedrigen, oft reetgedeckten *Cottages* sind zum Schutz vor Wind und Wetter eng aneinander gebaut. An einem Regentag heben sie sich farblich kaum von der Welt der vielen Steine ab. Alles ist grau in grau.

Im Jahre 1907 beschrieb der gerade aus Paris eingetroffene Dramatiker J.M. Synge seinen Ankunftstag in der trostlosen Steinwüste: «Etwas später wanderte ich die einzige gute Straße der Insel entlang, sah über niedrige Wälle zu beiden Seiten hinweg auf kleine, flache Felder aus nackten Felsen. Ich habe nie etwas so Trostloses gesehen. Graue Wasserfluten ergossen sich überall auf den Kalkstein und verwandelten die Straße manchmal in einen wilden Fluss. Diese zog sich in Windungen über niedrige Hügel und Felssenken hin, zwischen ein paar kleinen Kartoffelfeldern und grasigen Flecken an geschützten Stellen. Wenn sich die Wolken einmal hoben, konnte ich tief unter mir zu meiner Rechten den Saum des Meeres sehen und auf der anderen Seite die kahle Höhe der Insel über mir. Gelegentlich kam ich an einer einsamen Kapelle oder an einem Schulhaus vorbei, dann an Reihen steinerner Säulen mit Kreuzen darauf und Inschriften mit der Bitte um ein Gebet für die Seele des Menschen, zu dessen Gedächtnis sie errichtet worden waren.

Ich traf nur wenige Menschen. Dann und wann aber begegnete mir eine Gruppe groß gewachsener Mädchen auf dem Weg nach Kilronan. Sie riefen mich belustigt und verwundert an, in fremdartig klingendem Englisch, das sich ziemlich stark vom irischen Akzent Galways unterschied. Regen und Kälte schienen ihrer Lebendigkeit nichts anhaben zu können, und als sie dann mit lebhaftem Gelächter und vielen gälischen Reden an mir vorbei waren, wirkten die nassen Felsmassen noch öder als zuvor.»

Von sieben noch erhaltenen Ringforts ist Dún Aenghus das mächtigste. Auf einer steil ins Meer abfallenden Klippe von Inishmore erhebt sich diese gewaltige prähistorische Steinfestung. Drei halbkreisförmige massive Wälle, der äußere in Trümmern, der innere einer Zitadelle gleich, schließen den Kreis durch die 100 Meter in die Tiefe abfallenden Felsklippen. Kein Mensch weiß heute, gegen wen solche ungemein starken Schutzmaßnahmen nötig waren, jedoch sind diese zementlos zusammengefügten Steinwälle so genial gebaut, dass sie über Jahrtausende Natur- und Menschengewalt überdauert haben.

Eine große Klostergemeinde hatte einst auf den Araninseln gelebt und als Noviziaten- und Exerzitienstätte den Namen «Aran von den Heiligen» erworben. Viele der berühmten frühchristlichen Klostergründer Irlands verbrachten einige Jahre in der Aran-Einsamkeit, und zahlreiche Ruinen und Kirchen tragen noch heute ihre Namen. Kreuze, Gräber, Türme, Mönchszellen und heilige Brunnen sind Zeugen abgeschiedener Frömmigkeit.

Nach wiederholten Überfällen durch Dänen und Normannen und entsprechenden Verwüstungen verlor die Insel ihren heiligen Schein und wurde zum Streitobjekt zwischen zwei Clans: den O'Briens und den O'Flahertys. Dem wurde ein Ende mit Schrecken bereitet, als Soldaten des gefürchteten Feldherrn Cromwell Einzug hielten und später die ganze Insel zu einem Gefangenenlager umfunktionierten.

Noch oft wechselten seitdem die Besitz- und Verwaltungsansprüche, bis diese drei Stück Land im Meer gegen Ende des 19. Jahrhunderts von Schriftstellern, Linguisten, Archäologen und Folkloristen entdeckt und erneut «eingenommen», das heisst in allen Einzelheiten erforscht und beschrieben wurden. Der vermeintlich urkeltische Stamm der Bewohner entpuppte sich bei näheren Forschungen als ein unentwirrbares Gemisch sämtlicher einst ansässiger Menschentypen, zu dem sich heute die neue «Spezies Tourist» hinzugesellt.

In Sichtweite Schottlands liegt sechs Kilometer vor Irlands Nordküste Rathlin Island, nicht breiter als ein Kilometer, geformt wie der Buchstabe L und auf beiden Seiten drei bis vier Kilometer in die Länge gezogen. In strategisch günstiger Lage zwischen zwei Ländern musste dieses meerumspülte Stück Land für vieles herhalten: als Umschlagplatz für Piraten und Schmuggler, als Unterschlupf für Gehetzte und Verfolgte, als Schauplatz von Kampf und Krieg. Schon im Steinzeitalter gab es hier eine Waffenfabrik, ein Zentrum zur Herstellung von Steinäxten, die man später auf diversen europäischen Schlachtfeldern wiederfand.

Nach der Christianisierung suchten hier erste Mönche Ruhe und Frieden – bis zum Einfall (ab dem Jahr 795) der Wikinger, die von den Siedlungen der frommen Menschen nur ein paar Ruinen und ein Schwitzhaus, eine Vorform der Sauna, übrig ließen. Zu jeder Zeit fanden Piraten und Schmuggler hier leicht zugängliche Häfen und sichere Verstecke, auch als sich Bauern und Fischer niederließen und ihre Beute teilten.

Jahrhunderte später errichtete hier der Schottenkönig Bruce ein stattliches Schloss. Bei einer Invasion von feindlichen Engländern rettete er sich in eine der vielen Felsenhöhlen. Dort hatte er genug Musse, einer ihr Netz webenden Spinne zuzusehen, die mit großer Beharrlichkeit immer wieder von vorn anfing, wenn ihr Werk zerriss. Ihr Durchhaltevermögen ermutigte den König, nicht aufzugeben und die spätere Entscheidungsschlacht gegen die Engländer zu wagen, wodurch er für weitere Jahrhunderte Schottlands Unabhängigkeit sicherte. Von den wilden Kämpfen auf dem blutgetränkten Boden der Insel blieben ominöse Namen wie «Abgrund der Frauen», «Tal der Engländer» und *Cnoc na Sceedlin* («Hügel der Schreie») als Erinnerung an grausame Massaker und Racheakte.

Lebten zu Anfang des 20. Jahrhunderts noch 1000 Menschen auf der Insel, so sind es heute höchstens noch 30 Familien. Für sie gibt es eine Grundschule, ein Telefon, Wasserversorgung, einen Laden und zwei Kirchen, aber keine Polizei und somit unbegrenzte Öffnungszeiten für die einzige Kneipe am Ort. Dort erfährt man dann von dem historischen Haus, einem heutigen *Bed and Breakfast*, gegenüber von Ballycastle, wo Marconi und Lloyd Jones im Jahre 1896 erfolgreiche Versuche zur drahtlosen Telegrafie durchführten. Auch vom *Seaweed Store*, dem Seetanglager, ist die Rede aus der Zeit, als frischer Seetang, aus dem man Jod gewann, zum Hauptexportartikel der Insel gehörte.

Die alte Wassermühle wird erwähnt und auch der Treffpunkt der Seehunde in der Mill Bay. Als besonderer Geheimtip gilt das wenig bekannte Vogelparadies an den Ufern der Binnenseen, wo im Laufe eines Jahres nicht weniger als 175 Vogelarten ein- und ausfliegen. Der größte Stolz der Insel aber sind drei neue Windräder, die seit Oktober 1992 die Stromversorgung sicherstellen. Die Finanzierung ist teilweise der damaligen EG, das technische Know-how deutschen Ingenieuren zu verdanken. Seitdem blinken nachts nicht nur drei Leuchttürme, sondern auch die elektrischen Lichter verstreuter *Cottages* zum Festland herüber.

Weithin sieht man am Tage die drei großen Lichtmasten und Windturbinen, deren Namen aus der Mythologie stammen: Die Inselbewohner haben sie nach den Kindern des mythischen Stammvaters *Lir* benannt: *Conn*, *Aedh* und *Fiachra*. Diese waren von ihrer eifersüchtigen Stiefmutter in Schwäne verwandelt worden, «bis die Frau aus dem Süden und der Mann aus dem Norden

IM SCHLAFSACK WAHRES INSELLEBEN

für alle Zeit eins geworden sind», was erst «nach dreimal dreihundert Jahren» geschehen solle.

Nicht alle Inseln um Irland sind erschlossen und mühelos zugänglich. Viele gibt es noch, auf denen man in einfachen Unterkünften oder in einer alten Hausruine im Schlafsack das wahre Inselleben früherer Zeiten erahnen kann. Abgeschnitten von der übrigen Welt kann man dann tagsüber stundenlang über Klippen wandern, spielenden Delphinen zusehen, die vielen verschiedenen Vögel beobachten und beim Blick über «die unabsehbare, blitzende Öde der offenen hohen See» den eigenen Gedanken nachhängen. Die Zeit wird hier durch den Stand der Sonne und gelegentlichen Hunger bestimmt. Wichtig ist nur das Schuhwerk, der Re gen- und Windschutz und des Abends und für die Nacht ein wärmendes Torffeuer, ein heißes Getränk und vielleicht ein Gespräch. Die übrige Welt versinkt in Bedeutungslosigkeit, man selbst ist frei und unerreichbar.

Das ist weder Draculas oder Frankensteins Sitz noch Schauplatz eines Hitchcock-Psychoschockers, sondern das Blarney Castle aus dem 15. Jahrhundert Diese Schlossruine mit dem 25 Meter hohen Turmhaus wurde zur touristischen Hauptattraktion im Südwesten: wer den berühmten «Blarney Stone» küsst, dem soll einer Überlieferung gemäß die Gabe der Beredsamkeit gegeben sein ...

Schatztruhe aus Wasser und Wurzeln: das Moor

Reichtum entsteht aus Verfall: Nutzbringende Torfgewinnung, eigentümliche Pflanzenvielfalt und wertvolle Ausgrabungen haben Irlands Moore in diesem Jahrhundert zu einem ertragreichen Bestandteil der irischen Landschaft erhoben. Denn nicht nur gut erhaltene Funde aus Bronze, Silber und Gold sind nach langer Einkerkerung ans Tageslicht gekommen, sondern ganze Dörfer und Straßen und sogar mumifizierte Menschen! Eine stattliche Sammlung bisher gefundener Schätze aus Gold, Kupfer und Silber befindet sich gereinigt und auf ursprünglichen Glanz poliert im Nationalmuseum von Dublin: reich verzierte Schmuckstücke, formvollendete Kelche, Kreuze aus Eichenholz mit Silber und vergoldeten Bronzebeschlägen sowie praktische Geräte für Haus- und Feldarbeit. Fachkundige befürchten, dass einige solcher Funde auf Umwegen auch den gut zahlenden Weltmarkt erreicht haben.

Als Torfstecher beim Graben in Beaghmore, in der historischen Grafschaft Tyrone (Nordirland), in regelmäßigen Abständen auf etwas Hartes stießen, ahnten sie nicht, was Archäologen in vierjähriger Kleinarbeit zutage fördern würden: Auf einer Fläche von etwa 2000 Quadratmetern entdeckte man unendlich viele Steine in allen möglichen Anordnungen und Zusammensetzungen. Sieben Steinkreise, zwölf Steinhügel und neun Steinreihen kamen schließlich ans Tageslicht, abgesehen von unzähligen scheinbar ungeordneten Felsbrocken.

Seither rätselt man über diese versunkene Anlage, die das Moor seit über 3000 Jahren bedeckt und bewahrt hatte. War es eine Siedlung, eine Festung, ein Ort für Zeremonien oder Feiern oder könnte er von astronomischer Bedeutung gewesen sein? Noch mehr sollte zum Vorschein kommen! Staunende Archäologen entdeckten unter diesen bereits uralten Steinsystemen tiefer liegende Schichten, die man als Reste einer Wohnstätte von Sammlern und Jägern aus der Mittelsteinzeit identifizierte. Diese Entdeckung, zusammen mit Funden von Flintsteinen, Essensresten und Pfeilspitzen, lassen den Schluss zu, dass es sich hier um allererste Niederlassungen damaliger Eindringlinge in den irischen Urwald handelt. Eine menschliche Behausung ist nach über 3000 Jahren aus der Versenkung aufgetaucht! Steine und noch mehr Mutmaßungen sind übrig geblieben von den allerersten Siedlern in vorchristlicher Zeit.

Wahrscheinlich waren sie aus dem heutigen Schottland über eine damals noch sehr schmale Meerenge auf Fellbooten in den Norden Irlands gekommen, hatten sich am Rande des Dschungels niedergelassen und allmählich Lichtungen gerodet für Viehweiden und Ackerbau. Schon damals benutzte man Steine für Ein- und Abgrenzungen, aber auch als Werkzeug und Schmuck. Weiteres lässt sich aus den Funden im Moor erkennen: Neue Zuwanderer brachten Bronze und die Kunst der Metallerzeugung mit. Hundert Jahre später ermöglichte die Technik der Eisenverarbeitung die Herstellung von Waffen, was im Kampf eine entscheidende Überlegenheit verschaffte. Spätestens in dieser Zeit begann man, Schutzwälle für Menschen, Tiere und Vorräte zu errichten.

Die teilweise von den Mooren freigegebenen oder unter Erdhügeln verborgenen Steingebilde haben der ganzen Epoche den Namen Megalithzeitalter verliehen. Funde dieser Art gibt es nicht nur in Irland, sondern auch auf den Balearen, in der Bretagne, auf Malta und Menorca sowie in Cornwall, wo ähnliche Anordnungen riesiger Felsbrocken ruhen. In Irland breiteten sich ganz langsam die Moore aus über diese ursprünglichen Anlagen menschlicher Behausungen, die uns heute gleichviel Einsicht gewähren wie Rätsel aufgeben.

Nachdem die zweite Eiszeit die Insel mit flachen Seen und Tümpeln überzogen hatte, modern seit nunmehr 10 000 Jahren Farne und Flechten, Gräser und Baumstümpfe in der kostbaren Feuchtigkeit von unten und dem häufigen Nieselregen von oben, so dass sich immer mehr Schichten übereinander bilden. In den Niederungen wuchsen die Torfmoore aus flachen Seen; im gebirgigen Westen aber bildete der Torf eine meterdicke Decke, unter welcher der damalige Alltag verschwand und wie in einem Konservierungsmittel erhalten blieb.

Je nach der vorhandenen Untergrundbeschaffenheit entwickelten sich sehr verschiedenartige *bogs*: Dort, wo das Regenwasser nicht durch einen porösen Untergrund versickern konnte, entstanden aus dichten Schichten «versumpfter» Pflanzen Hochmoore. Dort aber, wo das Regenwasser versickerte, breitete sich Bleichmoos aus, das die erstaunliche Fähigkeit besitzt, alle nötigen Nährstoffe aus dem Regenwasser zu ziehen und in seinen winzigen Blättern zu speichern, so dass es zu 98 Prozent aus Wasser besteht. Es gibt seinerseits stark säurehaltiges Wasser ab, was wiederum die Zersetzung unverwester Pflanzenteile bewirkt. Auf diese Weise wachsen die Moore langsam nach. Das dichte irische Torfmoos hat eine weitere besondere Eigenschaft: Als altes Hausmittel brachten es irische Soldaten mit in den Ersten Weltkrieg, wo es sich durch seine desinfizierende Wirkung als schützende Wundauflage bewährte.

Wer sich ein wenig in den feuchteren, ausgedehnten Sumpflandschaften umsieht, entdeckt einen Teppich seltener Pflanzen. Neben dem typischen Heidekraut leuchtet die purpurne Glockenblume, auch gedeihen Rosmarinheide, Beinbrech und Wollgras, das mit seinen hellen Büscheln im Sommer weithin sichtbare Tupfer setzt. Weiterhin belohnen Fingerkraut und Kreuzblumen sowie wilder, duftender Thymian den Naturfreund. Die durch die bunte Flora angelockten Insekten müssen jedoch auf der Hut sein, denn nicht weniger als elf verschiedene Fleisch fressende Pflanzen haben sich in den Moorgebieten angesiedelt!

An anderen Stellen erstrecken sich Flach- oder Deckenmoore (*blanketbogs*), die je nach Untergrund und Feuchtigkeitsintensität von unterschiedlicher Tiefe sind.

SIEDLUNGEN ÜBER 5000 JAHRE ALT

Niedrige Temperaturen und Sauerstoffmangel verhindern eine normale Kompostierung von Pflanzen- und Wurzelwerk, stattdessen verwandeln sie sich in kompakten Schichten allmählich zu Torf, der wie eine Schutzschicht alles andere überdeckt.
Ein solches «doppelbödiges» Moorgebiet, unter dem sich uralte Siedlungen großer Ausmaße verbergen, befindet sich in der Grafschaft Mayo, im Westen Irlands. Dort erheben sich steil an der Küste über 100 Meter hohe Felsklippen mit dem unvorstellbaren Alter von 300 Millionen Jahren. Auf ihrer Anhöhe erstrecken sich die Ceide Fields, die bei ihrer Entdeckung eine Sensation in der Welt der Archäologie auslösten.
Auf den ersten Blick sehen sie aus wie die üblichen, von Mauern eingefassten Felder. Doch unter diesem etwa 500 Quadratmeter weiten Moorgebiet haben Forscher planmäßig angelegte Siedlungen entdeckt, die wahrscheinlich über 5000 Jahre alt sind. An freigelegten Stellen kann man die Spuren einer versunkenen Zivilisation genau erkennen: Dorfstraßen und Wohnstätten. In einer eigens dafür gebauten, architektonisch kühnen Pyramide versucht ein neues *Interpretive Centre*, die als verloren geglaubte

Ausgelassene Nachmittagsstimmung (in Cork)

TORFSTECHEN HARTE KNOCHENARBEIT

Vergangenheit zu deuten, das damalige Leben darzustellen und die eigene Phantasie zu ergänzen.
Jahrhundertelang hatte man die Moorgebiete nur zum Abbau von Brennmaterial genutzt und ansonsten die Gegend für ziemlich unwegsam befunden. Inzwischen aber sind Irlands Torflandschaften als wertvolle und faszinierende Ökosysteme erkannt, zumal solche Gebiete im übrigen Europa längst verschwunden sind. Die feuchte Masse hatte wie ein Löschblatt alles Herbeigewehte begierig aufgesaugt: Pollen, Samen, Sporen, Körner und Insekten. Damit wiederum wurden Vögel angelockt, die ihre Nester im Unterholz bauten. Auch Kleintiere fanden geschützte Unterschlupfmöglichkeiten und erfüllen die Landschaft mit Leben. Naturforscher wie David Bellamy kämpfen um die Erhaltung der Moorschutzgebiete und weisen zu Recht auf ihre einmaligen Zusammensetzungen und Schätze hin. Neuerdings werden für Besucher Moor-Expeditionen organisiert, die auf Wanderungen und Erkundungsfahrten verborgene Naturschätze in den Moorgebieten vorstellen.
In abgelegenen Gegenden wird das kostbare Brennmaterial Torf noch von Hand gestochen. Das geht in mehreren Etappen vor sich: Zuerst müssen die Bauern die mit Heidekraut oder Gras bewachsene oberste Erdschicht von ihrem *plot* (Landstück) entfernen. Mit einem besonderen Spaten, dem *slean*, schält der *cutter* (Schneider) dann Stücke von der Torfkante ab, welche die nächste Person, der *catcher* (Fänger), einem Dritten, dem *wheeler* (Raddreher) zuwirft. Dieser stapelt die nassen Stücke zu kleinen, lockeren Torfhaufen, den *clamps* auf, damit sie den Sommer über in Sonne und Wind austrocknen können.
Erst im Herbst werden sie in großen Tragkörben auf Eselsrücken oder häufiger in schwarzen Plastiksäcken per Auto abtransportiert. Torfstechen war und ist harte Knochenarbeit und prägt die gebeugte Haltung und die rauhen Umgangsformen der Menschen, so dass sich die zutreffende Redensart erhalten hat: «You can take the man out of the bog, but you can't take the bog out of the man!» «Man kann den Mann aus dem Sumpf nehmen, aber man kann nicht den Sumpf aus dem Mann nehmen! »

TORFFEUER BEFLÜGELT FANTASIE

Der Geruch von Torffeuern hing in der Kleidung und an regenreichen Tagen über Stadt und Land. Für den, der aus dunkler Kälte oder Nässe kam, verhieß er schon von weitem Wärme, vielleicht auch ein Essen und Geborgenheit. Um Torffeuer scharte man sich beim traditionellen Geschichtenerzählen, und der Blick in die züngelnden Flammen mag so manches Mal die Phantasie beflügelt haben. Auf dem Lande ist eine Einladung ans offene Feuer die typische Willkommensgeste gegenüber einem Besucher, der dann bei einer *cup of tea,* einer Tasse Tee, erzählen oder zuhören muss und schon bald zur Familie gehört.
Der schokoladenbraune Torf mit seinem blaugrauen Rauch verbreitet weniger Wärme als Kohle, hinterlässt aber eine größere Menge hellgrauer Asche. Vor dem Schlafengehen legt man ein oder zwei Torfstücke in die schwelende Glut, *smooring* genannt, damit sich am nächsten Morgen gleich wieder ein Feuer entfachen lässt.
Neben dem mühseligen Torfstechen von Hand hat sich auf riesigen Moorgebieten in den Midlands seit dem Jahre 1934 ein groß angelegter maschineller Abbau entwickelt. Zweiundzwanzig Produktionsstätten sind inzwischen unter der Leitung der halbstaatlichen Torfbehörde, *Bord na Mona,* zu einem bedeutenden Industriezweig herangewachsen. Man rechnet in den kommenden zwei Jahrzehnten mit einer Gewinnung von weiteren 300 Millionen Tonnen. Hier geht es nur noch um den reinen Nutzen.
Auf kahlen, braunen Abbaugebieten stehen unansehnliche Kraftwerke, die den getrockneten Torf an Ort und Stelle in elektrische Energie umwandeln und Irland auf diese Art 12 Prozent des Energiebedarfs liefern, der sonst durch weitere Ölimporte gedeckt werden müsste.

TORFMOOSE IN TAUSEND JAHREN

Sieben lange Jahre dauert es, bis ein Moor genügend entwässert und von seiner Oberschicht befreit ist, so dass die gigantischen Torfschneidemaschinen einrücken und den braunen Untergrund nach oben befördern können. Sie sind für ihre Arbeit ebenso vom trockenen Wetter abhängig wie der Bauer mit seinem Spaten. Außer zur Elektrizitätserzeugung benutzt man Torf zur Herstellung gleichförmiger Briketts, die in Ballen gepresst als *peat* auf den Markt kommen. Für Bauern und Gartenfreunde gibt es darüber hinaus Düngemittel und vorgemischte Gartenerde aus locker gepresstem Torf. Aufgrund der neuen Abbaumöglichkeiten sind die irischen Moore innerhalb der letzten 50 Jahre zu einer bedeutenden Einnahmequelle geworden.
«Seit Urzeiten», schreibt Barbara von Wulffen in ihrem Irlandbuch *Maureen,* «haben die Menschen an den Rändern der Moore flache Gräben gezogen und Torf gestochen fürs Kaminfeuer. Alle Häuser, Hütten und noch die elendsten Wohnlöcher waren immer warm, und der Torf ist nachgewachsen. Heute aber geht es um Energie. Nicht mehr nur Wärme, sondern Kraft müssen die Moore liefern. Also sind sie von Kraftwerken umstellt. Nackt, ihrer Pflanzenschicht entblößt, liegen sie da. Der Torf trocknet auf Halden, wird mit schwarzen Plastikplanen bedeckt, verladen und über Schienen weggeführt oder gleich an Ort verstromt.
Irland braucht viel Strom. Immer noch mehr! Die staatliche Torfgesellschaft Bord na Mona treibt ihre Ingenieure an, damit sie den Torf schneller, immer schneller verschlingen. Aber nur ein Meter mächtig ist die Schicht, die unter lebenden Torfmoosen in tausend Jahren nachwachsen kann. Bord na Mona baut ab bis knapp zur Tonschicht des Untergrundes. Immerhin forstet sie mit Kiefern auf, hinterlässt also junge Wälder.»
Ein Kreislauf will sich schließen. Wann werden die Wurzeln dieser frisch angelegten Wälder einmal Moore bilden? Was werden sie dermaleinst aus der heutigen Zeit bewahren?

Kinsale ist wegen seiner geschützten Lage und seinen ausgezeichneten Schiffsbauern unter den Seglern ein Begriff

nächste Doppelseite: *Bucht bei Allihies am Ring of Beara*

Vom Dschungel zum Kahlschlag: verwüstete Wälder

Was sollen wir von nun ab ohne Holz tun? Der letzte aller Wälder ist gefällt», klagte ein unbekannter irischer Dichter im 17. Jahrhundert, als rigorose Abholzungen der Insel Schutz und Reichtum nahmen. Denn das Land bedeckte einst ein gewaltiger Dschungel, durchsetzt von dunklen Seen, durchschnitten von Flüssen, überragt von ein paar kahlen Bergspitzen. Fossilienfunde von Birkenbaumstümpfen in einer Höhe von 830 Metern beweisen, wie hoch die Wälder an den Berghängen hinaufkletterten; sie füllten die Flusstäler und reichten bis an die Meere.

Die neolithischen Ureinwohner hatten als Erste versucht, mit ihren Steinäxten Wege zu bahnen, denn sie brauchten Platz für ihre Unterkünfte, Weidefläche für ihre Tiere und Anbaugebiete für das Gemüse. Nach ein paar Jahren überließen sie sie wieder neuen Schösslingen, meist Eschen, und wandten sich weiteren Rodungen zu. Mit wachsender Bevölkerung nahm auch die Abholzung zu. Noch heute lassen Ortsnamen auf einstige Waldgebiete schließen. Zum Beispiel stammt der Name Derry von *doire* (Eichenwald) und Youghal von *eo-chaill*, was *yew*, Eibenwald, bedeutet. Auch Vororte von Dublin stehen auf ehemaligen Waldgebieten: Terenure ist abgeleitet von *tir an iuir,* Land des *yew tree* (Eibenbaums), und der Stadtteil Clonskeagh war eine Wiese mit Weißdornhecken, *Cluain sceach.*

In einem Dokument aus dem 8. Jahrhundert werden 27 einheimische Baumsorten und Büsche aufgeführt. Auch von hohen Strafen für Baumschaden ist bereits die Rede, wobei Eichen, Haselnuss, Stechpalme, Eiben und Esche besonders hoch im Kurs standen. Im Mittelalter verbot ein Gesetz das Fällen von Bäumen, besonders solch edler Gehölze wie Eiche. Eibe und Haselnuss. Das Holz der Eiche diente den Zimmerleuten und die Rinde den Gerbermeistern, während die Eicheln als Schweinefutter verwendet wurden. Eiben sieht man heute nur noch selten, höchstens noch auf Friedhöfen und in Privatgärten. Früher fertigten Tischlermeister aus dem festen Eibenholz Bischofsstäbe und Schreine für die Heilige Schrift an. Bis heute wird die Eibe vielerorts als heiliger Baum verehrt und ihr hartes Holz wird nach wie vor sehr geschätzt.

Die großen Haselnussbüsche überlebten ausgedehnte Rodungen an Straßen und Lichtungen. Abgesehen von der bedeutenden Nussernte im Mittelalter benutzte man vor allem ihre biegsamen Zweige als Flechtwerk für Hauswände und Zäune.

Noch bis zur Tudorzeit füllten Eichenhaine die weiten Täler des Blackwater- und des Lee-Flusses, ja fast ein Drittel der Insel war um 1600 noch von dichten Wäldern bedeckt. Marder, Dachse, Wölfe, Wiesel und Füchse durchstreiften die Gegend. Eichhörnchenfelle galten als begehrte Exportartikel, bis diese Tiere Mitte des 17. Jahrhunderts vollkommen ausgerottet waren und erst im 19. Jahrhundert wieder neu in Irland angesiedelt wurden. In den Wipfeln der Bäume und auf Burgruinen nisteten große Raubvögel, Saatkrähen und Eulen, und unzählige Singvögel jubilierten morgens und abends um die Wette.

Einschneidende Veränderungen begannen um 1600, als in Irland nach und nach das dunkle Waldgrün hellem Wiesengrün weichen musste. Zunächst veränderte sich das äußere Erscheinungsbild der Landschaft durch Schneisen, die die Wälder durchschnitten; es folgten weiträumige Waldrodungen für den umfangreichen Holzexport. Da eine Wiederaufforstung ausblieb, artete die systematische Abholzung während der Tudorzeit zu einem folgenschweren Raubbau aus. Mit rigorosen Rodungen der unwegsamen Wälder nahm man zudem gezielt Vertriebenen und Rebellen ihre letzte Zuflucht. Die gefällten Bäume fanden vielseitige Verwendung. Die Borke von Eichenstämmen musste zum Gerben von Häuten und Fellen herhalten, während zahlreiche Schmiedewerkstätten unendliche Mengen an Holzkohle verbrannten. Noch mehr Bäume verschlangen die Feuer der Eisengießereien im 17. und 18. Jahrhundert, vor allem aber exportierte man die irischen Stämme zum Bau englischer Schiffe, Dachstühle und Brücken. Nach einem Jahrhundert nur war der gesamte Vorrat erschöpft. Der Spieß drehte sich: Irland muss bis heute Holz importieren.

Gegen Ende des 17. Jahrhunderts führte man nicht nur Holz nach Irland ein, sondern auch junge Baumschösslinge besonderer Art. Gepflegte Wälder und Ziergärten sollten die weiten Ländereien der neuen Großgrundbesitzer umgeben. Sie pflanzten außer Eichen auch Eschen, Fichten, Buchen, Eukalyptusbäume und Palmen an. «For the house of the planter is known by the trees» («Denn das Haus des Siedlers erkennt man an den Bäumen»), schrieb der Dichter Austin Clarke.

Neue, angelegte und von Mauern eingefasste Waldgebiete wuchsen heran, wurden aber dann bei erneutem Besitzerwechsel wieder vernachlässigt oder planlos gefällt. Trotzdem wachsen und gedeihen heute in Irland über 60 verschiedene Baumarten. Noch erstaunlicher ist, dass einige Bäume das unwahrscheinliche Alter von 2000 Jahren überschritten haben, ohne allerdings von den «jungen» Menschen besonders gewürdigt zu werden.

Um 1920 waren nur noch 0,2 Prozent des irischen Bodens mit Wäldern bedeckt, womit Irland neben Island den niedrigsten europäischen Rekord aufstellt. Seit 1950 sollen staatliche Aufforstungsprogramme und neuerdings EU-Beihilfen bei Privatanbau den Waldbestand, der sich derzeit zu einem Viertel in Privatbesitz und zu drei Viertel in Staatseigentum befindet, allmählich wieder vergrößern. Zum Leidwesen von Mischwaldfreunden pflanzt man zu 75 Prozent die schneller wachsenden Nadelbäume an, dagegen nur 11 Prozent Laubbäume und 14 Prozent *scrub,* eine Mischung aus Büschen und jungen Bäumen. So «nutzlos» solches Unterholz scheinen mag, so wichtig ist das Gestrüpp als Habitat für die Kleintier- und Pflanzenwelt.

Als unvergesslich eindrucksvoll prägen sich Bilder allein stehender Bäume ins Gedächtnis. Man findet sie unvermutet windgepeitscht, zur Seite geduckt mitten auf einem Feld oder in einer Ortschaft. Oder eine ganze Gruppe windschiefer Bäume beugt sich schützend fast über ein verlassenes Anwesen, eine Ruine, ein Bauernhaus. An vielen wächst Efeu empor, droht sie zu ersticken, ist grün im Winter und Sommer, macht dem Baum das Atmen schwer. Prachtvoll stehen manche Einzelbäume da: eine Eiche, Buche oder Esche oder ein riesiger Eukalyptusbaum. Sie tauchen unvermutet auf hinter einer Wegbiegung, auf einer Ebene, in einem Park und beherrschen majestätisch und selbstverständlich ihre Umgebung.

Die wenigen Überreste ursprünglicher Waldbestände haben sich über die Jahrhunderte, neben Ab- und Ausholzung, durch Brände und Tierschäden noch mehr verringert, sofern sie nicht an völlig entlegenen und unzugänglichen Stellen in Sicherheit sind. Eine echte Gefahr bilden in vielen Gegenden die eigens importierten und einst sorgsam angepflanzten Rhododendronbüsche, die den jungen Nachwuchs überwuchern und inzwischen vielerorts als unausrottbares Unkraut gelten. In der Grafschaft Kerry muss sich heute jeder Käufer verpflichten, diese Gewächse auf seinem neu erworbenen Grundstück abzuhacken, zu entwurzeln und möglichst auszurotten.

Eine weitere Bedrohung für heranwachsende Wälder ist die Überweidung, und zwar weniger durch wilde Tiere, als durch übergroße Herden von ganz gewöhnlichen Schafen und Ziegen. Besonders auf den Inseln knabbern sie alles Essbare weg und lassen jungen Pflanzen keine Entwicklungsmöglichkeit. Auch unbedachter Straßenbau und rücksichtslose Landwirtschaft führen, trotz lautstarker Proteste von Umweltschützern, zu Abholzungen letzter alter Baumbestände.

So müssen Irlands Wälder inzwischen durch regelrechte, gezielte Rettungsaktionen bewahrt werden: Nationalparks und Naturschutzgebiete unter staatlicher Aufsicht schützen nicht nur bedrohte Waldbestände, sondern auch den darin enthaltenen Tier- und Pflanzenreichtum, *Coillte Teoranta,* die staatliche Forstbehörde, besteht seit 1988 und ist für den Erhalt und Fortbestand staatlich genutzter Waldgebiete zuständig. Seit 1996 werden jährlich, mit Hilfe von EU-Zuschüssen, 30000 Hektar Land mit jungen Bäumen bepflanzt.

Selbst wenn ein gezieltes Aufforstungsprogramm erst seit 1950 in Gang gekommen ist, kann man jetzt, Ende des 20. Jahrhunderts, doch schon mit einer Abholzung der damals frisch angepflanzten Bäume rechnen. Somit wird allmählich im 21. Jahrhundert wieder eigenes Holz für den irischen Markt zur Verfügung stehen. Zugleich hofft man auf etwa 13000 neue Arbeitsplätze in der Holzverarbeitungsindustrie, wobei die Herstellung von Baumaterial, Zäunen und Spanholz an erster Stelle stehen soll.

Vor allem aber blüht eine alte irische Handwerkskunst wieder auf: Übers ganze Land verteilt stellen Holzschnitzer und Tischler wie in alten Zeiten phantasievolle und formschöne Kunst- und Gebrauchsgegenstände her, wozu sie einzig irisches Holz verwenden. Sie wissen um den verborgenen Schatz in den *Boglands*: Dort ruht jahrtausendealtes Mooreichenholz, aus dem sie wunderbare Kunstwerke anfertigen. Bereits im Jahre 1842 wusste davon der Reiseschriftsteller J.G. Kohl zu berichten: «Zuweilen auch braucht man das Moorholz, da es wegen seiner Härte, wenigstens wenn es von Eichen oder Taxus (Eibe) herrührt, eine sehr schöne Politur annimmt und auch von Natur, weil es von der färbenden Moorfeuchtigkeit durchdrungen ist, eine hübsche braune Farbe hat, zu Möbeln. In Edgeworthstown sah ich eine Tischplatte aus einem Taxusbaum von besonderer Vollkommenheit. Man konnte mit dem Mikroskop hunderte von genau abgezirkelten Jahresringen darauf erkennen.»

In einem verträumten See inmitten eines märchenhaften Nationalparks ruhen solche wuchtigen Überreste von Mooreichen, vermutlich seit über 1000 Jahren. Der Park

BLUTWURZ ODER MOORLILIEN

PRUNKBAU MIT TRAURIGER GESCHICHTE

GROSSZÜGIGER TABASCO-KÖNIG

mit ebenfalls uraltem Waldbestand liegt wie eine Oase inmitten der rauhen Donegal-Landschaft. Er erstreckt sich rund um den fischreichen Lough Veagh und birgt auf etwa 10000 Hektar Land ungeahnte Schätze aus der Pflanzen- und Tierwelt. Die gepflegten Gartenanlagen von Schloss Glenveagh mit ihren vielen exotischen Gewächsen stehen in starkem Gegensatz zu der wilden, felsigen Bergwelt, die diesen Nationalpark umgibt.

Seine Hügelflanken und die Täler sind mit Heidekraut und Torfmoosen bewachsen, und je nach Jahreszeit beherrschen Farbtupfer von Blutwurz oder Moorlilien das Bild. Drei Teilgebiete des Parks sind mit ehrwürdig knorrigen, uralten Eichen und Birken bewaldet, in denen eine große Herde Rotwild ihr Unwesen treibt. Als Ergebnis eines gezielten Aufforstungsprogramms versuchen dazwischen Schösslinge heranzuwachsen. Im Mittelpunkt des Parks steht ein jetzt verwittertes, aber erst um 1870 gebautes Schloss, von dem man sich eine traurige Geschichte mit jedoch gutem Ausgang erzählt. Das Gebäude war Ende des 19. Jahrhunderts von dem skrupellosen Landaufkäufer George Adair im viktorianischen Stil erbaut worden, und man munkelt, er habe um der schönen Aussicht willen, Tagelöhner und Pächter aus ihren Hütten in die Emigration getrieben. Kaum war sein Prunkbau fertig, wanderte er selbst nach Amerika aus. Seine Witwe kehrte im Jahre 1885 nach Glenveagh zurück und ließ großzügige Gärten und Terrassen anlegen, die erst durch die Erweiterung des letzten Eigentümers zur vollen Prachtentfaltung gelangten.

Von 1937 bis 1983 verbrachte Henry McIlhenny, der Erfinder und König der Tabasco-Sauce aus Philadelphia, seine Sommer in Glenveagh, wo er, umgeben von sagenhaftem Luxus und unberührter Wildnis, im Land seiner Vorfahren einen Traum verwirklichte: Für den terrassenförmig angelegten Garten ließ er auf Eselsrücken säckeweise Erde herbeischleppen und steckte anschließend persönlich die von seinen weiten Reisen mit gebrachten Samen und Blumenzwiebeln hinein.

Er folgte nicht nur seiner eigenen, wahrhaft blühenden Phantasie, sondern auch den fachkundigen Anweisungen der berühmten Gartengestalter Roper und Russell. Bei der Gesamtplanung mit vielen exotischen Pflanzen wurde sorgfältig die Blütenpracht für jede Jahreszeit bedacht, und zwar so, dass die bunten Blumenrabatten einen Kontrast zu der umgebenden kargen, wilden Donegal-Landschaft bilden. Findet man plötzlich ein Stück Italien auf einer Terrasse, so herrscht im *walled garden* (ummauerter Garten) symmetrische Ordnung neben luxuriöser Üppigkeit. Henry McIlhenny sparte weder an Geld noch Einfällen und auch nicht an gesellschaftlichen Ereignissen. Berühmte Persönlichkeiten, wie Greta Garbo und Clark Gable, weilten als seine Gäste in Schloss und Garten. Große Feste und Stiftungen in der Umgebung bildeten Verdienstmöglichkeiten für die Einheimischen und einen willkommenen Ausgleich für die herben Entbehrungen vorangegangener Generationen.

Im Jahre 1983 vermachte Henry McIlhenny seinen gesamten Besitz dem irischen Staat. Seither staunen nicht nur die Bewohner Donegals und die Freunde des Besitzers, sondern Naturliebhaber von nah und fern über die Umwandlung eines bewaldeten Flusstals in ein Parkparadies, dessen Entstehungsgeschichte und kontrastreiche Schönheit einmalig auf der Welt sein dürfte.

Über die Hälfte der irischen Bevölkerung ist unter 25 Jahre alt

Auf dem Lande: Kühe oder Kartoffeln?

Eine Gruppe Bauern ging durch das matte Lampenlicht. Es waren nicht solche, wie man sie in der Nähe der Großstadt, sondern in den Bergen oder längs der Küste sieht. Da rückten sie an – knorrig, wild, mit trotzigen Gesichtern, ihre schlecht sitzenden Kleider voll Eigenart, die Frauen in verblichenen braunen Umschlagtüchern, die Männer mit schwarzen Sombreros und dicken Stöcken; es war ihnen nicht wohl in ihrer Haut, und sie lachten und lärmten herausfordernd.
Und weil sie so ganz ein Stück ihrer natürlichen Umgebung waren, schien es einen Augenblick, als hätten sie Felsen und Gebüsch, Moor und Torfschober und die See mitgebracht.»
So sah der irische Short-Story-Autor Frank O'Connor die irischen Bauern noch in den Vierzigerjahren. Eine Generation später finden wir den Sohn dieses Bauern, wie er mit dem Mähdrescher die weiten Kornfelder von ihrer goldenen Last befreit und später am Tage mit einem Knopfdruck das Melkgerät im blitzsauberen Kuhstall einschaltet.
Er wohnt in seinem nagelneuen Bungalow, den seine Frau im Sommer als *Bed and Breakfast* herrichtet, um das Familieneinkommen aufzubessern. Außer ihrer herzlichen Gastfreundschaft und guten Ortskenntnissen bietet sie ihren Gästen selbst gebackenes Brot und frisches Gemüse aus dem Garten. Abends brennt für die Touristen ein Torffeuer im Kamin, während die eigentliche Wärme aus der mit Öl befeuerten Zentralheizung kommt.
Etwa 170 000 Bauernhöfe gibt es heute noch in Irland. Ihre Größe beläuft sich im Durchschnitt auf 26 Hektar, doch bestehen in Wirklichkeit erhebliche Größenunterschiede zwischen der Mehrzahl kleinerer Farmen im Westen der Insel und wenigen Großfarmen in den fruchtbaren Midlands und an der Südostküste. Die meisten Bauernhöfe befinden sich in Familienbesitz, wobei immer mehr Maschinen die Arbeit von Menschenhand ersetzen und die Sorge um die Nachfolge fast jeden Landeigentümer beschäftigt.
Auf manch einem entlegenen Gehöft wirtschaftet ein meist älterer Bauer allein vor sich hin, denn welches junge Mädchen träumt heute noch davon ein ganzes Leben auf dem Lande zu verbringen?
Einmal im Jahr finden sich Heiratslustige in der einzigen Kurstadt Irlands zusammen: in Lisdoonvarna, einem Ort, dem der Balladensänger Christy Moore mit seinem Lied zu weltweitem Ruhm verhalf. Dort gibt es nicht nur ein recht fad schmeckendes Quellwasser – dem man zwar Heilkräfte nachsagt, aber von dem auch der Schriftsteller Bryan McMahon behauptet, es rieche nach hart gekochten Eiern oder rostigen Nägeln –, sondern vor allem herrscht dort im Monat September Hochbetrieb.
Dann ist dieser sonst verschlafene Ort nicht wieder zu erkennen: Bauern, Fischer und Torfstecher kommen von weit her auf Brautschau, hinzu gesellen sich junge und auch nicht mehr ganz so junge Mädchen. Der Spaß kann beginnen! Dieser ist heutzutage gut organisiert mit Eintrittskarten zu Gigs und Tanzveranstaltungen in Kneipen und Hotels. Heimlich hegen alle Anwesenden die Hoffnung, nicht wieder solo ins Elternhaus oder auf ein einsames Gehöft zurückkehren zu müssen.
Wann kommen die Landbewohner sonst noch unter Menschen? Sonntags in der Kirche natürlich und einmal in der Woche auf dem Markt in der nächstgrößeren Stadt, wo Tiere und Waren feilgeboten werden. Spielte sich früher der Viehhandel mitten auf der Dorfstraße ab, so findet er heute in eigens dafür gebauten Versteigerungshallen statt. Dort warten Ochsen, Kühe und Kälber eng zusammen gepfercht auf ihr Schicksal.
Wenn der umständliche Papierkrieg mit Angaben zu ihrem Alter, Gewicht und Gesundheitszustand beendet und das Fell eines jeden Tieres gekennzeichnet ist, wird das Vieh in die Versteigerungsarena getrieben und mit Kennerblick von den umstehenden Bauern gemustert. Laut und monoton rasselt ein Auktionator die Preise herunter, reagiert dabei geschickt auf ein Kopfnicken, einen erhobenen Finger oder auch nur ein Augenzwinkern – bis ein Höchstpreis erreicht ist und der aufschlagende Hammer den Kauf besiegelt.
Besonders in den Midlands sind die Viehherden groß und ertragreich, denn das fruchtbare Land ermöglicht mit riesigen, saftigen Weideflächen eine umfangreiche Rinderzucht. Sind die neu erworbenen Tiere schließlich auf den Wagen ihrer Eigentümer verstaut, geht es nicht etwa auf den Heimweg, sondern nun beginnt der angenehmere Teil des Tages. Ein Teil der bar in Hosen- und Jackentaschen verstauten Geldscheine wird in eine Mahlzeit und ein paar Guinness umgesetzt, man lässt sich dampfenden Kohl, Pellkartoffeln und ein kräftiges Steak servieren. Dabei erfährt man letzte Neuigkeiten aus der Umgebung, zeigt sich seine Besorgungen und bespricht anstehende Probleme. Vor der *closing time*, der Polizeistunde eine halbe Stunde vor Mitternacht, tritt niemand den dunklen Heimweg an.
Das Einkommen der Großbauern ist abhängig von An- und Verkauf der Tiere im In- und Ausland. Ganz besonders hat in den letzten Jahren die Herstellung und Verarbeitung von Milcherzeugnissen und deren Export zum allgemeinen Wohlstand beigetragen. Während auf den Hauptstraßen Traktoren, mit Vieh oder Waren beladene Lastwagen sowie breite Mähdrescher und Farmautos verkehren, erinnern die Nebenstraßen noch an das autoarme Irland in den Sechzigerjahren. Wiesen und Weiden umfassen mehr als drei Viertel der landwirtschaftlich genutzten Fläche, wobei allein Rinder und Schafe 75 Prozent aller Erträge einbringen.
Die irischen Weideflächen mit ihrem saftgrünen Gras, das fast das ganze Jahr hindurch nachwächst, liefern Idealfutter für einen umfangreichen Rinderbestand. Fachleute kritisieren allerdings die fortwährende Monokultur und erwägen eine langsame Rückkehr zum Anbau von Getreide und Gemüse, denn in fruchtbaren Gegenden würde viel mehr als nur Gras gedeihen. Das Land könnte chemisch un-

behandelte Naturprodukte hervorbringen und zugleich mehr Arbeitsplätze für den ständig auswandernden Bauernnachwuchs schaffen. Vereinzelte Farmen machen einen Anfang und spezialisieren sich auf biologischen Landbau. Oft sind solche Unternehmen in der Hand Zugewanderter. Eine Familie aus Deutschland wurde 1992 mit dem zweiten Preis Gesamt-Irlands für die erfolgreiche Umstellung auf biologische Anbaumethoden ausgezeichnet; der erste Preis war an eine Farm in Nordirland gegangen.

Da die Umstellung auf biologischen Landbau ein langwieriges, von zahlreichen Vorschriften abhängiges Unternehmen ist, wird zur Zeit in der County Leitrim ein großes *Organic Centre* eingerichtet, mit Modellfeldern und Anschauungsbeispielen zu Entwurf und Planung bei der Umstellung auf den «natürlichen» Anbau von Gemüse, Getreide und Obst. Noch übersteigt die Nachfrage nicht die Menge der Erzeugnisse, die Märkte fluktuieren, dabei könnten die Voraussetzungen kaum günstiger sein.

Etwa 270 Farmer haben sich inzwischen auf *organic meat* spezialisiert, das heißt dem Viehfutter werden keinerlei chemische Produkte beigefügt. Sie garantieren Fleisch von «natürlich» aufgewachsenen Tieren, die auf eigens dafür eingerichteten Bauernhöfen, beziehungsweise auf unbehandeltem Weideland groß geworden sind. Die meisten dieser Naturfarmen befinden sich in Westirland. Sie produzieren auch Eier und Fleisch von frei laufenden Hennen, und um die Weihnachtszeit liefern sie im Freien aufgewachsene Gänse. Darüber hinaus gibt es ein umfangreiches Angebot an Schinken und Wurstwaren aus der eigenen Produktion. Die Menschenschlangen vor den Läden der Bio-Bauern werden länger, auch wenn das Fleisch derzeit noch recht teuer ist.

Da 92 Prozent der Bauernhöfe noch Familienbetriebe sind, stehen größere landwirtschaftliche Nutzflächen selten zum Verkauf und sie werden in nur kleinem Umfang weitervererbt. Nur noch etwa 16 Prozent der Gesamtbevölkerung sind heute – um die Wende vom 20. zum 21. Jahrhundert – mit der Herstellung und Verarbeitung von Agrarprodukten beschäftigt, während es im Jahre 1961 noch 36 Prozent waren. Über die Hälfte der Erzeugnisse geht in den Export und bei der Vieh- und Fleischproduktion sind es gar bis zu 80 Prozent. Wurden in den Sechzigerjahren noch die meisten Rinder verladen und le-

Landhaus auf der Mizen-Halbinsel

nächste Doppelseite: Ausblick vom Healy-Pass zum Glenmoore Lake: Die idyllische Schönheit der irischen Landschaft ist unvergleichlich. Nur hier und da wird das Grün der endlosen Weiden durch das Weiß vereinzelter Schafe unterbrochen

bend auf beschwerlichen Reisen in ein weit entferntes Bestimmungsland verfrachtet, so ist diese Zahl erheblich gesunken, aber dem Tierschutzverein noch immer ein Dorn im Auge.

Bei der genauen Landvermessung, dem sogenannten *Down Survey* im 19. Jahrhundert, hatte man die gesamte Landfläche in kleinste Einheiten mit zwei bis sechs Gehöften aufgeteilt und dabei 60 000 sogenannte *townships* festgelegt. Sie bilden bis heute natürliche Kooperativen. Man leiht untereinander Maschinen und Geräte aus, baut die Wohnhäuser gemeinsam und hilft dem Nachbarn, auch dann, wenn seine Farm ein paar Meilen entfernt liegt. Diese *townships* bilden auch die Ureinheiten der politischen Unterteilungen des Landes. Mehrere *townships* sind zusammen zu einer *parish* (Gemeinde) vereinigt, und diese wiederum sind zusammengefasst zu einer *barony* (Baronie); jede trägt ihren eigenen, zum Teil wohlklingenden irischen Namen, wie Truchanakmy, Ooskacuiny oder Iricticonnor.

Sechs bis acht Baronien bilden schließlich eine *county* (Grafschaft), wovon es insgesamt 32 in der Republik und sechs weitere in Nordirland gibt. Jede Ortschaft wird bei geographischen Angaben stets ihrer Grafschaft zugeordnet. Die Countys befinden sich innerhalb der vier Provinzen: Leinster, Munster, Connacht und Ulster. Diese Einteilung leitet sich aus vier Königreichen mit einem jeweils eigenen Gebirgskern ab und reicht aller Wahrscheinlichkeit nach bis ins Neolithikum zurück. Damals waren wegen der Urwälder nur die Säume der Hochländer besiedelbar, was auch durch die Lage der Megalithbauten bestätigt erscheint.

Gegenüber der früheren Überzahl der Landbevölkerung dominiert inzwischen der Anteil der Stadtbewohner. Während 1920 nur etwa 30 Prozent der Bevölkerung im städtischen Raum lebten, hat sich dieser Prozentsatz heute verdoppelt. Die große «Urbanisierung» erfolgte allerdings erst während der letzten 30 Jahre, als in den Städten neue Arbeitsplätze im Industrie- und Dienstleistungsbereich geschaffen wurden.

Bevor Autos, Supermärkte und EG-Beihilfen das einsame Landleben von Grund auf veränderten, waren die Bauern weitgehend Selbstversorger gewesen. Hin und wieder hatten *tinker* (Kesselflicker), die man heute *travellers* oder *itinerants* (fahrendes Volk) nennt, an die Türen der Bauernhäuser geklopft, um sich als Erntehelfer, Schmiede, Weber oder gar Geschichtenerzähler zu verdingen. Zudem brachten sie Neuigkeiten und *gossip* (Klatsch) über andere Höfe und Ereignisse aus der weiteren Umgebung mit. Zwischen ihnen und den sesshaften Bauern bestand eine Art Symbiose, auch wenn man sich deutlich der «Standesunterschiede» bewusst war.

Geographisch wie gesellschaftlich blieben die *tinkers* immer außerhalb der Farmgemeinschaft. Dabei sind sie höchstwahrscheinlich ebenfalls Nachfahren vertriebener Bauern oder Tagelöhner, die sich an das Nomadenleben gewöhnt haben, aber eine rein irische Gruppe bilden und herkunftsmäßig nichts mit dem Stamm der Roma oder Sinti auf dem Festland gemein haben. Ihre Fähigkeiten sind heute auf dem Lande nicht mehr gefragt. Das Kesselflicken hat sich längst erübrigt und saisonbedingte Erntearbeit wird weitgehend von Maschinen verrichtet. So verlagerte das fahrende Volk seinen Standort in und um größere Städte, wo es versucht, vom An- und Verkauf von Altmetall, Schrott, gebrauchtem Mobiliar und Autoersatzteilen zu existieren, während die Frauen, mit dem Jüngsten auf dem Arm, betteln gehen. Abends kehren sie in ihre übervollen Wohnwagen am Straßenrand zurück, von wo sie jeden Augenblick vertrieben werden können. Seit 1965 stehen auf verschiedene Stadtteile verteilt etwa 70 vom Staat eingerichtete Gemeinschaftsstandplätze für ihre Wohnwagen zur Verfügung, was jedoch ständig zu Reibereien mit der sesshaften Bevölkerung führt.

Untereinander verständigen sich die *travellers* in einer Mischung aus gälischen

SOZIALE STELLUNG IN KÜHEN BEMESSEN

KARTOFFELSCHICKSAL ...

... WAR IRLANDS SCHICKSAL

und englischen Ausdrücken, die sie *Shelta* oder auch *Gammon* nennen und nur mündlich weitergeben. Etwa 95 Prozent ihrer überaus kinderreichen Familien leben von einer minimalen Sozialhilfe oder von erbetteltem Geld und Gut. Mehrere Großfamilien des fahrenden Volkes haben das Weite gesucht und sich an verschiedenen Orten im Vereinten Europa, mit Vorliebe in Deutschland, niedergelassen. Im Winter ziehen sie das Leben in der Stadt dem Wanderleben auf der Straße vor und widmen sich vor allem dem Pferdehandel.

Schon zu Beginn der christlichen Zeitrechnung, als die Kelten in den Wäldern Irlands lebten und nach mühseliger Abholzung Weideland anlegen konnten, galt das Vieh als wichtige Nahrungsquelle. Der individuelle Reichtum und die soziale Stellung wurden schon damals in Kühen bemessen, wobei ein *cumal* drei Kühe wert war. In einem überlieferten Rechtstext galt ein Mann mit fünf Kühen als sehr arm! Eine der bekanntesten und beliebtesten irischen Sagen handelt von einem Rinderraub und seinen Folgen. Bis heute gehören die großen *cattle farmers* zweifellos zu den Wohlhabenden des Landes.

Ebenso profitiert die Pferdezucht von idealen Weidegebieten im Landesinnern. Große Gestüte garantieren gesunden Nachwuchs für Pferderennen in aller Welt und liefern ihren Züchtern rassige Reit- und Vollblutpferde. Mitunter darf auch ein Esel sein Gnadenbrot neben den weidenden Rassepferden fressen. Nur selten ist er noch im Einsatz: um Torf in zwei großen Tragkörben zu transportieren oder auf unwegsamem Gelände Holz oder Gemüse zu schleppen. Meistens aber wird ihm seine frühere Sklavenarbeit von Autos abgenommen.

Während Irlands Schweine fast ausschließlich hinter verschlossenen Türen auf Großfarmen gemästet beziehungsweise auf vorgeschriebene EU-Maße getrimmt werden, sieht man überall im Land weitaus mehr Schafe, als man je wird zählen können. Besonders im Westen fallen sie als helle Flecke in der Landschaft auf. Sie grasen an Straßenrändern, Berghängen, auf Klippen, in Flusstälern und praktisch auf jeder erreichbaren Grünfläche. Zu viele gibt es seit den großzügigen EU-Subventionen pro Schaf: Ihre Zahl hat sich seit Mitte der Achtzigerjahre bis 1997 von vier auf acht Millionen verdoppelt!

Manch ein Besitzer schafft die Tiere nur an und überlässt sie dann ihrem Schicksal, was zu schädlicher Überweidung geführt und erheblichen Schaden angerichtet hat, denn junge Pflanzen können sich nicht regenerieren, selbst das Gras kann so schnell nicht mehr nachwachsen. Durch den Verlust der feinen Wurzelnetze verliert jedoch die dünne Erdschicht an den Berghängen ihren Halt; der nächste große Regenschauer spült die lose Erde hinunter, und die Bergspitzen werden zentimeterweise kahler.

Außer der lukrativen Viehzucht herrscht in der Agrarwirtschaft der Anbau von Gerste, Weizen, Zuckerrüben und Kartoffeln vor. Doch sind es vor allem die vortrefflichen Milchprodukte und neuerdings hervorragende, im Eigenbetrieb zubereitete Käsesorten, die sowohl den irischen als auch den Weltmarkt erobern. Und selbst in die Liköre ist die unübertreffliche irische Sahne gelangt: «Baileys» und «Carolan» haben es wahrlich in sich!

Über die Ankunft der Kartoffel gehen die Meinungen auseinander. Entweder war diese Knolle im Gepäck von Sir Walter Raleigh oder aber direkt mit der Meeresströmung nach Irland gelangt. Im Schicksalsjahr 1588 hatten vermutlich die Wellen die ersten Kartoffelknollen aus Wracks der geschlagenen spanischen Armada ans irische Ufer gespült, und bereits eine Generation später war diese Frucht die Hauptmahlzeit der Iren. Sie besaß geradezu ideale Eigenschaften: Sie konnte auf kargem Boden wachsen, selbst an Hängen und auf schlecht entwässerten Feldern. Sie ließ sich hervorragend lagern, ja über Monate aufbewahren und obendrein mühelos zubereiten – ein prasselndes Torffeuer und ein Topf voll Wasser reichten schon, um eine Hauptmahlzeit herzurichten. Die Erträge eines halben Morgens reichten bereits aus, eine Familie durch das Jahr zu bringen, wenn zusätzlich Milch, ab und zu Fleisch oder Fisch, Speck und Käse hinzukamen. Auch die Familie des einfachsten Tagelöhners wurde dadurch vor Hunger bewahrt. Die hohe Kindersterblichkeit ging zurück, und die Bevölkerungszahl kletterte in die Höhe.

35 Jahre nach Einführung der Kartoffel lebten etwa eine halbe Million Menschen in Irland; 28 Jahre später hatte sich die Zahl auf 1,25 Millionen mehr als verdoppelt. Von 1790 bis 1840 wuchs die Bevölkerung auf fast 9 Millionen Menschen an, eine Steigerung von 600 Prozent in nur 80 Jahren! Ohne die Kartoffel hätte das Land bei optimalen Bedingungen höchstens fünf Millionen Menschen mit Brot versorgen können, und das auch nur, wenn es einen gut organisierten, bis dahin nicht üblichen Getreidehandel gegeben hätte.

Da nun ein ganzes Volk ausschließlich von der Kartoffelernte abhängig war, musste sich jede Missernte als Katastrophe auswirken. Zwischen 1724 und 1749 kam es fünfmal zu einem Ernteausfall, ebenso zwischen 1750 und 1774. Während zweier Jahre erlitt das Volk eine solche Hungersnot, das endlich alle Getreideexporte eingestellt wurden. Weitere Hungerjahre folgten. Die Ernten ab 1775 waren ebenso unregelmäßig wie unzuverlässig. Allein 1821 starben 250 000 Menschen aufgrund fehlender Nahrungsmittel und Widerstandskraft: Sie wurden vor allem Opfer der Cholera und des Typhus. Als die größte und verheerendste Hungersnot im Jahre 1845 ausbrach, hatte es bereits in einem Zeitraum von 17 Jahren nur fünf ausreichende Ernten gegeben, das heißt die Menschen hatten fortwährend am Rande des Hungertodes gestanden.

Trockenfäule sowie eine Virusinfektion, die als Kräuselkrankheit von Blattläusen übertragen wurde, waren die Hauptursachen für die wiederholten Missernten des einzigen Nahrungsmittels. 1795 machte der Schimmelpilz jede Hoffnung auf eine gute Ernte zunichte, 1833 trat die

HUNGERSNOT 1845 BIS 1851

Schwarzfäule auf. Die wahre Katastrophe aber, die die Hungersnot in den Jahren 1845 bis 1851 verursachte, kam in Gestalt eines Pilzes, der Braunfäule verursachte und sich in ganz Europa ausgebreitet hatte. Die gesamte Ernte war auf einen Schlag vernichtet, was sich im darauf folgenden Jahr wiederholte.

Hilfsmaßnahmen von Seiten der Regierung oder durch Privatinitiative waren unzureichend und den Menschenmassen nicht gewachsen. Manche Landlords bezahlten ihren darbenden Pächtern die Schiffspassage, andere vertrieben sie aus ihren armseligen Unterkünften, wenn das Pachtgeld ausblieb. Wer noch die Kraft

KARTOFFELSÄRGE

hatte, schleppte sich zu den Häfen und bestieg ein Auswandererschiff. Diese letzten, schwankenden Zufluchtsorte nannte man «Kartoffelsärge» oder «schwimmende Särge», wenn sie ihre halb verhungerte, zusammengepferchte Menschenfracht über den Atlantik brachten. Viele starben auf der Überfahrt oder brachen bei der Ankunft im fremden Land zusammen. Von den Zurückgebliebenen nimmt man an, dass etwa eine Million elend in ihren Hütten oder am Straßenrand zugrunde gingen. Verlassene Dörfer und Anwesen, verkommene, von Steinmauern eingefaßte Kleinfelder sind stumme Zeugen des furchtbaren Elends.

RÜCKZAHLUNGEN SEIT 100 JAHREN

Unterhält man sich heute mit einem irischen Kleinbauern, so scheint der Farmalltag trotz aller materiellen Erleichterungen und eines weiter gewordenen europäischen Marktes immer noch ein hartes Los zu sein. Gut 100 Jahre ist es her, seit die *Landleague* (Landliga) begonnen hatte, mit günstigen Krediten den Pächtern den Landkauf und die damit verbundene Selbständigkeit zu ermöglichen. Tatsächlich entrichten manche Farmer noch heute Rückzahlungen zur Entschädigung einstiger Landlords.

Doch mit dem Ende der letzten Abzahlungen werden die Aussichten auf Wohlstand nicht besser. Denn nicht nur Kartoffeln,

Gibt's aus diesem Getreide Brot oder Whiskey?

nächste Doppelseite: *Healy-Pass: Gemeinsamer Nenner ist immer wieder das endlose Grün der Wiesen – das Leitmotiv dieser Insel*

Rüben, rote Beete und Getreide, sondern selbst das wohlgenährte irische Vieh auf den ganzjährig grünen Weiden bringt dem Kleinbauern kaum noch einen nennenswerten Gewinn. Die einengenden Vorschriften der EU, die auferlegten Quoten und unterschiedlichsten Verordnungen über die Qualität der Produkte, die Forderung nach immer mehr Rationalisierung und Rentabilität und nicht zuletzt eine erstickende Bürokratie und mühsame Buchführung lassen die Nachkommen der Bauern die Flucht in eine andere Ausbildung ergreifen. Nur im Sommer kehren sie zurück und helfen bei der Ernte; und im Winter kommen alle zur Familienweihnachtsfeier nach Hause, aber die Farm übernehmen wollen die wenigsten.

Bei aller Mühsal des ländlichen Alltags gibt es aber doch noch eine Reihe besonderer Ereignisse im Jahresverlauf, die je nach der Gegend, in der sie stattfinden, stark variieren. Der Schriftstellerin Barbara von Wulffen fielen vor allem die vielen Wettbewerbe auf, die sie in ihrem Buch *Maureen* beschreibt:

«Im Pflügen (vier Tage dauert der alljährliche Wettbewerb, zu dem sich tausende Landleute zusammenfinden), Torfstechen oder Schweinekastrieren, im Balladensingen, Gedichte rezitieren, Trommeln oder Dudelsackpfeifen ermitteln die Grafschaften ihre Besten. Doch reicht der edle Wettstreit auch bis in alle Verzweigungen des Alltags hinein, wie die herbstliche *Product and Craft Show* (Ausstellung von Farmerzeugnissen) zeigt.

Von der Saat- und Pflanzzeit an bereiten sich Farmer und Hausfrauen darauf vor. Denn jedes Kind auf dem Lande weiß, ein Fest zu feiern ist wichtiger als ein ganzes Jahr voller Plage, und es ist eigentlich die einzige Rechtfertigung für jegliche Arbeit. Also treten die Athleten gegeneinander an mit Zuckerrüben, Kürbissen und Kohlköpfen, mit Brot, Kuchen, Mixed Pickles und Marmelade, mit Gemälden von Kindern oder gestrickten Eierwärmern.

Auch die Molloys haben mit den Jahren Preise gewonnen, von deren Vielfalt Maureen in ihrem Dubliner Vorleben nichts geahnt hatte. Sie siegte mit einem Pfund ausgelesener Braugerstekörner, mit sechs Stengeln krauser Petersilie, fünf symmetrisch gerundeten Kartoffeln, vier gleich dicken, mit der Nagelschere von bräunlichen Fasern befreiten Rhabarberstängeln, fünf gewaltigen, seidenhäutigen Zwiebeln, deren Stängel umgeklappt und mit Zwirn umwickelt sein müssen. Dank Maureens deutscher Verwandtschaft sind die O'Molloys stets besonders erfolgreich in der Klasse der <ungewöhnlichen Gemüse>. Sie wurden Sieger mit einem halbmeterlangen weißen Rettich der Marke <Fridolin>, mit einem Zweig voller winziger Zuckertomaten, mit drei verschiedenen Zierkürbissen und sogar mit einem schlichten, violetten Kohlrabi, denn man hatte sich in Offaly vor mindestens 2000 Jahren auf wenige, schon damals lange bewährte Gemüsearten festgelegt. Nur der Kartoffel haben sich die Iren ziemlich spät auf Gedeih und leider argen Verderb anvertraut. Aber auch das ändert sich nun alles überstürzt. Zuckererbsen sind über den Kanal und die Irische See hinweg eingedrungen, Zucchini und sogar Artischocken, denen die selten kalten Winter und noch seltener heißen Sommer offenbar zusagen.»

Seit anfangs der Achtzigerjahre hat Irland Außerordentliches zur Verschönerung seiner Dörfer und Städte geleistet: Wo früher graue Häuserfassaden, vernagelte Fenster und heruntergekommene Ladenschilder einen Ort trostlos und fad erscheinen ließen, leuchten heute frische Farben und Blumen. Sie sprießen in Töpfen, ausgedienten Eselskarren, aus Fässern und Wagenrädern. Einladend und üppig bepflanzt grüßen einen Vordergärten und Straßenränder, sofern sie nicht von der Natur selbst mit meilenlangen Hecken blühender Fuchsien oder Weißdornbüschen gesäumt sind. Wieder hat ein Wettbewerb nachgeholfen: Alljährlich werden die drei saubersten und attraktivsten Ortschaften preisgekrönt – und sie dürfen das Lob im Ortsschild vermerken.

Ein Land verkauft seine Kirchen

Church of Ireland heißt zwar in der Übersetzung Kirche von Irland, doch ist der Name irreführend, denn er bezeichnet die Religionszugehörigkeit der heute nur noch 3 Prozent Protestanten Irlands. Der anspruchsvolle Name sollte die Unabhängigkeit von England ausdrücken, als sich die reformierte Kirche in Irland im Jahre 1869 verwaltungsmäßig von England löste. Ihre höchsten Repräsentanten sind nach wie vor der Erzbischof von Armagh als *Primate of All Ireland* und der Erzbischof von Dublin als *Primate of Ireland*.

Gemeinsam mit ihren katholischen Glaubensbrüdern sieht die *Church of Ireland* ihren Ursprung in der frühen keltisch-christlichen Kirche, wie sie von St. Patrick und seinen Anhängern eingeführt wurde. Der Unterschied zur katholischen Kirche entstand durch den Einfluss der Reformation im 16. Jahrhundert, als sich die englische reformierte Version des Katholizismus von der Oberhoheit des Papstes in Rom getrennt hatte. In England war fortan der jeweilige Herrscher zugleich Staats- und Kirchenoberhaupt.

Diese fundamentale Änderung vollzog sich unter Heinrich VIII., der bei seiner Eroberung Irlands mit größtem Nachdruck die neue Staatsreligion «anordnete». Während und nach der Reformation setzte die Krone ihren Anspruch auf Autorität fort und übertrug diesen auch auf das Verfügungsrecht über Kirchenbesitz. Somit wurden Ländereien und Gebäude, die zur Zeit der Reformation der Kirche gehörten, als Besitz der nun reformierten, neu etablierten Staatskirche einbehalten.

Ihr gehörten ausschließlich die zahlreichen aus England eingewanderten und «verpflanzten» neuen Siedler an, während die einheimische Bevölkerung samt ihrer katholischen Religion in die westlichen Randgebiete Irlands abgedrängt wurde. Politisch gesehen war Heinrich VIII. sehr daran gelegen, Irland zu einem nicht katholischen Stützpunkt zu machen; denn die reformiert protestantischen Britischen Inseln fühlten sich innerhalb Europas durch die katholische Übermacht Frankreichs und Spaniens bedroht.

Die Furcht, Irland könnte sich gegen England mit den katholischen Glaubensbrüdern verbünden, bestärkte das anti-katholische Vorgehen in Irland. Das geschah einmal durch den Einzug einer großen Zahl protestantischer Siedler aus England, die man mit Versprechungen von Land und Reichtum nach Irland lockte, zum anderen durch strenge Strafgesetze, die berüchtigten *Penal Laws*, die ab 1695 eine völlige Entmachtung der katholischen Bevölkerung bezweckten. Die Maßnahmen basierten ironischerweise auf den noch härteren Gesetzen, die unter Ludwig XIV. zehn Jahre zuvor gegen die französischen Hugenotten verhängt worden waren.

Ab 1695 wurden alle Katholiken in Irland von sämtlichen wichtigen politischen, juristischen und militärischen Ämtern ausgeschlossen. Sie durften zwar weiterhin Handel treiben, doch ihr Land höchstens über einen Zeitraum von 31 Jahren pachten und auf keinen Fall käuflich erwerben. Bei seinem Tod musste ein katholischer Pächter das Land unter seine Nachkommen aufteilen, von denen jeder nur einen kleinen Teil erhielt, der wiederum bei der nächsten Generation in noch kleinere Parzellen zerstückelt wurde. Doch wenn eines der Kinder zum Protestantismus übertrat, gehörte ihm allein der Gesamtbesitz. Wieweit diese Gesetze in die Tat umgesetzt wurden, ist bis heute umstritten, doch glaubt man, dass im Jahre 1778 nur noch 5 Prozent des irischen Bodens in katholischer Hand waren.

Als Ire galt man als katholisch und vertrieben und man hatte keine Aufstiegsmöglichkeiten. Als Neusiedler dagegen war man protestantisch und durch Landeigentum in einer Machtposition. Jeglicher Widerstand der Vertriebenen musste sich in den Untergrund verlagern. Das entmachtete Volk fand sich in geheimen Versammlungen einer aufkeimenden Landliga zusammen, um sich gegen gröbste Ungerechtigkeiten bei der Landpacht zu schützen – und es klammerte sich an seine ihm verbliebene Religion. Toleriert wurden lediglich noch Gemeindepriester, sofern sie offiziell registriert waren. Dem Gesetz nach streng verboten waren religiöse Orden jeder Art, wie zum Beispiel Augustiner- oder Franziskanerklöster, sowie Bischöfe und Erzbischöfe. Damit entfiel theoretisch auch die Ausbildung und neue Ordination von Priestern. was letztlich zum allmählichen Untergang der katholischen Kirche führen sollte.

Doch genau das geschah nicht. Wie so oft in Irland klafften Theorie und Praxis – das heißt in diesem Fall die strikten Vorschriften und deren wirkliche Ausführung – weit auseinander. Gewiss mussten Mönche und nicht registrierte Priester im Untergrund ihren Aufgaben nachgehen, und auch Bischöfe und Erzbischöfe konnten nicht im gewohnten, aufwendigen Luxus weiterleben.

Aber neben der offiziellen Strenge der Vorschriften existierte eine inoffizielle Toleranz, denn die katholische Bevölkerung blieb immer in der Überzahl und konnte sich auf das Informationsnetz ihrer Mitglieder verlassen. Nach den Worten Séan O'Faoláins begann man «die Religion gleichzusetzen mit patriotischem Widerstand».

Der Gedanke einer einheitlichen irischen Nation entstand paradoxerweise nicht innerhalb der unterdrückten Gruppe, sondern ausgerechnet bei denjenigen, die sie von der Teilnahme am politischen Leben ausschlossen: den Protestanten. Die meisten gehörten der neuesten Einwandererwelle an, doch manche unter ihnen stammten noch aus der alten gälischen Herrschaftsschicht und waren, nur um Land und Gut zu erhalten, zum protestantischen Glauben übergetreten. Mit zunehmender Macht und wachsendem Wohlstand erstrebten vor allem sie politische Unabhängigkeit von England.

Während die Einhaltung der Strafgesetze und Unterdrückung der katholischen Religion in der Praxis nicht möglich war, versuchten die Machthaber, insbesondere im 18. Jahrhundert, den Protestantismus in

SICHTBARE TRENNUNG DER GLAUBENSRICHTUNGEN

ROMS AUTORITÄRE MACHTPOSITION

KONTROLLE VON DER WIEGE BIS INS GRAB

jeder erdenklichen Weise zu fördern. Der Bau zahlreicher Kirchen in Stadt und Land schuf nicht nur religiöse, sondern auch gesellschaftliche Mittelpunkte, aber zugleich auch eine sichtbare Trennung der zwei Glaubensrichtungen.
Während die englische Sprache das Gälische mehr und mehr auf die Randgebiete und Inseln abdrängte und sich als Umgangssprache im ganzen Land durchsetzte, verlief die Entwicklung in der Religion umgekehrt: Gegen Ende des 18. Jahrhunderts bekannten sich bereits 80 Prozent der Bevölkerung offiziell zum katholischen Glauben, den sie allmählich wieder ungehindert ausüben durften, während die politische und wirtschaftliche Macht weiterhin in protestantischer Hand lag.
Als Folge der politischen und wirtschaftlichen Entwicklungen im Laufe des 19. Jahrhunderts nahm die Zahl der Protestanten auf dem Gebiet der zukünftigen Republik weiterhin ab, während Nordirland vorwiegend protestantisch blieb. In der irischen Verfassung von 1937 wird ausdrücklich betont, dass die katholische Kirche die überwiegende Mehrheit der Bevölkerung repräsentiert, aber auch, dass das gesamte Volk dieser Insel einer Nation angehöre.
Die Tatsache, dass etwa ein Viertel der Bevölkerung, besonders in Nordirland, nicht der irischen Nation angehören wollte, weil man sich nicht mit der römisch-katholischen Religion identifizierte, wurde dabei geflissentlich übersehen. Trotz seiner zahlreichen protestantischen Vorkämpfer steht irischer Nationalismus heute für die Wunschvorstellungen der katholischen Bevölkerung Irlands.
Den bis heute ablehnenden Slogan der Protestanten «Home Rule is Rome Rule» kann man nur verstehen, wenn man weiß, zu welch einer autoritären Machtposition die katholische Kirche in Irland während des 19. Jahrhunderts aufgestiegen war. Neben der geistlichen und moralischen Führung hatte sie zunächst ein privates, später öffentliches Erziehungs- und Ausbildungsnetz aufgebaut, bevor im Jahre 1831 die allgemeine Schulpflicht mit Englisch als Unterrichtssprache in Irland eingeführt wurde. Auch dann blieb das allgemeine Erziehungswesen unter der Kontrolle von Mönchen und Nonnen. Ebenso gründete die Kirche katholische Krankenhäuser und eine eigene nationale Universität.
Die Protestanten dagegen hatten sich bewusst von Anfang an abgegrenzt gegen die Bevölkerung des Landes, in und von dem sie lebten. Es erschien ihnen selbstverständlich, ihren eigenen Staat im Staat mit allen dazugehörigen Einrichtungen aufrechtzuerhalten und fast so zu tun, als ob es keine anderen Landesbewohner gäbe. Eine Vermischung erschien ihnen, im Gegensatz zu ihren normannischen Vorfahren, aus vornehmlich gesellschaftlichen und religiösen Gründen undenkbar. Wie stark diese durch Weltanschauung und Herkunft bedingte Trennung war, kann man in der irischen Literatur nachlesen.
Die soziale Versorgung der rasch anwachsenden Bevölkerung war der katholischen Kirche zugefallen, die zunehmend in allen Lebensbereichen einen starken Einfluss gewann. Sie konzentrierte ihre Bemühungen auf das Gesundheits- und Ausbildungswesen und auf alle damit zusammenhängenden Einrichtungen. Die meisten Grundschulen sowie 90 Prozent der weiterführenden Schulen unterstanden der Geistlichkeit. Sie überwachte darüber hinaus die Ausbildung von Lehr- und Krankenhauspersonal, war also zuständig für die Heranbildung von Geist und Körper und übte ihre unumschränkte Macht aus über das Alltagsleben in Irland.
Von Kindheit an war für inzwischen 95 Prozent der Bevölkerung der Katholizismus eine Selbstverständlichkeit. Taufe, Kirchgang, Gebet, Schule, Beichte, Krankheit, Heirat, Krisen, Probleme, Tod – nichts ging ohne den Beistand eines katholischen Priesters. Die gesamte Versorgung, aber damit auch die Kontrolle des Menschen von der Wiege bis ins Grab, unterstand der hierarchisch aufgebauten Organisation. Ihre Gebote in allen Lebensfragen erforderten blinden Gehorsam. Sie dachte, plante, traf Entscheidungen.

Bibliothek im Muckross House bei Killarney

Nach der großen Hungersnot Mitte des 19. Jahrhunderts, die nebst Missernten auch infolge einer großen Überbevölkerung entstanden war, verordnete die Kirche – was für die damalige Zeit verständlich war – ihre einzige Form von Geburtenkontrolle: Sie erließ das Gebot größter sexueller Enthaltsamkeit. Mit einem geradezu fanatischen Überwachungseifer unterdrückte sie fortan jegliche mit geschlechtlicher Liebe verbundene Äußerung von Gefühlen. Die zunehmende Verklemmtheit der emotional gehemmten Menschen zieht sich als eines der Grundthemen durch die moderne irische Literatur. Noch in den Fünfzigerjahren dieses Jahrhunderts hatte Irland die niedrigste Heiratsquote der Welt.

Der Dozent Eoin Bourke vergleicht seine eigenen Erfahrungen mit denen des deutschen Irlandbesuchers Heinrich Böll: «Böll schreibt, die Iren seien ein Volk, das Religion bis zur Kehle auskoste. Wer sie aber nicht genießen wollte, wurde zwangsernährt. Wo immer Priester und Nonnen in Bölls *Tagebuch* in Erscheinung treten, – und das tun sie wiederholt – nicken sie freundlich und seufzen leise, denn sie werden als zurückhaltend, verständnisvoll und gütig dargestellt. Aber diejenigen von uns, die das Pech hatten, in denselben Fünfzigerjahren die Pubertät durchzumachen, lernten einen anderen Klerus kennen – autoritär, engstirnig, anti-intellektuell, mit allen Wassern gewaschen, verwöhnt und machtbesessen. Ihre nie enden wollenden Tiraden gegen die Sündhaftigkeit des menschlichen Körpers flößten uns ein vorbeugendes Schuldbewusstsein ein, noch bevor wir Zeit hatten, unschuldig zu sein. Der kirchliche Index verbotener Bücher las sich wie ein Führer durch die beste irische und europäische Literatur. Wenn Bölls Kirchenkritik bekannt gewesen wäre, hätte man auch ihn auf die Liste verbotener Lektüre gesetzt.»

Als Irland die politische Unabhängigkeit erlangte und seine eigene Verfassung schrieb, wurde die Sozialgesetzgebung des neuen Staates weitgehend von der katholischen Kirche diktiert. So wurde das Verbot der Scheidung in der Verfassung verankert. Filme und Bücher hatten sich einer scharfen Zensur zu unterziehen und jede Form künstlicher Empfängnisverhütung war ein Verstoß gegen das Landesgesetz. Weiterhin behielt sich die Kirche die Kontrolle über Schulen und Krankenhäuser vor, auch wenn diese inzwischen vorwiegend aus der Staatskasse finanziert

Muckross House and Gardens: Der alte Landsitz ist in staatlichem Besitz und beherbergt ein interessantes Museum

Bilder nächste und übernächste Doppelseite: *Eine herrliche Seenlandschaft umgibt die Stadt Killarney. Am Ufer des Upper Lake: Das milde Klima lässt eine üppige Vegetation gedeihen*

darauf folgende Doppelseite: *Im Killarney National Park: Abendstimmung am River Laune*

wurden. Damit waren wichtige Schlüsselpositionen gesichert, zukünftige Politiker wuchsen in katholischen Eliteschulen heran und besuchten die katholische Universität. Die «Hierarchie», das heißt die Obrigkeit der katholischen Kirche, kannte die Führungskräfte seit ihrer Jugend, hatte sie geformt, konnte mit ihnen an oberster Stelle verhandeln und immer den eigenen Einfluss geltend machen.

«Das Land existiert wie unter einer riesigen Käseglocke», schrieb eine deutsche Austauschstudentin Anfang der Sechzigerjahre nach Deutschland. «Nichts gelangt hinaus, nichts kommt von außen herein, wenn es nicht gefiltert ist. Der Roman *Ulysses* (heute Paradepferd der irischen Literatur) ist nicht erhältlich, aus Filmen sind alle Liebesszenen eliminiert, die jungen Menschen glauben an den Klapperstorch und aus den gelegentlich doch importierten Zeitschriften werden vor dem Verkauf die anstößigen Seiten herausgerissen. (Die Frage nach dem Verbleib dieser verwerflichen Bilder will niemand beantworten.) Die Einführung von Verhütungsmitteln aller Art ist eine Todsünde, freitags gibt es Fisch, und wehe dem, der sonntags nicht zur Kirche geht! Da die Messe auf Gälisch sehr viel später und kürzer als die auf Englisch ist, wird sie gern von Drückebergern und Langschläfern bevorzugt.»

Die Hochburg allen Übels aber war in den Augen der katholischen Geistlichkeit das Trinity College Dublin, an dem laut Anordnung ihres Erzbischofs McQuaid kein Katholik studieren durfte; die Missachtung des Verbots galt allen Ernstes als Todsünde. Er wetterte dermaßen gegen das freizügige, unkontrollierte und in seinen Augen verwerfliche Denken an dieser ehrwürdigen Institution, dass ein guter Katholik es nicht einmal wagte, das Gelände zu betreten.

Besonders peinlich wurde es, als der ehemalige Präsident Douglas Hyde im Jahre 1949 starb; denn selbst zu dessen offizieller Begräbnisfeier in der St. Patrick's Cathedral war es den katholischen Politikern nicht gestattet, die protestantische Kirche zu betreten. Premierminister Costello stand mit fast allen seinen Kabinettsmitgliedern draußen in Regen und Wind und wartete auf das Ende des Gottesdienstes. «They stood there like a gang of skivvies» («Sie standen da wie eine Schar Dienstboten»), bemerkte Maurice Dockrell, der protestantische Repräsentant des Premierministers, als er hinter dem Sarg aus der Kirche trat. Und der Dichter Austin Clarke hielt die ganze unrühmliche Episode in einer Satire fest mit dem Titel *Burial of an Irish President* (*Begräbnis eines irischen Präsidenten*). Mit größter Selbstverständlichkeit beherrschten katholische Religion und Politik in scheinbarer Eintracht Land und Leute.

Der Dichter und Anglistikprofessor Brendan Kennelly spricht vom spirituellen Imperialismus seiner Kirche. Sie infiltriere und dominiere das Denken und Fühlen ihrer Angehörigen. «Wir aßen, tranken, schliefen und träumten Religion», und die Angst vor dem Höllenfeuer sei schließlich größer gewesen als der eigene Wille zum Denken. Es sei ein Privileg, so vernahm man, zur einzigen, wahren, heiligen, katholisch-apostolischen Kirche gehören zu dürfen, die genau vorschrieb, was man zu tun und vor allem zu lassen hatte.

Neuerungen aller Art, die irgendwie von außen hereindrangen, wurden mit großer Skepsis betrachtet und nur «gefiltert» weitergegeben. So erstreckte sich die kirchliche Kontrolle im Alltag über Freizeit, Publikationen, Filme und Tanzveranstaltungen und reichte bis in die Schlafzimmer der Eheleute. In einem Gedicht nannte Austin Clarke die Gemeindepriester «the nightly watchers of the womb» (die nächtlichen Bewacher des Unterleibs). Ein eigens eingerichtetes Zensurverfahren sollte den unabhängig gewordenen irischen Staat vor freizügigen Filmen und Bildern vom Kontinent schützen; die Einfuhr englischer und fast aller fremden Zeitungen und Zeitschriften war verboten.

Wie ein Dorn im Fleisch wirkte in dieser Zeit eine einsame Gegenstimme im irischen Senat: die des Dozenten Dr. Owen Sheehy-Skeffington, der mit bissiger Ironie und brillantem Humor die übertriebene Herrschaft einiger Kirchenväter anprangerte. Nicht viele wagten Kritik aus Angst um ihre Positionen, doch manche formulierten schriftlich ihre Unterstützung, indem sie dem mutigen Senator versicherten: «You have the courage of my convictions» («Sie haben den Mut meiner Überzeugungen»); denn er besaß jene Zivilcourage, die vielen seiner Landsleute in dieser Zeit fehlte.

Doch konnte sich Irland nicht auf Dauer hermetisch vom restlichen Europa abriegeln; es löste sich allmählich aus seiner Isolation. Vor allem begann man für die aufstrebende Wirtschaft Märkte im Ausland zu suchen. Geschäftsleute, erste Touristen und Austauschstudenten kamen ins Land, und heimkommende Auswanderer kehrten kritischer zurück als sie davongegangen waren. Man begann, Fragen zu stellen über festgefahrene Sitten und altmodische Inselbräuche, selbst die kirchliche Autorität wurde von Mutigen zaghaft angezweifelt.

Und dann öffnete sich durch die moderne Technik ganz unerwartet ein Fenster zur restlichen Welt und zeigte Ausschnitte aus dem Leben und Denken in anderen Ländern. Weder die Kirche noch der Staat konnten den Einzug des Fernsehens verhindern! Jedes Wochenende läuft nunmehr seit Anfanf der Sechzigerjahre die bekannte *Late, Late Show* mit ihrem talentierten Moderator Gay Byrne, der jedes nur erdenkliche Thema mit dazu eingeladenen Experten vor laufenden Kameras diskutiert und seinen staunenden Zuschauern die Augen öffnet, bisherige Tabus an die Öffentlichkeit bringt, neue Stars vorstellt und Kontroversen auslöst, die oft wochenlang die Nation beschäftigen.

Entrüstet fasste der Politiker Oliver Flanagan die Wirkung des Fernsehens zusammen, als er aufgebracht während einer solchen late, late Show ausrief: «Television brought sex to Ireland!» («Das Fernsehen hat Sex nach Irland gebracht!»)

IRISCHE TABUS DURCHBROCHEN

Nichtsdestoweniger haben auch andere Fernseh- und Rundfunkprogramme die irischen Tabus durchbrochen, und es lässt sich nicht abstreiten, dass sie inzwischen den meinungsbildenden Einfluss der Kirche abgelöst haben.

Ende des 2. Jahrtausends bekennen sich in der irischen Republik noch über 85 Prozent der Bevölkerung zum Katholizismus, in Nordirland etwa 38 Prozent. Von den 3 Prozent Protestanten in der Republik gehören heute noch 2,35 Prozent zur *Church of Ireland;* 0,37 Prozent sind Presbyterianer, 0,14 Prozent Methodisten, und die evangelisch-lutherische Gemeinde umfasst etwa 5000 Mitglieder. Zu einer seit langem etablierten jüdischen Gemeinde zählen 0,04 Prozent der Bevölkerung. Die rasch anwachsende islamische Gemeinde in Dublin hat in den Neunzigerjahren ein großes Zentrum mit einer zweiten Moschee errichtet.

Bei dieser Verteilung auf verschiedene mehr oder weniger aktive Glaubensrichtungen verwundert es nicht, dass viele verwaiste Gebäude der *Church of Ireland* auf den Immobilienmarkt gelangen. Von altem Baumbestand und Ziergebüsch überwachsen, liegen sie oft auf einem einsamen Hügel oder inmitten eines ehemaligen Großgrundbesitzes. Ihr Garten ist ein Friedhof, zu dem der öffentliche Zugang erhalten werden muss, was bedeutet, dass die neuen Besitzer zwar Blumen, aber kaum Gemüse anpflanzen können: der Weg zu ihrem Eingang führt an Grabsteinen vorbei, Autos müssen weiter weg geparkt werden.

Der Durchschnittspreis einer Kirche auf dem Lande beträgt zwischen 15 000 und 20 000 Irische Pfund. Und wenn man wirklich darin leben will, so muss man den Preis auf eine drei- oder vierfach so hohe Summe aufstocken. Alle Probleme eines großen Altbaus tauchen auf: vor allem Holzschwamm, Feuchtigkeit, Holzwürmer und undichte Dächer. Der Umbau, die Sanierung, die Innenausstattung mit neuen Böden, Decken und Zwischenwänden, der Einbau einer Heizung, all das verschlingt gewaltige Summen. Doch mit guter Planung und eiserner Entschlusskraft und vor allem einem ausreichenden Bankkonto können spektakuläre Ergebnisse erzielt werden, ohne dass später ein Vorbeireisender auch nur ahnt, wie zweckentfremdet das Gebäude ist.

HIMMLISCHE WOHNUNGEN MIT KIRCHENFENSTERN

Ein Beispiel einer solchen genialen Verwandlung vom sakralen Bau zum Wohnhaus befindet sich in Kilmeague, in der Grafschaft Kildare, und ebenso in Laracor, in der Grafschaft Meath. In den entweihten Bau zogen die jetzigen Bewohner 1982 ein. Im unteren Teil entstanden Wohnräume und eine große Küche, oben vier Schlafzimmer und zwei Bäder. Wo einst die Kanzel stand, befindet sich jetzt das gemütliche Frühstückszimmer. Und wie lebt man nun in diesem einst heiligen Haus? «Es kommt uns überhaupt nicht seltsam vor. Zwar blicken wir aus dem Küchenfenster auf den Friedhof, aber wir haben keine Angst vor den Toten», behaupten die heutigen Besitzer. So unverändert ist das Äußere der Kirche geblieben, dass gelegentlich Friedhofsbesucher versuchen, das Innere des vermeintlichen Gotteshauses zu besichtigen.

Viele der unbenutzten Kirchen stehen unter Denkmalschutz, so dass es besondere Auflagen für eine eventuelle Umgestaltung gibt. Trotzdem finden sich genügend Käufer: Organisationen, die sie umbauen zu einer Bildergalerie, einem Kunstgewerbeladen oder einem originellen Touristenzentrum, wie zum Beispiel in Dublins Innenstadt. Vorwiegend aber stellen sich private Käufer ein mit einem Hang zum Außergewöhnlichen, einer guten Portion Phantasie und mit prallem Geldbeutel.

Mitten in Dublin hat ein Bauunternehmer eine einst stattliche Kirche in acht «himmlische» Wohnungen mit Kirchenfenstern und Gewölben, mit getäfelten Wänden und handgeschnitzten Galerien verwandelt. Am Fuß des Rock of Cashel, in der Grafschaft Tipperary, kann man in einer früheren Kirche, dem heutigen «chez Hans», sehr gut zu Mittag essen. Die Zutaten zu seinen lukullischen Gerichten hat der Be-

sitzer vielleicht in einer anderen umfunktionierten Kirche erworben, denn aus dem Gotteshaus im Dubliner Vorort Stillorgan ist ein großer Gemüsemarkt entstanden. Nur zwei Meilen entfernt dient ein kleineres einst sakrales Gebäude als Gerichtssaal, in dem der Richter genau dort thront, wo früher der Altar gestanden hatte. Aus derartig erhobener Position blickt der Rechtsprecher auf Angeklagte und Verteidiger hinunter, die auf staubbedeckten – denn der Putz blättert unablässig von den einst bemalten Wänden ab –, unbequemen Kirchenbänken sitzen und vor Kälte oder auch Angst zittern.

In Galway, *der* Fremdenverkehrsmetropole an der Westküste, ist aus einer umgewandelten Klosterkirche ein spektakuläres Pub geworden: mit vielen Theken auf verschiedenen Ebenen und mystischer Beleuchtung. Skandinavische Investoren haben sich bemüht, aus diesem heiligen Bau ein sehenswertes Kuriosum zu schaffen, einschließlich einer versteckten Leseecke mit Werken aus der ehemaligen Klosterbibliothek und Beichtstühlen in der Damentoilette. Die Musiker spielen von der Kanzel herunter und haben eine gewaltige Orgel im Hintergrund, so dass berühmte Gruppen wie *U 2* es sich nicht nehmen lassen, gelegentlich in solch himmlischer Atmosphäre aufzuspielen.

Erst wenn tatsächlich über viele Jahre niemand mehr die Kirchen besucht, entschließt sich eine Gemeinde zum unvermeidlichen Verkauf. In Abbington, in der Grafschaft Limerick, hatte ein betagtes protestantisches Ehepaar jahrzehntelang im Zweipersonenbetrieb die Schließung ihrer Kirche verhindert. Abwechselnd lasen sie die Liturgie, als Musikkulisse diente ein Tonbandgerät, die Lieder sangen sie gemeinsam. Alle Besucher und Verwandte, die sonntags vorbeikamen, wurden unversehens in die Kirche geschleppt, um die Besucherzahlen zu erhöhen oder auch um bei Reparatur- oder Gartenarbeiten Hand anzulegen. So ernsthaft wurde das protestantische Ethos aufrechterhalten, dass die Witwe bei der Beerdigung ihres 90-jährigen Ehegefährten in eben diesem so mühsam erhaltenen Gotteshaus die Totenfeier so lange zum Stillstand brachte, bis der benachbarte katholische Priester überredet werden konnte, seine offiziellen Roben abzulegen und nicht als amtierender Geistlicher, sondern nur als schlichter Gast unter den Trauernden zu sitzen.

Der Statistik nach stellen die Iren noch immer den europäischen Rekord in sonntäglichem Kirchenbesuch auf, indem 84 Prozent der Bevölkerung angeben, einmal pro Woche zur Messe zu gehen. Doch werden auch die katholischen Kirchen sonntags nicht mehr voll, auch wenn sie nach wie vor auf dem Land und in den Kleinstädten Treffpunkte für Jung und Alt geblieben sind. Nach dem Gottesdienst gehen viele der Männer traditionsgemäß in die Kneipe, während Frauen oft nicht mehr in die Küche zurückkehren, sondern in der angrenzenden Kirchenhalle Bingo spielen; die Kinder können so lange draußen toben; und auf dem Heimweg nimmt man eine frische Pizza zum Lunch mit.

Die Familien sind kleiner geworden, lange schon bevor der Verkauf von Kondomen selbst von der Kirche befürwortet wurde. Die Zustimmung zum legalen Erwerb des schützenden Verhütungsmittels war unumgänglich geworden: nicht etwa aus der Einsicht einer sinnvollen Familienplanung, sondern als Maßnahme gegen die rapide Ausbreitung der Krankheit Aids. Ein weiteres Zugeständnis musste die katholische Kirche machen, als sich 1995 das irische Volk in einem Referendum mit knapper Mehrheit für die Möglichkeit einer Ehescheidung entschied. Damit hat das Gesetz die Praxis eingeholt.

Die scheinbar unentwirrbare Verschmelzung von geistlicher und weltlicher Autorität ist zumindest in diesem Bereich zu Ende. Kirche und Staat befinden sich in einem mühsamen Lernprozess, ihre gegenseitige Integrität abzugrenzen und zu respektieren. Die Entwicklung seit etwa 1985/86 gibt allerdings zu der Vermutung Anlass, dass nicht nur das Mauerwerk der Kirchen «for sale» (zu verkaufen) ist!

Kaputte Klostermauern

Irische Klöster zaubern das Bild efeuumrankter Gemäuer in idyllischer Lage vor Augen; manchmal düster hinter einer nebligen Regenwand, manchmal malerisch beleuchtet unter wandernden Wolken. Man denkt an große Gelehrsamkeit, hegt Bewunderung für einen enthaltsamen Lebensstil und weiß von der erfolgreichen Missionstätigkeit, denn der Ruhm dieser Klöster wurde weit über die Grenzen der Insel getragen.

Das liegt lange zurück, und doch gibt es sie noch: Insgesamt 20 000 Menschen sind heute als Priester, Mönche oder Nonnen in religiösen Institutionen weltweit tätig. Die berühmten Orden haben noch etwa 4500 Missionare über die fünf Kontinente verteilt, während die Einwohner Irlands dagegen nur aufhorchen, wenn wieder ein Kloster seine Pforten für immer schließt, weil der Nachwuchs ausbleibt und sich der Erhalt eines geräumigen Gebäudes und Geländes nicht mehr lohnt.

Umso größer war das Aufsehen, als vor kurzem Berichte über das Leben hinter Klostermauern erschreckende Schlagzeilen machten. Betagte Nonnen wurden vor die Fernsehkameras geholt und sie mussten rechtfertigen, was sich in den Fünfziger- und Sechzigerjahren unter ihrer Obhut zugetragen hatte. Unter dem Titel «The Secret Baby Trail» (Auf geheimer Babyspur) zerrten die Medien vormals streng geheim gehaltene Geschehnisse ans Tageslicht.

Es geht um eine Zeit, in der hunderte, wenn nicht sogar tausende von unehelichen Kindern hinter dem Schutz von Klostermauern auf die Welt kamen. Ihre «gefallenen» jungen Mütter erarbeiteten sich damals ihren Aufenthalt mit Haus-. Küchen- und Gartenarbeit, bis sie schlank und ohne Kind in den Schoß der Gesellschaft zurückkehren durften. Zuvor hatten sie Dokumente zum Verzicht auf ihr Kind unterzeichnen und zudem versprechen müssen, diese Geburt für immer aus ihrem Gedächtnis zu verbannen.

Aus diesen Kindern sind längst Erwachsene geworden, die bisher bei dem Versuch, ihre Herkunft zu erforschen, auf eine unüberwindliche Wand des Schweigens gestoßen waren. Sie begannen aber, in der Öffentlichkeit von ihrer trostlosen Kindheit hinter Klostermauern zu sprechen: manche mit Abscheu angesichts der Strenge, der Kälte, der harten Arbeit und sadistischen Strafen; andere in Dankbarkeit und mit angenehmen Erinnerungen an ihr einziges Zuhause. Die meisten dachten, sie seien Waisen, die wenigsten können glauben, dass ihre Eltern in vielen Fällen noch leben, vielleicht sogar am gleichen Ort oder im selben Land. Manche Einzelschicksale muten wie missratene Romane an und finden mitunter ein glückliches Ende, andere enthüllen Kummer und Elend, das nicht hätte sein müssen.

Nicht alle Babys behielt man damals in den Klöstern zurück, denn in Amerika bemühten sich Adoptionsorganisationen um den Babyboom aus Irland. Und so verließen etwa 1800 Kleinkinder legal, aber doch im Geheimen, die Grüne Insel und wurden amerikanische Staatsbürger. Dies geschah ganz im Einvernehmen mit dem damaligen Erzbischof McQuaid, solange die von ihm bestimmten Bedingungen erfüllt waren: Die Adoptiveltern mussten katholisch und durften keine Farbigen sein! Sie hatten auch für die Verwaltungs- und Reisekosten aufzukommen, ehe sie ihr Baby in Empfang nehmen konnten.

Von «Kauf» war nicht die Rede, Spenden allerdings an das kinderfreundliche Kloster in Irland wurden nicht ausgeschlagen. Die Nonnen von damals sind noch heute der festen Überzeugung, ihr Bestes für diese Kinder getan zu haben. Ihnen fiel es auch zu, die Auswahl unter den Babys zu treffen für das «bessere» Los der Adoption. Die Akten über diese Transaktionen befinden sich reihenweise in Ordnern verwahrt im Staatsarchiv und sind neuerdings zugänglich. Auf manchen Urkunden jedoch sind die Namen gefälscht, was eine Zusammenführung mit den echten Eltern fast unmöglich macht. Das lange Schweigen aber über diese Ereignisse ist gebro-

chen, ein weiteres Tabu der überholten Gesellschaftsregeln beseitigt und für die Betroffenen scheint es nun möglich, sich über die eigene Identität Klarheit zu verschaffen.
Das Schicksal ungewollter Schwangerschaften war die unvermeidliche Folge mangelnder Aufklärung sowie des kirchlichen Verbots jeglicher Verhütungsmittel. Wie tief die Kirche in das private und intime Leben aller Menschen, ganz gleich welcher Konfession, eingriff, zeigt sich bis heute in den Gesetzen der Familienplanung. Erst 1985 wurde unter dem heftigen Protest der katholischen Kirchenväter der Verkauf von Verhütungsmitteln freigegeben, nachdem die Einfuhr oder Weitergabe über 45 Jahre lang gesetzlich verboten war. So revolutionär erschien der Schritt, dass sich viele Apotheker bis zum heutigen Tag weigern, «solche Dinge» in ihrem Laden zu führen.
Noch turbulenter aber sind die Kontroversen um das Recht auf öffentliche Informationen zur Abtreibung. Nach den Vorstellungen des irischen Staates gilt die Telefonnummer einer englischen Abtreibungsklinik als Mordwerkzeug und ihre Weitergabe als vorsätzliche Tatbeihilfe, die ebenfalls unter Strafe steht. Neben Chile ist Irland das einzige Land der Welt, in dem die Abtreibung verfassungsmäßig verboten ist. Das Problem einer erzwungenen oder ungewollten Schwangerschaft muss im Ausland gelöst werden, sofern sich die Betroffenen unbemerkt davonstehlen und eine solche Reise finanzieren können.
Anfang der Achtzigerjahre hatte sich eine 14-jährige Klosterschülerin in ihrer Not zu

«Pferde-Taxi» in Killarney

RICHTERKIRCHE JETZT AUF ANKLAGEBANK

SPIRITUELLER GLAUBE FEST VERANKERT

HÄRTESTE WALLFAHRT DER CHRISTENHEIT

einer Marienstatue geflüchtet, neben der sie bei der Geburt ihres Kindes verblutete. Ein Abtreibungsgesuch einer anderen 14-jährigen, die vom Vater ihrer Freundin vergewaltigt worden war, ging bis ans Oberste Gericht, das nach langen Erwägungen nur deshalb die Erlaubnis zu einem Schwangerschaftsabbruch erteilte, weil das Leben des Mädchens durch Selbstmordgedanken gefährdet war.

Die «Schande», ein uneheliches Kind zu haben, hat sich inzwischen allerdings ins Gegenteil verkehrt. Für allein erziehende Mütter bietet der Staat Unterkunft, oft in Form eines Häuschens des sozialen Wohnungsbaus sowie ausreichend finanzielle Hilfe. Das bedeutet für junge Mädchen eine Chance, der häuslichen Enge zu entkommen, wo sie oft mit vielen Geschwistern und arbeitslosen Eltern eine kleine Wohnung teilen müssen. Die bange Frage stellt sich, ob diese Mittel-zum-Zweck-Kinder ein besseres Schicksal erwartet.

Wie stark und grundlegend die Kirche die Staatsgesetze geprägt hat, kann man in der Präambel der irischen Verfassung nachlesen: «Im Namen der Allerheiligsten Dreifaltigkeit, in der jede Autorität ihren Ursprung hat und auf die sich, als dem letzten Ziel unseres Lebens, alle Handlungen von Menschen und Staaten zu beziehen haben; in Demut eingedenk aller Verpflichtungen gegenüber unserem göttlichen Herrn, Jesus Christus, der unsere Vorväter durch die Heimsuchungen vieler Jahrhunderte hindurch am Leben erhalten hat.»

Doch die Grundsätze «von oben» stimmen nicht mehr überein mit den Erwartungen einer aufgeklärten Bevölkerung, bei der die Angst vor dem moralischen Sittenkodex der Kirche einer äußerst kritischen Einstellung gewichen ist. Die Institution der Kirche gerät mehr und mehr von ihrer bisherigen Richterposition auf die Anklagebank. Dazu beigetragen haben eine Reihe aufgedeckter Skandale unter ihren geistlichen Vertretern. So konnte der früher vom Volk verehrte, medienfreundliche Bischof O'Casey nicht mehr leugnen, einen bereits erwachsenen Sohn aus einer unehelichen Verbindung zu haben, was ihm eine Welle öffentlicher Empörung und von seiner Obrigkeit eine Strafversetzung nach Südamerika einbrachte.

Bild nächste Doppelseite: *Seenlandschaft bei Derreen Garden*

Weitaus schlimmer erweisen sich fortlaufende Enthüllungen über jahrzehntelange ungehinderte Vergehen pädophiler Priester, die bei Beschwerden der betroffenen Familien schlichtweg von einem Posten auf den anderen versetzt worden waren. Das Vertrauen in die einst allmächtige «Mutter Kirche» ist stark erschüttert. Ein vormals überzeugter Kirchgänger stellte bedauernd fest: «Die Kirche, in der ich aufgewachsen bin, hat mich im Stich gelassen.» Diese einst zuverlässigste Stütze und Zufluchtsstätte im irischen Staat, die sich vormals so unerschütterlich gegen Verfolgung und Armut bewährt hatte, ist in zunehmendem Maße ins Kreuzfeuer der Kritik geraten.

Dennoch: Der spirituelle, persönliche Glaube ist bei vielen Menschen noch fest verankert. Taufen, Kommunion, Hochzeiten und Beerdigungen wären für die überwiegende Mehrheit ohne kirchlichen Segen nicht denkbar. Auch die verschiedenen Wallfahrten in und aus Irland zeugen von tiefem Glauben und finden nach wie vor zahlreiche Teilnehmer. Zehntausende besteigen an jedem letzten Sonntag im Juli den heiligen Berg Croagh Patrick in Erinnerung an die 40 Tage Buße, die sich Irlands erster Missionar Patrick im Jahre 441 auf dem Gipfel abgerungen hat. Gläubige jeden Alters erklimmen einzeln oder in Gruppen über scharfkantiges Geröll die unwegsame Bergspitze, manche sogar barfuß.

Oben angelangt, verrichten sie Gebete, allerdings nicht mehr 40 Tage lang, sondern nur wenige Stunden. Im Anschluss daran äußert sich die Erleichterung über die überstandenen Strapazen, wie der Reiseschriftsteller Hans Kunz festhielt: «Damals sollen es, dank des trockenen Wetters, zwischen 50 000 und 60 000 Pilger gewesen sein. Die Kuppe vermochte sie nicht zu fassen, und so bewegte sich ein Gegenzug, schon bald nach Mitternacht, talwärts. Bewegte sich – das ist zu schwächlich. Wer durch die Nacht und übers Geröll den Berg herunter auf einen zukam, das waren junge Burschen und Mädchen, und sie taten es mit einer solchen Vehemenz und Vitalität, dass Feierlichkeit oder gar Zerknirschung daneben verblassten. Aus *Garland Sunday* wurde *Lughnasad,* das alte keltische Fest im Zeichen des Hochsommers, der Daseinsfreude, des Überflusses.»

«Patricks Purgatorium» dagegen liegt ganz in der Nähe Nordirlands auf einer Insel mitten im Lough Derg und ist seit dem frühen Christentum eine ebenfalls viel besuchte Pilgerstätte. Bereits in heidnischer Zeit galt eine Höhle dort als Eingang zur Unterwelt. Heute kommen zu dieser «härtesten Wallfahrt der Christenheit» fast ausschließlich Iren, die sich drei Tage langen Bußübungen aus Wachen, Fasten und Beten hingeben.

Auch in der Ortschaft Knock, in der Grafschaft Mayo, suchen seit einer angeblichen Marienerscheinung im Jahre 1979 jährlich über eine Million kranke Pilger Heilung. Zur Aufnahme so vieler Heilsuchender entstand eine der modernen Mammutkirchen Irlands, die über 8000 Menschen fassen kann. Auf Betreiben des unermüdlichen Monsignore Horan wurde zudem 1986 für die Anreise der vielen Pilger und Touristen ein eigener Flughafen, sogar zur Landung von Jumbojets, angelegt. Wenige Meilen entfernt führt der Weg gleich wieder in die Vergangenheit. Ein Folkmuseum bietet einen übersichtlichen Rückblick auf die praktischen Anbaumethoden und Gepflogenheiten im irischen Landleben, wie sie unverändert seit Urzeiten ausgeübt und weitergereicht worden waren.

Als der heilige Patrick mit seinem Gefolge Gleichgesinnter dem Bauernvolk das Christentum in Irland verkündete, hatte er sich dank seiner gründlichen Orts-, Sprachen- und Menschenkenntnis als Meister im «Marketing» erwiesen. Denn er stellte die neue Religion nicht etwa als Ablösung oder Gegensatz von Bisherigem dar, son-

AUS FREIEN STÜCKEN CHRISTLICH GEWORDEN

dern als Bereicherung und Ergänzung zu bereits bestehenden Gepflogenheiten, und in dieser Form nahmen die Menschen Patricks Botschaft bereitwillig auf.

Ein großer Teil der Bevölkerung wurde aus freien Stücken christlich, das heißt ohne Zwang und ohne Martyrium. Die christliche Idee des Weiterexistierens nach dem Tode war so fremd nicht, eine Vorstellung gleicher Art muss längst bestanden haben, wenn man die reichen Beigaben in den vorchristlichen Grabkammern betrachtet! Zudem wandte sich die christliche Botschaft nicht nur an die Reichen und standesmäßig hoch angesehenen Mitglieder eines Stammes, sondern sie brachte die Lehre der Erlösung durch Reue und Buße für jeden Einzelnen.

So ließen sich die bisherige Tradition und das neue Christentum miteinander in Einklang bringen. Alle Menschen fühlten sich zugehörig zu einer großen, allumfassenden Gemeinschaft, die auch außerhalb Irlands Zuspruch fand. Das Christentum ist nicht an die Stelle der alten Tradition getreten, sondern scheint, im Gegensatz zum übrigen Europa, als gleichwertig und gleichberechtigt in die damals etablierten Kreise von Bildung und Politik aufgenommen worden zu sein. Sehr bald schon nach Patricks Ankunft kam es zu zahlreichen Klos-tergründungen, bis der Ausbruch der Pest in den Jahren 548/49 dem ein jähes Ende bereitete.

In der Bezeichnung Monasterboice steckt der Name seines Gründers Buithe, woraus «Mainistir Buithe» wurde. Auch Ortsnamen mit «kil», von Lateinisch *celle*, verweisen auf klösterlichen Ursprung. Der Name «Cluain Mic Nois» (Clonmacnoise) bedeutet «die Wiesen der Söhne von Nos», auf welche der Zimmermannssohn Ciaran seine ersten sakralen Bauten setzte. Als Gründer und erster Abt scharte er mehr noch durch seinen vorbildlichen Lebensstil als durch überzeugendes Predigen viele Glaubensbrüder um sich. Der Legende nach soll er nicht nur Menschen, sondern auch Tiere in seinen heiligen Bann geschlagen haben: Ein Fuchs trug seinen Psalter, und das Geweih eines geduldigen Hirsches soll ihm als Lesepult gedient haben.

INNERHALB EUROPAS EINMALIGE KLOSTERFORM

Normalerweise wurde der Abt aus der Führungsschicht des Clans gewählt, der den Grund und Boden zur Klostergründung zur Verfügung gestellt hatte. Nach irischem Brehon-Recht gehörte das Land nicht Einzelnen, sondern der ganzen Sippe; es durfte also nicht ohne die Zustimmung der anderen vergeben werden. So kam es mitunter vor, dass der gesamte Clan beschloss, ins klösterliche Leben einzutreten. Oder aber das benötigte Gelände war eine Leihgabe an die Klostergründer, die somit in engem Kontakt mit ihrer Familie blieben. Diese Symbiose zwischen weltlichem und geistlichem Zusammenleben stellte innerhalb Europas eine gesonderte und einmalige Klosterform dar.

Clonmacnoise war ein Verkehrsknotenpunkt zwischen Ost und West, Nord und Süd. An einer weit ausholenden Schleife des Shannon liegt es leicht erhöht wie ein Freilichtmuseum in stets wechselnder Beleuchtung. Eine Ansiedlung direkt am Shannonufer war unmöglich, da das flache Land im Winter regelmäßig unter Wasser stand. Schutz boten jedoch die lang gezogenen Schuttkämme, die *Esker*, als Fundament für die vielen neuen Bauten. Diese *Esker* waren einst beim Abschmelzen der diluvialen Gletscher entstanden: entweder durch Geröllschub der neuen Flüsse oder durch Ausfüllung von Gletscherspalten. Schon in vorgeschichtlicher Zeit waren Wege und Straßen diesen in Irland zahlreichen, in Mitteleuropa dagegen unbekannten *Esker* gefolgt.

Eine Klostersiedlung war von der räumlichen Organisation her nicht auf einen Gebäudekomplex beschränkt wie spätere Klöster. Innerhalb eines Walls standen stattdessen Mönchszellen aus Schilf oder Holz; oder man errichtete kegelförmige Steinhütten, die wegen ihrer Form als Bienenkorbhütten bekannt wurden. Gleiche Behausungen hat man auch im spanischen Galicien gefunden. Die Wohnstätten ver-

CLONMACNOISE, GRÖSSTE UNIVERSITÄT DES ABENDLANDES

teilten sich ohne feste Anordnung um Kirchen, um Wirtschaftsräume, um Stätten des Unterrichts und Unterkünfte für Reisende. Ein Rundturm diente nicht nur als Wach- und Glockenturm, sondern auch als Schatzkammer bei Überfällen.
Doch kamen vor allem wissbegierige Studenten, Mönche und Gelehrte von weit her, und ein reger Gedankenaustausch mit anderen Ländern bereicherte das Wissen und das gegenseitige Verständnis. Die Verbindungen erstreckten sich bis in den Mittelmeerraum, nach Ägypten, Italien und besonders Spanien; enger noch waren sie mit den unmittelbaren Nachbarn Gallien und Britannien. So weit reichte der Ruhm der Gelehrten von Clonmacnoise, dass der Abt dort im Jahre 790 eine Geldspende vom Hof Karls des Großen erhielt, wobei das Begleitschreiben des Überbringers an die «größte Universität des Abendlandes» gerichtet war.
Patrick predigte nicht nur in der Sprache der Einheimischen, sondern er ließ darüber hinaus seine Botschaft auch in der Landessprache aufschreiben, eine Errungenschaft, auf die das übrige Europa noch jahrhundertelang warten musste! Die Tradition der Druiden, die Weistümer des Volkes weiterzugeben, wurde auf diese Art sogar schriftlich fortgesetzt; und ihre gesamte bisher mündliche Überlieferung an Mythen, Legenden, Epen, Geschichten und Gedichten wurde nicht etwa verdrängt und war auch nicht mehr nur vom Erinnerungsvermögen der gelehrten Druiden abhängig, sondern sie wurden unabhängig vom Geschick und Schicksal eines Einzelnen auf Dauer festgehalten und bewahrt. Die Kunst des Auf- und Abschreibens ist vor allem den Mönchen zu verdanken, die in ihren neu gegründeten Klostergemeinschaften eine hohe Kunstfertigkeit in Schrift und Bild entwickelten.
Die Lust am Malen und Ziselieren auf Stein und Holz hatte schon immer bestanden; jetzt wurde sie auf Leder und Pergament fortgesetzt. Drei erhaltene Handschriften ragen gipfelgleich heraus: das *Book of Durrow,* das *Book of Kells* und

FARBEN AUS ALLER WELT

das *Book of Lindisfarne,* wobei das zweitgenannte das berühmteste und vollständigste ist. «Ein unendlich verzweigtes, geheimnisvolles All», hat Liam de Paor die Gesamtheit der Ornamente genannt: eine farbenprächtige Verbindung aus strenger Gemäldetechnik und lustvollen Verzierungen. Auf 340 reich geschmückten Seiten finden wir in kunstvollen Buchstaben die vier Evangelien aufgezeichnet.
Bis heute ist nicht genau geklärt, wann und wo und von wem sie so geschrieben wurden, doch Mutmaßungen weisen auf eine karge Insel vor der Westküste Schottlands hin, in deren Einsamkeit der verbannte heilige Columba um das Jahr 560 ein Kloster gegründet hatte. Das verfügbare Ackerland in dieser Einöde reichte gerade aus, um die Mönche zu ernähren; Kühe lieferten Milchprodukte. An Sonn- und Feiertagen arbeiteten die Mönche nicht, sondern sie widmeten sich ausschließlich dem Gottesdienst und Gebet.
Im Buch selbst finden sich verstreute Hinweise auf seine Entstehung: Auf dem Bild des Evangelisten Lukas hält die Figur in der rechten Hand das Wort Jonas, ein anderer Name für die Klosterinsel Iona. Der Abt des Klosters namens Connachtach stammte aus Irland und widmete sein Schreibtalent ausschließlich der Herstellung dieses kühn konzipierten Altarbuches. Er scheute weder Kosten noch Arbeitszeit und brachte junge Kalligraphen und Künstler aus aller Welt zusammen. Aus der Haut von hunderten eigens zu diesem Zweck geschlachteten Kälbern gewann man das feine Pergament für die Seiten. Die weiten Reisen und Wanderungen der irischen Mönche und der Zustrom vieler Gelehrter nach Irland machten es möglich, die verschiedenartigen, heute noch kräftig leuchtenden Farben herbeizuschaffen: Ultramarin kam über Persien aus dem Hindukusch, Karminrot aus Südfrankreich, Purpur und Rauschgelb aus Spanien.
Die unterschiedlichen Stile in der künstlerischen Gestaltung lassen auf grundverschiedene Begabungen und Temperamente

KATZEN AUF BUCHSTABENBALKEN

der Künstler schließen. War einer genau, gleichmäßig und ausgeglichen; so war ein anderer temperamentvoll, verspielt, kräftig; ein dritter dagegen zeigte sich verschmitzt, einfallsreich und humorvoll.
Jeder Abschnitt der vier Evangelien beginnt mit einem großen, phantasievoll verzierten Anfangsbuchstaben; insgesamt gibt es über 2000 Initialen, die sich alle voneinander unterscheiden. Im Matthäus-Evangelium ist zu Beginn des Berichts von Christi Geburt eine ganze Seite dem *Chi-Rho*-Monogramm gewidmet.
Zwischen den kunstvoll verzierten Ornamenten wimmeln erstaunlich klar gezeichnete Tiergestalten und Figuren umher. Überhaupt toben durch die Seiten dieses ehrwürdigen Buches Katzen in allen Stellungen, Formen und Farben; sie sitzen auf Buchstabenbalken, springen über farbenprächtige Blumenranken oder klettern über verschlungene Muster.
Vermutlich begann man das Mammutwerk 791; die Zeit war äußerst knapp, denn vier Jahre später fielen die ersten Wikinger über die Insel Iona her. Ein paar Mal gelang es, sie zurückzuschlagen, doch in Jahre 806 fanden der Abt Connachtach und 86 seiner Mönche bei der Verteidigung ihres Klosters den Tod. Aber sie hatten das Buch samt Farben und Federkielen noch rechtzeitig in Sicherheit bringen können. Auf einem eigens bereitstehenden Segelboot gelangte es über die Irische See nach Irland und schließlich in das Kloster Kells.
Hier wurde es Anfang des 9. Jahrhunderts vollendet, ergänzt und aufbewahrt – bis es plötzlich verschwand. Sein prachtvoll vergoldeter Einband mag der Grund für einen Diebstahl gewesen sein, denn nach einem Vierteljahr tauchten die Seiten ohne die reich verzierten Buchdeckel wieder auf. Mitte des 17. Jahrhunderts musste das wertvolle Buch vor Cromwells marodierenden Truppen von Kells nach Dublin in Sicherheit gebracht werden. Seither wird es in der Bibliothek des Trinity College aufbewahrt und in seiner ganzen Pracht zur Schau gestellt.

VOM TURBULENTEN KLOSTERLEBEN ...

Manche Mönche zogen sich ganz aus dem oft turbulenten Klosterleben zurück und wurden Eremiten. Allein in einer Hütte und asketisch in der Lebenshaltung, begnügten sie sich mit einem Minimum an

Staigue Fort am Ring of Kerry. Seine Entstehungszeit ist unbekannt. Als Fluchtburg wurde das Fort wahrscheinlich in den ersten Jahrhunderten nach Christus errichtet

nächste Doppelseite: *Die bunten Häuschen von Sneem (Ring of Kerry) ergeben ein farbenfrohes Bild*

... ZUM IRISCHEN WANDERMÖNCH

Nahrung und Kleidung und unterwarfen sich Kasteiungen von Körper und Seele. Vielleicht hatten irische Wandermönche vom Leben der Anachoreten in den Wüsten Ägyptens gehört und diese extreme

BRENNESSELN ALS GEBURTENKONTROLLE

Form des Einzelgängertums auf irische Verhältnisse übertragen. So ganz unbekannt war den Iren die zurückgezogene Lebensweise nicht, denn viele der jungen Mönche hatten als Hütejungen in ihrer Kindheit eng verbunden mit der Natur gelebt, sie kannten die «Sprache» der Tiere und waren vertraut mit der Pflanzen- und Kräuterwelt. Sie kannten jeden Weg und Steg in ihrer waldreichen Umgebung. Doch waren solche extrem asketischen Lebensweisen oder auch missionarische Wanderungen nicht die Norm, sondern hauptsächlich Außenseitern vorbehalten, die am Rande der Gesellschaft ebenso toleriert wie bewundert wurden. Fast alle Heiligen Irlands stammen aus der damals herrschenden Oberschicht.

Ein gerade zum Christentum bekehrter Sohn aus königlicher Familie zog sich hoch über einem Fels am See von Glendalough in eine Höhle zum Gebet zurück, um vor allem den Verführungskünsten junger Mädchen zu entkommen. Als eine der Schönen den jungen Kevin dennoch aufgespürt hatte, wusste er sich nicht anders zu helfen, als sie zur «Abkühlung» ihrer Gefühle vom Fels hinab in den See zu stoßen. Vor einer anderen «rettete» er sich, indem er alle Kleidung abwarf und sich splitternackt so lange in Brennesseln wälzte, bis sein Körper krebsrot und unattraktiv geworden war. Dies dürfte die erste von der Kirche in Irland gebilligte Form von Geburtenkontrolle gewesen sein!

Doch im gleichen Maß, wie sich der Ruhm um Kevins Standhaftigkeit vergrößerte, verringerte sich seine Einsamkeit! Als die Schar seiner ihm nacheifernden Anhänger ständig wuchs, ließ der verhinderte Eremit im Tal eine Kirche errichten, und als auch diese zu klein wurde, zog er in den breiteren Teil des Glendalough-Tales und gründete eine Klostergemeinde, deren Ruhm weit über die Grenzen Irlands drang.

Trogförmig ist dieses landschaftlich reizvolle Tal, geschliffen von einem sich einst durchwälzenden Gletscher, in Urzeiten mit Wasser gefüllt, wo sich Moränenhügel gebildet hatten. Eichen, Buchen, Birken,

AVONLEA HOUSE
SNEEM BURIAL GROUND
SPORTS COMPLEX
Avonlea House
TAKE AWAY FISH & CHIPS

ZU VIEL WEIN = 12 TAGE WASSER UND BROT

auch Stechpalmen und Araukarien hatten sich angesiedelt, bevor sich die Klosteranlage, einem Stadtstaat ähnlich, zur vollen Blüte entwickelte. Glendalough ist heute als «das Tal der sieben Kirchen» in waldreicher Landschaft noch immer ein Wallfahrtsort: für Touristen!

Zwei Heilige der Frühzeit tragen denselben Namen: Columba der Ältere, genannt Columcille und ebenfalls aus königlichem Hause, war um einer Schuld willen ins Exil gegangen. Er hatte nämlich heimlich einen Psalter des heiligen Finian abgeschrieben. Dieser verlangte die Abschrift für sich, und der Streitfall kam vor den Hochkönig. Der sprach Finian die Kopie zu, mit der Begründung, eine Abschrift gehöre zu einem Buch wie ein Kalb zur Kuh.

Columba und seine Anhänger akzeptierten jedoch das Urteil nicht und zogen in den Kampf gegen den König. Am Benbulben, nördlich von Sligo, siegte Columba zu einem hohen Preis, denn über 3000 Mann fielen auf dem Schlachtfeld. Um für diese Toten Buße zu tun, verließ er seine Heimat. Im Jahre 563 landete er mit zwölf Gefährten auf der Hebrideninsel Iona, wo er eben das Kloster gründete, das später für seine großartigen Handschriften berühmt wurde.

Der jüngere Columba, auch Columbanus genannt, ein Schüler des Comgall im berühmten Kloster Bangor in Wales, nahm in bereits vorgerücktem Alter eine Pilgerfahrt zum Kontinent auf sich. Dort war seine überzeugende Missionstätigkeit so erfolgreich, dass er in Burgund die Klöster Annegray und Luxeuil gründen konnte. Von diesem «Pionier der kirchlichen Expansion» sind äußerst strenge Verhaltensregeln überliefert: zehn Kapitel Regeln für das Leben der Mönchsgemeinschaft, 15 Kapitel Strafregister für Vergehen gegen die Gelübde der Armut, des Gehorsams und der Keuschheit! Ganz zu schweigen von Trunkenheit! Ein Priester, der nach dem Genuss zu vielen Weins seine Gebete nur noch lallen konnte, musste zwölf Tage bei Wasser und Brot zubringen.

ST. KILIAN, FRANKENAPOSTEL

Auswandern bedeutete zweifellos die größte Askese, nämlich den Verlust der Heimat und viel Mühsal, mitunter sogar den Märtyrertod in der Fremde. Die letzte Klostergründung des Columbanus erfolgte in Bobbio in der Lombardei, wo der Heilige im Jahre 615 starb. Einer seiner Gefährten war Gallus, der als Missionar am Bodensee geblieben war. Sankt Gallen trägt seinen Namen und besitzt noch heute eine Reihe illuminierter Handschriften aus der Blütezeit irischer Buchkunst.

Der heilige Kilian wurde in Deutschland als Frankenapostel bekannt. Mit seinen Gefährten Kolonat und Totnan war er bis nach Würzburg gekommen, wo es ihm gelang, einen Orden zu gründen, bevor alle drei den Märtyrertod erlitten. Die Erinnerung an ihn ist in Kirchen, Gebeten und Wallfahrten in dieser Gegend verewigt. Als ein Bindeglied zwischen Irland und Deutschland ist er heute der Schutzpatron der Deutschen Schule in Dublin, die seinen Namen trägt.

Irland galt über Jahrhunderte als Hort der Gelehrsamkeit im kriegszerrissenen Europa. Die erneute Verbreitung des Christentums nach der Völkerwanderung war vor allem ein Verdienst irischer Mönche und Missionare, und ihr Einsatz für das geistliche und kulturelle Leben des Abendlandes im frühen Mittelalter hatte weitreichende Auswirkungen. Sie lehrten am Hof Karls des Großen in Aachen, und unterrichteten seinen Enkel Lothar, den späteren Kaiser. Ihre Klostergründungen und Gelehrten beeinflussten entscheidend das europäische Geistesleben, weit entfernt vom Machtzentrum des Papstes.

Rom allerdings betrachtete die irischen Christen bis ins 12. Jahrhundert mit Misstrauen und als nicht ganz vollwertige Glaubensbrüder. Zahlten sie doch nicht einmal Kirchensteuer und heirateten in Irland ohne den Segen eines Priesters, so klagte Bernhard von Clairvaux über sie, «die obwohl dem Namen nach Christen, eigentlich Heiden waren».

Stärker noch als die Verbindung zum Kontinent war die enge Zusammenarbeit im kirchlichen Bereich mit der Nachbarinsel England, was sich später leider nicht auf die auseinander strebende Politik übertragen ließ. In Irland selbst brachten Wikingerüberfälle, Reformbemühungen der später verweltlichten Kirche sowie der Einfall der Normannen einschneidende Veränderungen für die Bevölkerung, insbesondere für die immer wieder ausgeplünderten Klostergemeinden.

VOM KLOSTERSTAAT ZUR KIRCHENPROVINZ ROMS

In der zweiten Blütezeit irischer Klöster, im 12. Jahrhundert, mischten sich in der Geisteswelt zusehends einheimische Traditionen mit neuen Einflüssen aus dem westlichen Europa. An verschiedene Klosterorden auf dem Festland ergingen Aufforderungen, ihre Wirkungsstätte nach Irland zu verlagern.

Als Erste kamen Zisterzienser und fanden optimale Voraussetzungen auf der wenig bevölkerten Insel. Mit 35 Klostergründungen breiteten sie sich rasch über das ganze Land aus. Ihnen folgten die Dominikaner mit 25 Klöstern, danach kamen Franziskaner und Augustiner. Allein schon durch ihren geschlossenen Baustil veränderten sie die irischen Klosteranlagen, in denen die neuen Glaubensbrüder versuchten, die recht locker gewordenen Sitten der bisherigen Klostergemeinden zu reglementieren. Diese waren inzwischen teilweise aufgegeben worden oder hatten sich zu regelrechten Städten entwickelt.

In den nunmehr neuen Klostergründungen regierte nicht mehr der von der Sippe gewählte Abt, sondern ein von Rom ernannter Bischof. Sichtbarer Ausdruck für das neue Gesicht der irischen Kirche war die Synode von Kells (1152), auf der Irland in vier Erzbistümer und 36 Bistümer unterteilt wurde. Primas war und ist der Erzbischof von Armagh, der Stadt des heiligen Patrick.

Damit war aus dem eigenständigen, eng mit der weltlichen Gesellschaft verknüpften Klosterstaat eine Kirchenprovinz im Machtbereich Roms geworden. Diese Entwicklung war für die folgenden Auseinandersetzungen in der Politik und Religion Irlands von weitreichender Bedeutung. Fortan hatte die geistliche Macht im politisch ungeeinigten Irland die Oberhand, und die Anweisungen kamen hierarchisch gefächert aus Rom. Diese neue Form der Kirche entwickelte sich später zum Bollwerk gegen die gewaltsamen Bekehrungsversuche zur reformierten Kirche unter Heinrich VIII.

Während ungleicher Machtkämpfe in den folgenden Jahrhunderten fielen der einheimischen katholischen Kirche mehr und mehr staatliche Funktionen zu, da diese von den Eroberern nur selektiv wahrgenommen wurden. Als eine Art Ersatzstaat gewann die kirchliche Institution bedeutend an Erfahrung und Macht, die sie schließlich voll im neuen, unabhängig gewordenen irischen Staat geltend machte. Wieder gab es jetzt eine Symbiose zwischen Staat und Kirche; doch hatte früher der weltliche Herrscher entscheidendes Recht im Klosterleben gehabt, so hatte jetzt die Kirche entscheidendes Mitspracherecht im Staatsleben.

Und wieder zerbröckelte diese undefinierte Verflechtung von Kirche und Staat schließlich von innen und von außen. Eine übermächtige Diktatur der Kirchenobrigkeit und die zunehmende Einengung jeglicher Gedankenfreiheit ließen die Bevölkerung aufbegehren. Von außen kamen dieses Mal keine militärischen, dafür aber geistige «Überfälle», die den Willen der Menschen zu einer Unabhängigkeit in eigener Verantwortung festigten. Ein langsamer Auflösungsprozess zwischen der engen Verflechtung von Religions- und Staatsbelangen hat seither begonnen. Die einst gar nicht nötige und später aus mannigfachen Gründen immer höher gewordene Klostermauer ist zwar verschwunden, nicht aber der römisch-katholische Glaube selbst, dem offiziell noch immer mehr als vier Fünftel der irischen Bevölkerung angehören.

Auf der Dingle-Halbinsel: phantastischer Ausblick vom Connor-Pass

nächste Doppelseite:
- *Dingle-Halbinsel: Das «Gallarus Oratory», ein frühchristliches Gebetshaus, ist vermutlich 1300 Jahre alt. Das Gemäuer sieht aus wie ein umgekehrtes Boot. Es wurde ohne Mörtel aufgeschichtet*
- *Dingle-Halbinsel: wilde Landschaft, wilde Pferde, neugieriges Schaf*

Die Cliffs of Dunquin auf der Dingle-Halbinsel

Dingle-Halbinsel:
• Fort Dunbeg und Klippen bei Slea Head
• Bienenkorbhütten bei Fahan, frühchristliche Behausungen irischer Mönche

Rundtürme und Leuchttürme

Stets stand ein Mönch als Ausguck auf der obersten Plattform eines Rundturms und schaute abwechselnd durch die vier Fenster, von denen jedes in eine andere Himmelsrichtung wies. Er war der Erste, der Freund oder Feind erspähte und die aufregende Nachricht weitergab. Für herannahende Pilger und Wanderer diente der Rundturm (*round tower*) als Wegweiser, besonders nachts, wenn eine oben befestigte Laterne die Richtung anzeigte. Das *Cloigtheach* (Haus der Glocke) rief mit seinem Geläut die Mönche zum Gebet und warnte sie vor Überfällen, zwei Aufgaben, die im späteren Europa Kirchturmglocken übernahmen. Ein zusätzliches Motiv für die hohe Bauweise war eine Bestimmung im altirischen Gewohnheitsrecht, die dem Kloster das Eigentum eines jeden Fremden überschrieb, der innerhalb der Reichweite der Klosterglocken starb; die gleiche Bestimmung galt auch für aufgefundenes Strandgut!

War ein Feind im Anmarsch, so verwandelte sich der Turm in eine Festung. Die Mönche drängten sich mit ihren Kostbarkeiten auf die drei oder vier Stockwerke innerhalb des hohen Gemäuers. Der Eingang in doppelter Mannshöhe über der Erde war nur über eine Leiter zugänglich; diese zog man von innen hoch, schloss die Tür und wiegte sich in Sicherheit. Tatsächlich widerstand das feste Mauerwerk vielfachen Angriffen in jener Zeit; brach allerdings ein Feuer im Inneren des Turmes aus, so bedeutete das den sicheren Tod. Wie in einem Schlot schossen die Flammen durch Holz und Menschen empor. Bodenanalysen haben wiederholt Spuren von Leichenbrand im Schutt der Türme bestätigt. Die früheste Niederbrennung eines Klosterturmes mit Mönchen und Kunstschätzen ist aus der Zeit um 950 in Slane dokumentiert. Im 11. und 12. Jahrhundert wurden weitere Turmeinstürze und -brände gemeldet.

Anfang des 19. Jahrhunderts zählte man noch 118 Rundtürme in Irland, heute stehen immerhin noch 70. Ihr Ursprung ist umstritten; die Form könnte aus dem Mittelmeerraum stammen oder eine geniale Konstruktion eines irischen Baumeisters sein. Vermutlich waren sie das Werk von begabten Bauhandwerkern, die ebenso wie die mittelalterlichen Kathedralenbauer von Baustelle zu Baustelle zogen. Über einen von ihnen namens Goban Saor erzählt man folgende Geschichte: Er war dabei, auftragsgemäß ein stattliches Kloster für eine Schar Mönche fertigzustellen.

Während er rittlings hoch oben auf einer Mauer saß und die letzten Steine einfügte, nahmen die Mönche ihm seine Leiter weg und riefen hinauf, er dürfe nur wieder herunterkommen, wenn er sich auf einen sehr niedrigen Preis einlasse. Unbekümmert meinte er, dann müsse er eben auf andere Art hinunterkommen und machte sich daran, Stein um Stein wieder abzubauen und hinabzuwerfen. Schleunigst einigten sich daraufhin die Mönche mit ihm, die von ihm vorgeschlagene, angemessene Summe zu zahlen.

Die hohe, schlanke Gestalt des irischen Rundturms mit dem typischen Höhen-Breiten-Verhältnis von 6:1 hatte keine erkennbaren Vorläufer im Lande, wurde aber in gleicher Form über einen Zeitraum von 300 Jahren gebaut, und zwar in der Zeit zwischen Mitte des 10. bis Mitte des 13. Jahrhunderts. In Friedenszeiten diente der Turm eindeutig als Erkennungs- und Prestige-Symbol innerhalb einer Klosteranlage.

Da man diese Rundtürme fast nur in Irland findet – lediglich zwei ihrer Art stehen in Schottland und einer auf der Isle of Man –, gelten sie schon lange als inoffizielles Wahrzeichen der Insel. So gut sind einige erhalten, dass man noch bis zur Spitze hinaufklettern kann. Der höchste Rundturm überragt mit seinen über 34 Metern das frühere Klostergelände in Kilmacduagh, in der Grafschaft Galway; 17 Meter beträgt der Umfang am Fuße des Turms, während er sich bis oben zu 14 Metern verjüngt. Viele Indizien deuten darauf hin, dass der systematischen Errichtung von Rundtürmen der Plan zugrunde lag, ein geeignetes Symbol zu schaffen – einen Turm der Stärke, der sich über die Probleme der Welt erhebt und zum Himmel weist.

Das Licht von Leuchttürmen dagegen sollte weniger zum Himmel als zu den Schiffen auf See weisen. Auch ihre Entstehungsgeschichte ist mit dem frommen Leben von Mönchen verbunden, oder genauer gesagt: mit der Weisheit und Umsicht eines einzigen Mönchs. Er hieß Dubhan, stammte aus Wales und hatte sein Domizil als Eremit auf dem äußersten Felsvorsprung an einer Küste in der Grafschaft Wexford aufgeschlagen.

Von dort mußte er immer wieder hilflos mit ansehen, wie das tosende Meer in der Dunkelheit kenternde Schiffe an den spitzen Felsen zerschmetterte. Das brachte ihn auf die Idee, eine Eisenschale mit einem weithin sichtbaren Feuer an der Spitze des Felsens aufzustellen. Sein geniales Warnsystem rettete so vielen Menschen das Leben, dass andere Mönche nach seinem Tod den Brauch fortsetzten, ununterbrochen ein Feuer zu unterhalten, bis die Normannen schließlich an dieser Stelle einen festen Turm errichteten. Bis heute steht dieses Mauerwerk auf Hook Head, der eigentlich St. Dubhan heißen müsste!

Doch vorerst blieb Dubhan ein einsamer Pionier. Die 3200 Kilometer lange, felsen- und buchtenreiche Küste rings um Irland blieb, nicht ganz unbeabsichtigt, bis zum 18. Jahrhundert des Nachts im Dunkeln. Zwar gab es hin und wieder Versuche, leuchtturmähnliche Warnsysteme einzurichten, doch stießen diese auf hartnäckigen Widerstand bei den Küstenbewohnern – lebten doch viele Familien ausschließlich von der «Wrack-Ernte», das heißt vom Erlös aus der angeschwemmten Schiffsbeute.

So lukrativ war das Geschäft, dass manche sogar auf listenreiche Lockmittel verfielen: Schamlos befestigten sie eine Laterne an den Hörnern einer Kuh, die planlos am Ufer auf und ab wanderte. Auf diese Weise wurden die Schiffe mit falschen Lichtsignalen absichtlich in die Irre geführt und zerschellten an den Felsen. Dieser trügerische Brauch fand mit dem Bau von Leuchttürmen ein Ende, und der zusätzliche Lebensunterhalt mußte auf reellere Weise verdient werden.

Ein begabter, junger Ingenieur namens George Halpin reiste in der ersten Hälfte des 19. Jahrhunderts um die gesamte irische Küste, mit dem Auftrag, an gefährlichen Stellen Leuchttürme zu errichten. The Baily, Poolbeg, Wicklow Head, Cape Clear, Skellig Michael, Valentia Island, Loop Head und Slyne Head gehen alle auf seine genialen Entwürfe und Konstruktionen zurück. Trotz oft lebensgefährlicher Arbeitsbedingungen beim Sprengen der Felsen und der Herbeischaffung von Baumaterialien, bei denen die Arbeiter unentwegt den rauhen Naturelementen ausgesetzt waren, sind die Türme Meisterwerke der Ingenieurs- und Konstruktionskunst.

Etwa vier Meilen vor der Küste Corks liegt der malerische Fastnet Rock, bei dessen Anblick man sich fragt, wie ein derart solider Turm je von Menschenhand an dieser Stelle errichtet werden konnte. Nebel und turbulenter Wellengang hatten diese Felseninsel oft verhüllt, so dass sich immer wieder tragische Schiffsunfälle ereignet hatten. Der schlimmste geschah im Jahre 1847, als ein amerikanischer Liniendampfer mit 90 Menschen an Bord zerschellte. Sieben Jahre später stand Halpins neuer Turm auf dem Todesfelsen und hielt jahrelang Wind und Wellen mit anbrausenden Felsbrocken stand. Ein Orkan mit einer Geschwindigkeit von 80 Stundenkilometern zerstörte im Jahre 1881 das Licht des Turms. Neue Pläne wurden entworfen und nach weiteren acht Jahren in die Praxis umgesetzt. Der Konstrukteur William Douglas fand einen genialen Mitarbeiter in dem Maurer James Kavanagh aus Wicklow, der nicht nur jeden Stein des neuen Turms selbst setzte, sondern auch wahre Wunder vollbrachte, wenn es darum ging, die Arbeitsmoral seiner oft entmutigten Handwerker zu heben.

In dem Augenblick, als sein Turm fertig war, brach er zusammen und starb. Doch hat er sich dieses meisterliche und dauerhafte Denkmal gesetzt, das seither in jedem Betrachter uneingeschränkte Bewunderung und Hochachtung hervorruft.

Am südlichsten Punkt Irlands, dem Mizen Head, erreicht man über eine Schwindel erregende Hängebrücke Cloghane Island. Tief unten donnern gewaltige Brecher in eine schmale Felsschlucht und führen uns schaudernd vor Augen, welches Schicksal einst Schiffbrüchige erwartete. Über 200 Wracks liegen um Mizen Head auf Grund. Erst seit dem Jahre 1909 gibt es die Mizen-Head-Nebelhornstation. Bis in die Dreißigerjahre musste der Dienst habende Wärter eigenhändig das Leuchtfeuer in der Turmspitze entzünden – und das alle drei Minuten!

Jetzt hat man in den Dienstzimmern der ehemaligen Station ein faszinierendes Museum eröffnet. Der allerletzte Leuchtturm-

Stalaktit in der Crag Cave, einer spektakulären Tropfsteinhöhle bei Castleisland

KANINCHEN HÖHLEN FELSEN AUS

wärter Geoff McCarthy konnte die Künstlerin Jules Thomas bis ins kleinste Detail beraten bei der Dokumentation dieser vormals harten und verantwortungsvollen Arbeit. Eine umfangreiche Ausstellung über die erstaunliche Flora und Fauna der Mizen-Halbinsel ergänzt den Einblick in das Leben im Leuchtturm.

Auf der felsigen Mönchsinsel Skellig Michael steht heute auf der Westseite ein vollautomatisierter Leuchtturm, dessen Lichtfinger sich mit einer Leuchtkraft von 1,8 Millionen Kerzen über 27 Meilen in den Atlantik strecken. Dem früheren Leuchtturmwärter, der dort jahrzehntelang mit seiner Familie gelebt hatte, waren ein paar seiner Kaninchen entlaufen. Gewohnheitsgemäß haben diese sich rasch vermehrt und höhlen nun mit zahlreichen unterirdischen Gängen den Felsen von innen aus. Und wie einst die Wikinger die Mönche verdrängten, so versuchen heute *Puffins* (Papageitaucher), diese Kaninchengehege zu übernehmen und ihre Bewohner tiefer in den Untergrund zu drängen, so dass die Tierwelt durch Unterhöhlung mehr Schaden anrichtet, als Wind und Wellen es von außen vermochten.

Wer waren diese Leuchtturmwärter, die jahrein, jahraus in den entlegenen Behausungen ausharrten? Seefahrer oft, die diese wichtige Aufgabe weitervererbten an ihre Söhne und Enkel. Unbedingte Zuverlässigkeit und die Liebe zum Meer waren unabdingbare Voraussetzungen für die entbehrungsreiche Arbeit. Die Pausen zwischen den regelmäßigen Lichtzeichen und mannigfachen Instandhaltungsaufgaben, zwischen Rettungsaktionen und dem Aufsuchen verloren geglaubter Kutter, diese Pausen führten zu Hobbys aller Art.

Fotografieren, schreiben, malen, schnitzen, Puppenmöbel basteln und Schiffe in Flaschen bugsieren bildeten wesentliche Bollwerke gegen die Langeweile. Erst die Ankunft der Elektrizität und damit auch des Fernsehens bereiteten solcher Schaffensfreude ein Ende. Der Einsatz von Hubschraubern verkürzte mehr und mehr die Wartezeiten und beendete schließlich die

IRLANDS ERSTES LEUCHTTURMHOTEL

Notwendigkeit, die Türme Tag und Nacht zu bemannen. Vom Land aus kann nun die automatische Bedienung der Lichter bewerkstelligt werden, nur für Wartungs- und Reparaturarbeiten ist der persönliche Einsatz noch nötig.

Das Jahr 1996 beendete zwar die Tradition bewohnter Leuchttürme, doch wird ihr weiteres Schicksal bereits von Naturschützern und Tourismusphantasten ins Auge gefasst. Auf Clare Island liegt am Klippenrand hoch über dem schäumenden Meer Irlands erstes Leuchtturmhotel; es wurde vor kurzem zu einer der acht ungewöhnlichsten Übernachtungsstätten der Welt ernannt!

Ein dritte Art von Türmen fällt vor allem an Irlands Ost- und Südküste auf: gedrungene, kompakte Wehrtürme aus dicken Granitquadern. Sie wurden auf Geheiß der Engländer zwischen 1804 und 1815 zur Abwehr gegen eventuelle Einfälle Napoleons errichtet und sind dem Festungsturm an der Mortello-Spitze Korsikas nachgebaut. In Irland sind sie unter dem leicht veränderten Namen Martelloturm bekannt. Auf Korsika hatten napoleonische Soldaten im Jahre 1794 ihre Insel gegen britische Schiffe verteidigt. Von diesem soliden Bauwerk waren die Angreifer so beeindruckt, dass sie 74 Mortello-ähnliche Türme an strategisch wichtigen Stellen Irlands errichten ließen.

Mit acht Fuß dicken Mauern und einer Höhe von 40 Fuß dauerte die Bauzeit im Schnitt sechs Monate. Auf dem Dachgeschoss befanden sich gewaltige Öfen, in denen Kanonenkugeln zum Glühen gebracht und dann auf herannahende feindliche Schiffe geschleudert werden konnten. Zum Glück brauchte man die Wirksamkeit solcher Abwehrmaßnahmen nie auszuprobieren. Stattdessen dienten die Türme vorwiegend als Garnisonen und sind heute in Privatbesitz oder zu Lagerräumen oder Cafés umgestaltet.

Der berühmteste Turm liegt malerisch am Meer in Dublins Vorort Sandycove. Von seinen Zinnen hat der Besucher einen wunderbaren Rundblick auf den Vorstadt-

JAMES JOYCES GELÄCHTER VON DER TURMSPITZE

hafen Dun Laoghaire und die weitere Umgebung der Hauptstadt. Das Innere dieses Turms ist so eingerichtet wie im Jahre 1904, zur Zeit seiner berühmt gewordenen Bewohner Oliver St. John Gogarty und James Joyce. Der spätere, hervorragende Chirurg und geistreiche Schriftsteller Gogarty schrieb über Joyce, nachdem beide den Bau zum ersten Mal begutachtet hatten: «Er achtete darauf, irgendeine Kleinigkeit von sich als Symbol der Besitznahme bis zu unserem Einzug zurückzulassen.

Sein einziger beweglicher Besitz war eine Manuskriptrolle, die etwa 20 Gedichte in seiner klaren Handschrift enthielt. Später wurden sie in einem schmalen Buch veröffentlicht, das er *Chamber Music* nannte. Der <Bürger> Joyce war frei wie ein Vogel. Er war nicht verklemmt, lachte gern. Joyce hatte einen grimmigen Humor. Er lachte überhaupt nicht, er brach in schallendes Gelächter aus. Aber das war seine Art, sich verächtlich zu geben.»

Das heutige Joyce-Museum im Martelloturm enthält Memorabilia, Erstdrucke sowie Bilder und Fotografien seiner früheren Bewohner, einschließlich einer Seite des Originalmanuskripts von *Finnegan's Wake*. Von diesem Turm aus beginnt auch der 24-stündige Irrweg der Romanfigur Leopold Bloom, dessen vielfältige «Abenteuer» gesamthaft mehr moralische und akademische Kontroversen ausgelöst haben als das Gesamtwerk Shakespeares. War der Roman *Ulysses* bis in die Sechzigerjahre in Irland nur unter dem Ladentisch erhältlich, so wird er heute als sprachliches Meisterwerk herausgestellt und bis ins letzte Detail literarisch und touristisch «ausgewertet».

Die Erlebnisse von Leopold Bloom am 16. Juni 1904, dem *Bloomsday*, werden jährlich von Joyce-Bewunderern romangetreu nachvollzogen und nehmen frühmorgens an diesem Turm mit einem zelebrierten Frühstück ihren Ausgang.

Fast glaubt man dann, von der Turmspitze das verhaltene Gelächter von James Joyce zu vernehmen!

Sprache der Steine

Je steiniger eine Gegend in Irland ist, desto häufiger prägen Mauern das Landschaftsbild. Steine dienten nicht nur als Abgrenzungen, sondern sie wurden mühselig beiseite geräumt und zu Mauern gestapelt, um Platz zu schaffen für ein Feld, ein Gehege, ein Haus. Das dichteste Netzwerk von Mauern befindet sich auf den Araninseln, wo die Bauern zwischen den Steinumrandungen aus herbeigeschlepptem Sand und Seetang einen bepflanzbaren Boden bereiteten.

Typische Haustür im Viktorianischen Stil (in Limerick)

nächste Doppelseite:
• Adare Manor bei Limerick (linkes Bild)
• King John's Castle in Limerick wurde im Jahre 1212 errichtet

Die Geschicklichkeit im Mauerbau ohne Mörtel bleibt eine irische Spezialität, die sogar Fachleute in Staunen versetzt. Lose und wacklig sehen manche der Mauern aus, doch wie angewachsen stehen sie seit Jahrhunderten an ihrem Platz. Wenn sie sich hoch oben am Berghang entlangschlängeln, stammen sie aus Zeiten, in denen sie vornehmlich dazu dienten, die wertvollen Viehherden vor hungrigen Wölfen zu schützen.
Felsen und Steine gibt es genug, seitdem die Wälder dem Raubbau anheim fielen und Erosion allmählich Schicht um Schicht freilegte. Von dem einst undurchdringlichen Dschungelgebiet ist, insbesondere im westlichen Teil der Insel, ein Land der Steine geblieben. Unbeweglich stehen sie da und prägen das Landschaftsbild, vielfach von Menschenhand behauen, geformt, verziert und schließlich verwittert. Hier lässt sich heute im Geiste rekonstruieren, was sich einst abspielte, warum und wie Menschen gerade an dieser Stelle handelten und wirkten. In bearbeiteter Form geben die Steine auch Zeugnis von Traditionen verschiedener Volksstämme, die sich sonst unseren Vorstellungen entziehen würden.
Schon in vorchristlicher, noch waldreicher Zeit waren Steine Markierungs-, Bau- und Werkzeugmaterial für die insularen Ureinwohner. Dort, wo man sich Irlands geographischen Mittelpunkt vorstellen kann, liegt auf der Straße von Athlone nach Mullingar, Uisneach, ein 250 Meter hoher Hügel mit dem merkwürdig geformten Findling *Aill na Mireann*, den der Berichterstatter Giraldus Cambrensis im 12. Jahrhundert als «Nabel Irlands» bezeichnete.
Der Überlieferung nach trafen sich hier die Grenzen der vier Provinzen: Connaught (Connacht), Leinster, Munster und Ulster. Jedes Jahr fanden sich zur Feier des Beltene-Festes, des keltischen Frühlingsanfangs am 1. Mai, an diesem Ort Fürsten, Druiden, Barden und viel Volk aus dem ganzen

ANTIQUES

HOCHZEIT MIT DER ERDGÖTTIN

FREIENDER FIONN VERSCHMÄHT

ÄLTER ALS DIE PYRAMIDEN

Land zusammen. Nach dem Mythos soll hier das erste Feuer Irlands entzündet worden sein. Es gibt kaum einen geeigneteren Ort dafür, denn von diesem frei stehenden Hügel aus erblickt man mehr Grafschaften als von jedem anderen Punkt der Insel.

Einen ähnlichen Weitblick hat man vom einstigen Sitz der Könige von Meath. Die Anlagen, die aus der Prähistorie bis ins Mittelalter reichen, präsentieren sich dem heutigen Besucher als eine weite, grasbewachsene Anhöhe mit kreisförmigen Wällen und Erhebungen. Innerhalb dieser Umwallung, *Rath na Riogh* (Wall der Könige), befinden sich zwei kleinere Ovale: *Forradh* (Versammlungsstätte) und *Teach Cormac* (Haus des Cormac). Und in dessen Mitte steht ein oben abgerundeter Stein: *Lia Faile*, der Schicksals- oder genauer der Krönungsstein, der zur Weihe eines neuen Herrschers diente. Eine solche Zeremonie wurde auch als Vermählung, als heilige Hochzeit des Fürsten mit der Erdgöttin verstanden. Die Spenderin der Fruchtbarkeit, die große Göttin, geistert in mannigfacher Gestalt durch spätere Sagen, poetisch sublimiert als Deirdre oder Grainne, das Urbild Isoldes.

Ein dritter bedeutungsvoller einzelner *Steyne* stand stolze vier Meter hoch am Liffey-Fluss in Dublin, wo heute Hawkins- und Townsendstreet zusammentreffen. Das muss vor rund 1000 Jahren die Stelle gewesen sein, an der Wikinger erstmalig an Land gegangen waren, um von hier aus ihre ersten Raubzüge ins Landesinnere durchzuführen. Eine kleine Steinplatte mit zwei Wikingerkriegern, die in entgegengesetzte Richtungen blicken, erinnert heute an die schon längst verschwundene Steynesäule.

Lange schon vor den Wikingern hatten Steinformationen einer ganzen Epoche ihren Namen gegeben: Man spricht von der Megalithzeit, wenn man sich auf das Zeitalter der gigantischen Steine bezieht. Man findet sie vor allem in kreisförmigen Anordnungen riesiger Felsblöcke. Noch beeindruckender aber sind aufrechtstehende Steine, die einen gewaltigen, flachliegenden, oft über 100 Tonnen schweren Stein abstützen. Diese Dolmen, deren Name dem keltischen Wort für Tisch entspricht und Menhire, was langer Stein bedeutet, haben ähnliche Entsprechungen in der Bretagne und in Cornwall sowie auf Menorca und auf Malta. In diesen Randgebieten Europas bilden sie offensichtlich Überreste einer einst gemeinsamen Kultur von Wandervölkern.

Bis heute rätseln die Archäologen, ob es sich bei diesen 5000 bis 6000 Jahre alten Steinmonumenten um Relikte eines Totenkults, Opferstellen, Grabstätten oder vielleicht Instrumente zur Messung kosmischer Vorgänge handelt. In die Sagenwelt sind sie als «Altäre der Druiden» und als Ruhestätten eingegangen; auch als Orte des Heilens und des Gebets werden sie verehrt. Hunderte solcher Dolmen oder Portalgräber sind in verschiedenen Formen und Größen über ganz Irland verstreut.

Bei Labbacallee, in der Grafschaft Cork, liegt das größte Ganggrab Irlands in einem von Menhiren eingeschlossenen *Cairn* (Hügel aus Steinen). Der irische Name *Leaba Cailghe* bedeutet «das Bett der alten Frau». Möglicherweise geht dieser Name auf alte Sagen von einer großen Königin aus vorgeschichtlicher Zeit zurück. Als der Ort im Jahre 1934 freigelegt wurde, fand man in der innersten Kammer Knochen einer Frau und in den umgebenden Räumen Teile eines kunstvoll verzierten Steintopfes mit weiteren Menschenknochen.

Manche Ganggräber nennt der Volksmund «Diarmud und Grainnes Bett». Die Legende des gut aussehenden Diarmud und der hübschen Grainnes ähnelt der von Tristan und Isolde. Grainne ließ sich willig von Diarmud entführen, nachdem sie sich in ihn verliebt und ihren Freier Fionn verschmäht hatte. Dieser aber verfolgte die beiden Liebenden erbarmungslos durchs ganze Land, wo sie bei Nacht unter den Dolmen oder auch in Ganggräbern Zuflucht fanden. In späteren Jahrhunderten schenkte man diesen alten Begräbnis- und Kultstätten wenig Beachtung; sie dienten gelegentlich als Notunterkunft, als Abstellkammern, als Ställe für die Tiere oder auch nur als Landmarkierung. Heute gehören sie zu den viel bewunderten, geheimnisumwitterten Touristenattraktionen; ihre eigentliche, ursprüngliche Bedeutung aber haben sie niemals preisgegeben.

Dagegen gelang es in diesem Jahrhundert durch eine erstaunliche Entdeckung, an einem ähnlich Ehrfurcht einflößenden Ort mehr Klarheit zu gewinnen. Wahre Künstler müssen die Baumeister und Arithmetiker in prähistorischer Zeit gewesen sein! Mit der Formulierung «Gräber sind die Bergspitzen einer fernen, schönen Welt» scheint sich der Koran besonders auf Irland zu beziehen.

Bis zum Jahre 1962 hatte sich der höchste Punkt eines Hügels in der Gegend des Boyne Valley nicht von anderen Erhebungen in der Umgebung unterschieden. Zwar wusste man seit dem 17. Jahrhundert von einem unterirdischen Steingemach mit einer Schale menschlicher Knochen, doch nur wenige Eingeweihte hatten sich bemüht, in die gewaltige Nekropolis einzudringen. Älter als die Pyramiden, älter auch als *Stonehenge* fasziniert heute dieser ovale *Cairn* Archäologen und Schaulustige aus aller Welt.

Aus einem Gelände mit 25 anderen Gräbern aus der Bronzezeit, das heißt 3200 Jahre vor Christus, ragt Brugh na Boinne empor: ein elf Meter hoher Hügel mit einem Durchmesser von 90 Metern, der aus etwa 15 mal 22 Zentimeter großen Steinen gebaut ist. Die erstaunliche Kragkuppel wurde so perfekt errichtet, dass sie nicht nur bis zum heutigen Tag überdauerte, sondern selbst nach lang anhaltenden Regengüssen keinen Tropfen Wasser durchlässt.

Früher umgab den Grabhügel ein weiterer Kreis von 35 aufrechtstehenden, unbearbeiteten Monolithen, die vermutlich als Schutzwall gedient hatten. Der Fuß des Hügels wird von einem Ring großer flachliegender Steine begrenzt, die vielfach mit Spiralen- und Rautenornamenten versehen

Leamaneh Castle bei Kilfenora auf dem Burren

nächste Doppelseite:
• Einsames Cottage bei Doolin auf dem Burren: Die aufgeschichteten Steinmauern sind Windschutz für die Äcker und Gatter für das Vieh
• Rindvieh wie Pferde halten auf dem Burren nichts von künstlicher Besamung

übernächste Doppelseite: Poulnabrone-Dolmen auf dem Burren in der Grafschaft Clare: geheimnisumwittert und wild. Es ist ein Rätsel, wie vor 2500 Jahren der beinahe acht Quadratmeter große Steinblock auf die Trägersteine gewuchtet wurde. Die Sonne schießt ihren letzten Strahl durch einen Spalt des Hünengrabes, bevor die Nacht über der Urlandschaft des Burren hereinbricht

sind. Der eindrucksvollste ist der gewaltige Block vor dem Eingang zum Grab: verziert mit Doppel- und Dreifachspiralen und einem «magischen Auge», mit Rauten, konzentrischen Kreisen und Zickzacklinien. Auch hier ist es wieder ein gewaltiger Einzelstein, der unsere Aufmerksamkeit fesselt. Nur Mutmaßungen können helfen, diese verschlungenen Muster zu entziffern und zu ahnen, was sie für

den damaligen Steinmetz und die Betrachter seiner Zeit bedeuteten.
Die weite Verbreitung der Megalithbauten entlang der europäischen Küsten, auf Inseln des Mittelmeers und über Europa hinaus führt zu weit greifenden, aber auch unüberprüften Spekulationen über prähistorische Formen der Kommunikation. Waren es Seefahrer, Kaufleute, Abenteurer, die so weit herumkamen, oder hatten sich ähnliche Bau- und Bestattungsweisen unabhängig voneinander entwickelt?
Noch mysteriöser wird es im Innern des Hügels: Ein 20 Meter langer, niedriger Gang, links und rechts von hohen Menhiren begrenzt, führt in eine zentrale, etwa sechs Meter hohe Kammer, von der drei kleinere Nischen abgehen. Der Raum liegt zwei Meter über dem Eingangsniveau und damit auf gleicher Höhe mit einer Landmarkierung am anderen Boyne-Ufer, wo die Sonne aufgeht.
Und hier hat der irische Archäologe O'Kelly ein lang bewahrtes Geheimnis gelüftet: Am 21. Dezember, dem kürzesten Tag des Jahres, wird diese sonst ewig dunkle Kammer durch die Lichtflut der aufgehenden Sonne genau 17 Minuten lang erhellt! Seit dieser Entdeckung drängen sich an jedem 21. Dezember Neugierige im Innern der Grabstätte, um, sofern der Himmel wolkenlos ist, diesem alljährlichen Schauspiel beizuwohnen. Erstaunlicherweise besteht mit diesem derart präzisen Bauwerk eine Parallele zum ägyptischen Felsentempel von Abu Simbel, wo ebenfalls zur Wintersonnenwende die Strahlen der aufgehenden Sonne in das Heiligtum fallen.
Im Südwesten Irlands hinterließen Steinzeitmenschen sowohl runde als auch rechtwinklige Wohnstätten, deren Wände wohl aus Lehm und Zweigen gebaut und deren Dächer mit Stroh gedeckt waren. Vermutlich lebten sie vom Ackerbau, von der Jagd und vom Fischfang, schienen aber auch schon, den Knochenfunden nach, Schweine und Schafe sowie Ziegen als Haustiere zu halten. Auf dem Stadtgelände von Grange steht einer der beein-

druckendsten Steinkreise Irlands, wo weit in vorchristlicher Zeit aller Wahrscheinlichkeit nach heidnische Riten vollzogen wurden.
Ebenfalls aufrechtstehende Steine dienten seit der Eisenzeit als Träger der Oghamschrift, benannt nach Ogma, dem keltischen Gott des Schreibens. An den Kanten oder quer über sie hinweg wurden gerade oder schräge Striche in verschiedener Anzahl gemeißelt, wobei die Strichkombinationen bestimmten Buchstaben entsprachen. Insgesamt gab es 20 Schriftzeichen, die nach Einzug des Christentums von lateinischen Buchstaben abgelöst wurden. Auf dem Alphabet-Stein von Kilmalcedar auf der Dingle-Halbinsel sind Oghamstriche mit ihren lateinischen Entsprechungen angeordnet. Zwischen 250 und 300 Oghamsteine sind in Irland bis heute erhalten, die meisten befinden sich in den Grafschaften Kerry, Cork und Waterford.
Aus den reich verzierten, großen, meist aufrechtstehenden Steinen entwickelten sich im Laufe der Jahrhunderte flache Platten, auf denen christliche Motive eingeritzt wurden. In der Form eines Kreuzes stellte man sie schließlich an Stellen auf, wo sich Gläubige zum Gottesdienst versammelten. Sie gehören als Hochkreuze zu den auffallendsten und am besten erhaltenen Steindenkmälern Irlands. Diese großartigen Meisterwerke der Steinmetzkunst erreichen eine Höhe von zwischen drei und fünf Metern und haben mit ihren wunderbaren Reliefs über 1000 Jahre lang Wind und Wetter standgehalten. Erst die Autoabgase der letzten Jahrzehnte hinterlassen schwerwiegende Schäden.
Die schönsten Exemplare finden wir auf dem Gelände ehemaliger Klöster, wie zum Beispiel in Kells, Clonmacnoise, Durrow, Monasterboice und Donaghmore, und die in Stein gemeißelten Ornamente und Figuren sind ausschließlich christliche Motive. Auf der dem Osten zugewandten Seite kann man Szenen aus dem Alten Testament erkennen, während der Westseite Darstellungen aus dem Neuen Testament vorbehalten sind. Auf den beiden schmaleren Seiten erscheinen im Allgemeinen einzelne Bibelgestalten. Die Darstellung der Kreuzigung Christi in der Mitte eines großen Steinringes verbindet und stützt die beiden Kreuzarme. Alle dargestellten Themen sind inhaltlich miteinander verwandt und veranschaulichen Geschichten aus der Bibel.
Die reich verzierten Hochkreuze sollten vor allem zu größerer Frömmigkeit und zum Gebet anregen, hatten also nicht mehr mit Bestattung und Totenkult zu tun. Ihre ursprünglich bunten Farben hatten die verschlungenen Muster und geometrischen Formen besonders deutlich hervorgehoben. Linien und Schnörkel dieser Art finden ihre Entsprechung in der ornamentalen Buchmalerei. Die meisten Hochkreuze stammen aus dem 8. und 9. Jahrhundert.
In der zweiten Blütezeit, im 12. Jahrhundert, konzentrierten sich die Künstler eher auf eine einzige zentrale Christusfigur. Daraus wurden im späten Mittelalter bis in die heutige Zeit weltliche Gestalten, zu deren Gedenken oder auch Ruhm bei Lebzeiten Hochkreuze auf öffentlichen Plätzen errichtet wurden.
Lange bevor das Christentum mit auf diese Art bearbeiteten und kunstvoll geschmückten Steinkreuzen die Gläubigen beglückte und ermahnte, waren Steine jeder Größe und Form zu praktischen Zwecken zusammengesucht und aufgeschichtet worden. Im Gegensatz zu den großartigen Grabkammern sind aus dem späteren Eisenzeitalter vorwiegend Behausungen für Lebende statt für Tote erhalten geblieben. Auf Hochebenen kann man, am besten aus der Luft, die Umrisse von gewaltigen Hügelbefestigungen erkennen; massive Steinmauern, an denen außen oder innen ein Graben entlangläuft, umgeben schützend einen großen Innenraum, wie zum Beispiel in Rathgar, in der Grafschaft Wicklow, oder in Dun Alliunne, in der Grafschaft Kildare. Wie militärische Festungen nehmen sich solche Anlagen aus, von denen noch etwa 50 auf der gesamten Insel zu finden sind. Eine der größten steht bei Moghane, in der Grafschaft Clare, mit nicht weniger als drei konzentrisch angeordneten Schutzwällen und Gräben.
Ganz in der Nähe entdeckte ein Arbeiter beim Bau der Eisenbahnlinie im Jahre 1854 ein riesiges Versteck mit Goldgegenständen aus der späten Bronzezeit. Leider erreichten nur wenige Stücke aus diesem großartigen Goldfund das Nationalmuseum, denn die Besitzansprüche pflegten heftige Debatten und empfindliche Verluste auszulösen. Auf jeden Fall war dieser sensationelle Fund der größte prähistorische Goldschatz, der je in Irland entdeckt wurde.
Kein Wunder, dass uns die Wohnstätten noch heute wie militärische Festungen anmuten. Viele dieser Ringwälle bestanden aus Lehm, andere waren aus unzähligen Steinen von Hand aufgeschichtet. Eine der eindrucksvollsten Ringfestungen liegt in Staigue, in der Grafschaft Kerry. Eine runde, 5,5 Meter hohe und vier Meter dicke Mauer umschließt ein Gelände von ungefähr 28 Metern Durchmesser, auf dem vermutlich Wohnhäuser gestanden haben. Diese blieben über Jahrhunderte weiter bewohnt und wurden von einer Familie O'Davoren als juristisches Zentrum benutzt. Als sie im späten 17. Jahrhundert noch immer im Besitz der Festung war, nannte man den Ort «O'Davoranes Stadt».
In einer der Steinfestungen am Rande einer steil abfallenden Klippe in der Grafschaft Clare entdeckte man eine Silberfibel aus dem 9. Jahrhundert. «Als Triumph an Schönheit und Virtuosität» wurde bei seiner Entdeckung der berühmte Kelch von Ardagh bezeichnet, der ebenfalls in einer Ringfestung, in der Grafschaft Limerick, ans Tageslicht kam und heute um Dubliner Nationalmuseum zu bewundern ist.
Unzählige kleinere Ringforts, *Raths*, dienten den verstreut lebenden Einwohnern als Wohnstätten und verteilten sich über die gesamte Insel. Für den Eindringling galt es, zunächst einen Graben, sodann eine hohe Mauer zu überwinden, ehe man im Innern zu den Häusern aus Flechtwerk und Lehm vordringen konnte. Der umgebende

VON GEISTERVOLK BEWOHNT

KELTEN 400 V. CHR. NACH IRLAND

STATUSSYMBOL ERBEUTETE SCHÄDEL

Schutzwall aus Erde oder Stein sollte vor allem wilde Tiere und fremde Menschen abhalten. Meistens hatten diese Forts unterirdische Kammern für Vorräte, Waffen und Schätze.

Viele der über 1000 Festungsgräben, -gänge und -wälle bleiben bis heute absichtlich unberührt, denn der Legende nach werden sie nun von dem Geistervolk *Sidhe* bewohnt. Sie sind Nachfahren der *Tuatha De Danann*, des sagenumwobenen Stammes, der Irland vor der Ankunft der Kelten beherrscht hatte.

Ein Volk aus Riesen soll es ursprünglich gewesen sein, das mit abnehmender Bedeutung auch an Körpergröße verlor, bis es sich als Feenvolk (*Fairies*) unter das Erdreich zurückzog. Die Kelten nahmen die Taten der *Tuatha De Danann* in ihre Sagen auf und priesen, ja verehrten sogar das besiegte Volk. Über die Kelten selbst geben Schriften von Römern und Griechen Auskunft und später die Aufzeichnungen von Mönchen: Sie berichten von einem blonden, hünenhaften Kriegervolk, das ums Jahr 400 vor Christus auch nach Irland vordrang.

«Das gesamte Volk» schrieb der griechisch-römische Historiker und Geograph Strabo im 1. Jahrhundert nach Christus, «ist ganz verrückt darauf, Kriege zu führen, wagemutig und stolz und jederzeit bereit, sich in die Schlacht zu stürzen.» Ihre Stammesfürsten kämpften mit goldplattierten Schwertern und trugen auch in der Schlacht reichen Goldschmuck. Darüber hinaus diente den Kelten Gold als Handelsware und Münzen.

Tatsächlich berichten Überlieferungen von über 150 Clans der Kelten in Irland, die sich oft und gern untereinander befehdeten. Es ging um Vieh und Weideland, aber auch um Ruhm und Ehre, denn nichts galt als höhere Auszeichnung als der Tod auf dem Schlachtfeld! Die soziale Stellung und der Reichtum wurden schon damals an der Größe des Viehbestandes gemessen. Ein weiteres Statussymbol war die Menge erbeuteter Schädel, das heißt abgeschlagener Köpfe von Feinden. Der stolze Krieger hängte solche Trophäen über seinen Hauseingang oder stapelte sie für jeden sichtbar davor auf. Offensichtlich galt das menschliche Haupt als Quelle spiritueller Kraft, denn bei den Ausgrabungen keltischer Stätten stieß man immer wieder auf Schädel, und solche werden auch als eines der gebräuchlichsten Motive auf Schmuckstücken, Gebrauchsgegenständen und Münzen abgebildet.

Die Kunstformen der La-Tène-Periode vermengten sich in Irland mit christlichen und skandinavischen Elementen. Daraus entwickelte sich eine überaus vielfältige, stark ornamentale Darstellungskunst, bei der stilisierte Fabelwesen neben verschlungenen Liniengeflechten aus phantasievoll ineinander verwobenen Tieren und Pflanzen dominieren. Diese reichhaltige Ornamentik hat selbst Gebrauchsgegenstände und Schmuckstücke der heutigen Zeit beeinflusst.

Für menschliche Wohnstätten aber blieben Steine seither das wichtigste Baumaterial. Mönche schichteten sie später auf zu Hütten, Kirchen und Klöstern. Steinbauten waren ein Zeichen von Wohlstand auf dem Lande und in den Städten. Nur die Armen lebten in Hütten aus Lehm und Flechtwerk. Festungen und Wohntürme aus Stein lösten auch die Holzkonstruktionen ab; und gewaltige Schutzmauern umgaben Städte und Anwesen. Das Wahrzeichen Irlands bleibt der hohe, steinerne Rundturm, der noch heute längst zerstörte Klosteranlagen überragt. Wenn auch die Schlösser, Burgen, Landhäuser und Bauernhöfe weitgehend zertrümmert wurden, so erzählen doch ihre Ruinen von vergangenen Zeiten.

Irland besteht nicht nur aus Steinkultur! Sicher ist, dass auch zu Zeiten der ältesten irischen Steinsetzung eine Art Bier getrunken wurde

nächste Doppelseite: *Die Cliffs of Moher, grandiose Steilfelsen, haben eine Ausdehnung von mehr als acht Kilometern und erreichen eine Höhe von bis zu 230 Metern. Unten tost das Meer, oben wabert meist der Nebel – wahrlich eines der eindrucksvollsten Naturspektakel Irlands*

Herrenlose Herrenhäuser

Was ist übrig? Ein paar Mauerreste, von Efeu überwachsen, als ob dieses sie vertilgen wollte; ein paar abgebröckelte Stufen, durch deren Ritzen Unkraut drängt, führen in ein feuchtes Kellergewölbe, in dem rostige Geräte und bemooste Behälter vergammeln. Gelbe Sonnenstrahlen streuen flimmerndes Gold über die Pfützen, und dem Zaun entlang sprießt üppig das Gras. Ringsherum breitet sich saftgrünes Weideland aus; nordfriesische Kühe lassen sich nicht aus der Ruhe bringen, wenn ganz in der Nähe tief fliegende Jumbojets zur Landung ansetzen.
Hier stand einmal ein stattliches Landgut, ein *Georgian House*, erbaut unter der Regentschaft der George-Könige im 18. Jahrhundert. Die Familie, die darin wohnte, hatte über die gesamte Umgebung geherrscht: über ein Dorf und das umliegende Land, das groß genug war, um den heutigen Flugplatz zu beherbergen. Das Gelände und ein Adelstitel waren der Lohn für einen britischen Offizier gewesen, als er im 17. Jahrhundert geholfen hatte, rebellierende Iren zu unterwerfen.
Seine Nachkommen hatten das großzügige Landgut errichten und einen weitläufigen Park anlegen lassen. Über 200 Jahre lang hatte die Familie über dieses Gebiet und die Schar seiner Pächter und Arbeiter geherrscht und geurteilt. Der letzte Nachkomme der Adelsfamilie lebt heute als Schafzüchter in Australien. Er hat die Reste des Anwesens, das er nie gesehen hat, an einen Bauern verkauft, dessen Vorfahren einmal zu den Pächtern des *Big House* gehört hatten.
Zu Beginn des 18. Jahrhunderts hatte irisches Land in einem Zeitraum von 100 Jahren zu etwa 80 Prozent die Besitzer gewechselt. Die vielen heruntergekommenen Überreste der *Big Houses* spiegeln die wechselvolle Geschichte Irlands wider. Immer neue Eroberungswellen waren über die irische Insel geschwappt, denn niemals vermochten die Einheimischen den Eindringlingen eine einheitlich gelenkte, militärische Verteidigung entgegenzusetzen. Doch hatten sie eine viel subtilere und wirkungsvollere Methode entwickelt, mit den unwillkommenen Angreifern fertig zu werden.
Im Laufe der Jahrhunderte nämlich «absorbierten» die Iren diejenigen, die sich für immer auf ihrem Boden niedergelassen hatten. Aus feindseligen Festungen wurden offene Burgen, man verhandelte untereinander und begann allmählich, nicht nur Erfahrungen auszutauschen, sondern auch sich durch Heirat zu vermischen. Die Fremden verließen nach und nach ihre militärischen Festungen, übernahmen irische Sitten und lernten Gälisch. Sowohl die einst gefürchteten Wikinger als auch die über England eingedrungenen Normannen, die im Grunde ebenfalls Wikinger *a la française* waren, hatten im Laufe der Zeit mit den Iren mehr gemeinsam als mit ihren Ursprungsländern.
Dort herrschte im 12. Jahrhundert Heinrich II. (1154-1189). Sein Machtbereich erstreckte sich damals von den Pyrenäen bis an die Grenze Schottlands. Als er vom irischen Kleinkönig Dermont MacMurrough wegen einer Stammesfehde um militärische Unterstützung angegangen wurde, schickte er Richard de Clare, den späteren Earl of Pembroke, mit einem Heer aus Normannen, Flamen und Walisern nach Irland.
Mit ihren neuen Waffen, den «starken Bogen», woraus sich der Name *Strongbow* ableitet, besiegten sie MacMurroughs Feinde, kehrten dann aber nicht nach England zurück, sondern nahmen als Sold irisches Land in Empfang. Darüber hinaus gab MacMurrough seinem Retter Strongbow seine Tochter Eva zur Frau. Diese folgenschwere Szene hat der Maler Daniel MacLise als eine wenig glückliche Begebenheit auf einem gigantischen Gemälde festgehalten, das in seiner zeitgetreuen Darstellung in der National Gallery in Dublin zu bewundern ist.
Es war für Irland deshalb kein freudiges Ereignis, weil durch diese Heirat das Erbrecht irischen Bodens erstmals an einen «Ausländer» überging. Dem englischen König Heinrich II. missfiel diese freundschaftliche Entwicklung. Nicht etwa zur Unterstützung seines militärisch wie politisch überaus erfolgreichen Heerführers Strongbow, sondern aus Sorge, dieser könnte zu mächtig und selbständig werden, landete der König deshalb persönlich mit einem starken Heer in Irland. Er bestätige Strongbow zwar sein neues, durch Heirat erworbenes Königreich Leinster, doch verpflichtete er ihn, weiterhin Lehnsmann der englischen Krone zu bleiben. Zu einer weiteren Verbündeten machte sich der englische König die «neue» katholische Kirche in Irland, die bestrebt war, sich mehr nach Rom als nach den keltisch-katholischen Bräuchen der lockeren Klostergemeinden zu orientieren. Der englische Papst in Rom, Adrian IV., begrüßte Heinrichs Durchgreifen in Irland so sehr, dass er in einem offiziellen Dokument, der *Konstantinischen Schenkung*, deren Text ironischerweise mit dem Wort «Laudabiliter» beginnt, dem König von England die Insel Irland als Geschenk vermachte! Man gedenke, der König von England verbündete sich mit dem Papst in Rom gegen das gälische Irland!
Heinrich II. unterstellte die irischen Kleinkönige und die Machtbereiche der Städte direkt seiner Person und nannte Gesamtirland eine «Lordschaft», welche ein zusätzliches Teilgebiet seines umfangreichen Machtbereichs bildete. Irland war weiterhin in viele Kleinkönigtümer aufgesplittert und keineswegs ein einheitlicher Staat. Nach dem Tode Heinrichs II. bildeten sich drei unterschiedlich geprägte Machtblöcke heraus:

1. Die alten Clans, die sich inzwischen ebenfalls solide Festungen erbaut hatten
2. Die blühenden, meist von Wikingern gegründeten Handelsstädte
3. Die mächtigen Normannenfürsten, die sich im Gefolge Strongbows für immer in Irland niedergelassen hatten

Ebenso war das Land sprachlich zersplittert: Das Gälische war die Umgangssprache der alteingesessenen Clans und ihrer Volksstämme; in den Städten dagegen war

Englisch die Handelssprache, während die Normannenfürsten weitgehend an ihrer französischen Sprache festhielten. Letztere weiteten ihren Machtbereich erfolgreich aus. Sie bauten groß angelegte Burgen aus Stein und begannen, nicht nur im, sondern auch vom Land zu leben. Sie konnten unumschränkt schalten und walten, da es nach wie vor keine zentrale Macht in Irland gab. Barone aus England, die vom «freien» Leben in Irland gehört hatten, rückten nach, und bald waren zwei Drittel der irischen Insel von normannischen Eroberern vereinnahmt. Die vielen quadratischen Turmburgen im ganzen Land und die meisten Städtegründungen sind standhafte Zeugnisse aus dieser Zeit.

Die einzelnen Hafenstädte entwickelten allmählich besondere Handelsbeziehungen zu Städten im Ausland: Cork trieb Handel vor allem mit Flandern, Westfrankreich und Spanien; Youghal mit Lucca und Florenz in Italien wie auch mit der Normandie und Portugal; Waterford mit seinem großen Hafen unterhielt Handelsbeziehungen zu Frankreich, Portugal und Spanien; und Limerick konzentrierte sich auf die Häfen Bordeaux und Bayonne an der französischen Atlantikküste. Wein war das wichtigste Importgut, gefolgt von Gewürzen, Korn, Tuch, Salz, Kohle, Seide, Öl und Rosinen. Die Iren exportierten Häute, Wolle, Getreide, Fisch und Holz und später im Mittelalter Leinen und Serge.

Im Gegensatz zu späteren «Einwanderern» integrierten sich die zugewanderten Normannen in ihre neue Heimat. Sie pflegten den Kontakt mit der für sie arbeitenden Bevölkerung, vor allem mit den alteingesessenen Clanfamilien, mit denen sie sich im Laufe der Jahrhunderte vermischten. Mit der zunehmenden Macht des Adels schwand der Einfluss der englischen Krone. Auch die 1366 erlassenen strengen Bestimmungen gegen jegliche Fraternisierung mit den Einheimischen, die berüchtigten Statuten von Kilkenny, konnten gegen eine Verschmelzung der verschiedenen Bevölkerungsgruppen nichts ausrichten. Die Normannen, so sagt man, waren inzwischen irischer geworden als die Iren selbst.

Doch mit der Thronbesteigung Heinrich VIII. (1509-1547) änderte sich diese Laissez-faire-Politik Englands gegenüber Irland erheblich. Zwar gewahrte ihnen der König offiziell den rechtlichen Besitzanspruch auf ihre Ländereien, verlangte aber dafür die vollkommene Anerkennung seiner Autorität. Als Belohnung erhob er einige der neuen Besitzer in den Adelsstand. So wurde zum Beispiel aus O'Brien der Earl of Thormond, aus O'Neill der Earl of Tyrone, aus Burke in Galway der Earl of Clanrickard.

Darüber hinaus versuchte Heinrich VIII. die neu durchgesetzte Reformation auch in Irland einzuführen. Bisherige Klöster wurden aufgelöst, sofern sie nicht der reformierten Kirche angehörten, und aus dem konfiszierten Kirchengut machte er Landschenkungen an zukünftige Anhänger, die dem Diktat aus Rom ohnehin mit großer Skepsis gegenübergestanden hatten. Auf diese Weise fand Heinrich unter dem neu geschaffenen Adel Unterstützung. Im Jahre 1541 erklärte er sich kurzerhand zum «König von Irland, das für immer vereint und verschmolzen ist mit der Krone von England». Erstmalig hatte Irland somit ein einziges, wenn auch selbst ernanntes Staatsoberhaupt.

Trotzdem scheiterte die Anglisierung Irlands letztlich an den tief verwurzelten Traditionen und Denkweisen des irischen Volkes. Denn als Heinrich VIII. versuchte, das in England übliche Erbrecht von Titeln und Anwesen einzuführen, stieß er zwar auf die Zustimmung der Betroffenen, doch konnten diese sich nicht gegen ihre eigenen Clans durchsetzen, die ihre persönlichen Chancen schwinden sahen und auf Wahlen statt Erbrecht bestanden.

Ein weiterer grundlegender Widerstand gegen Heinrichs Anordnungen zeigte sich in der eindeutigen Ablehnung der neuen Kirchenrituale. Weder Rom noch die Reformation durften an den althergebrachten irischen Religionsbräuchen etwas verändern. Die Iren wollten weder auf bestimmte magische Rituale in der Liturgie noch auf die Heiligenverehrung verzichten und lehnten daher mit Nachdruck die Einführung des von England vorgeschriebenen *Book of Common Prayer* ab.

Als nicht nur das einfache Volk, sondern auch der Primas der irischen Kirche, der Erzbischof von Armagh, erklärte, «er wollte niemals mehr dort Bischof sein, wo man die heilige Messe zerstörte», da sah der damalige Papst in Rom eine Chance, auf irischem Boden gegen Heinrich VIII. vorgehen zu können. Hier setzte die große und entscheidende Wende ein: Von Stund an unterstützte der Papst die katholischen Iren gegen den reformierten englischen König.

Beide Seiten glaubten, ein Recht zu haben, ihre Ansprüche in Irland durchzusetzen. Englisch orientierte Protestanten standen von nun ab traditionsbewussten irischen Katholiken gegenüber; die folgenschweren Auseinandersetzungen zwischen Reformation und Gegenreformation hatten somit auch in Irland Einzug gehalten. Im Laufe der Jahrhunderte eskalierte die Kontroverse durch ideologisch und emotional aufgeladene Argumente bis zu blindem Hass, der unterschwellig bis zum heutigen Tag weiterbrodelt.

Von nun an wehrten sich die katholischen Iren mit allen Mitteln gegen die protestantischen Engländern, die wiederum eine politische Allianz Irlands mit anderen katholischen Ländern Europas befürchteten. Heinrichs Tochter und Nachfolgerin Elisabeth I. (1558-1603) führte erbitterte Kriege in Irland, da sie nicht nur die Reformation stabilisieren, sondern auch Irland als mögliches Einfallsland für das katholische Spanien absichern wollte.

Statt mit Militär rückte sie mit einem breit angelegten Besiedlungsplan in Irland vor. Dabei wurden alle nicht königstreuen und den Protestantismus abweisenden Landbesitzer von ihren Gütern vertrieben. Ihre Grundstücke gingen an Bauern, Handwerker und Abenteurer aus England über. Auf diese Weise hoffte man, die Bevölkerung von Grund auf zu anglisieren.

Bild nächste Doppelseite: *Hafen von Kinvarra: Von hier aus besteht ein Fährverkehr zu den Araninseln*

übernächste Doppelseite: *Dunguaire Castle bei Kinvarra: Diese Burg an der Südküste der Galway Bay war jahrhundertelang ein Schauplatz kriegerischer Auseinandersetzungen*

NACHT DER ANGST

UNBEQUEME IREN NACH WESTINDIEN DEPORTIERT

Besonders heftig setzten sich die mächtigen Grafen von Tyrone im Norden Irlands zur Wehr. Im Jahre 1601 wurden sie jedoch in der Entscheidungsschlacht bei Kinsale besiegt und von ihren Besitzungen vertrieben. Als «Flucht der Grafen» (1607) ging der darauf folgende, verhängnisvolle Exodus in die Geschichte ein.

Sechs der neun Grafschaften von Ulster wurden von den Siegern konfisziert und systematisch an englische und schottische Siedler vergeben. Die protestantischen Neuankömmlinge waren von einem calvinistischen Arbeitsethos durchdrungen und machten sich mit Disziplin und Eifer an eine gründliche «Landbereinigung». Mit ihrer Ankunft war ein anderer Menschenschlag nach Irland gekommen, der sich streng getrennt hielt von der ursprünglichen Bevölkerung.

Diese indessen unternahmen zahlreiche Versuche, ihre beschlagnahmten Güter und Ländereien zurückzugewinnen, und da ihre einstigen Anführer geflohen und sie militärisch weder ausgebildet noch ausgerüstet waren, verlegten sie sich auf listenreiche Überfälle und Angriffe aus dem Hinterhalt. Im Jahre 1641 schlugen sie offen zu. Zuerst in Ulster, wo sie wutentbrannt sämtliche neuen Siedler niedermetzelten und dann die gesamte Provinz einnahmen. Als «The Night of Fear», die Nacht der Angst, sind diese blutrünstigen Ereignisse in Erinnerung geblieben. Fast ganz Irland war innerhalb eines Jahres wieder in katholischer Hand.

Die englische Regierung reagierte mit einem «Abenteurergesetz», das jedem Engländer Ländereien und Titel in Irland versprach, wenn er finanziell und vor allem militärisch half, die irische Rebellion niederzuschlagen. Mit der Machtübernahme der Puritaners Cromwell in England war Irlands Schicksal besiegelt. Innerhalb weniger Monate schlug er mit seinem Heer, den gefürchteten *Ironsides*, den irischen Aufstand im ganzen Land nieder, und zwar so gründlich, dass die Erinnerung an die Grausamkeit seiner Feldzüge und an die bodenlose Rücksichtslosigkeit, mit der er die Besiedlung Irlands nach dem Krieg durchführen ließ, alle Jahrhunderte überdauert hat.

Bis zum Jahre 1652 war ein Drittel der Katholiken von ihrem Grundbesitz vertrieben oder umgebracht worden. Man schickte sie in die ärmlichste Provinz im äußersten Westen Irlands. «To hell or to Connacht!» («Zur Hölle oder nach Connacht»), hallte der Schlachtruf.

Wieder emigrierten unzählige Grundbesitzer mit ihren Familien und mit ihnen etwa 30000 Krieger, um in fremden Armeen auf dem Festland Dienst zu tun. Und wieder zogen neue Gutsbesitzer in die Herrschaftshäuser ein. Dieses Mal waren es ausschließlich protestantische Anhänger Cromwells und Offiziere seiner Armee. Durch die Vertreibung der alten Gutsbesitzer war die soziale Führungsschicht und mit ihr der katholische Glaube in die Verbannung gegangen.

Von nun ab war die Mehrzahl der Landgüter im Besitz von englischen Protestanten, die weder dort aufgewachsen waren noch die Sprache beherrschten, die ringsum von den Bauern und Tagelöhnern gesprochen wurde. Dazu bemerkt der Historiker Breffini: «Irland bot sich Cromwell als Mittel an, seine Schulden zu tilgen, vor allem den Sold für seine Armee und die Anleihen bei Abenteurern zur Finanzierung des Feldzugs.

Unerwünschte oder unbequeme Iren wurden nach Westindien deportiert oder in unfruchtbare Gebiete am Westufer des Shannon umgesiedelt. Man schätzt, dass sich 8000 Cromwell'sche Soldaten in Irland niederließen und damit die Grundbesitzverhältnisse im Land drastisch veränderten. Das Verhältnis von protestantischem Gutsherrn und katholischem Pächter oder Landarbeiter wurde damit zum beherrschenden sozialen Muster. Zu Beginn des 17. Jahrhunderts waren nur etwa zehn Prozent des Landes in der Hand der protestantischen Siedler; am Ende des Jahrhunderts waren es 86 Prozent. Eine massive Neuverteilung des Bodens war erreicht worden.

Nach der Verordnung der Strafgesetze vertiefte sich die Kluft sogar noch weiter. Aufgrund der Beschränkungen des Landbesitzes von Katholiken erreichte der Anteil in protestantischer Hand im dritten Viertel des 18. Jahrhunderts die schwindelnde Höhe von 95 Prozent, als die Protestanten nur etwa 20 Prozent oder weniger der Gesamtbevölkerung des Landes bildeten. Einige wenige Männer sprachen sich gegen diese Ungerechtigkeit aus, aber die meisten Gutsherren waren mit ihrem Platz an der Sonne durchaus zufrieden.»

Noch einmal flackerte die Hoffnung der Katholiken auf, zu ihren Landgütern zurückkehren zu können, als ein katholischer Monarch, Jakob II., den englischen Thron bestieg. Doch ehe noch sein Gesetz zur Entmachtung der englischen Siedler in Kraft treten konnte, wurde Jakob in der Schlacht am Boyne von Wilhelm von Oranien geschlagen. Dieser war von den herrschenden Kreisen in England zu Hilfe gerufen worden, um sich des katholischen Königs zu entledigen. Nach der großen Entscheidungsschlacht im Jahre 1690 und dem anschließenden Sieg im ganzen Land über die katholische Bevölkerung, sank ihr Anteil am Landbesitz auf 15 Prozent. Den Tag der Schlacht am Boyne nannten die Protestanten *Orange Day*. Er wird noch heute alljährlich in Nordirland mit Pomp und Märschen zum großen Missfallen der katholischen Bevölkerung gefeiert. Inzwischen hatten sich die Machtverhältnisse in Europa so verändert, dass sowohl der spanische König als auch der heilige römische Kaiser Verbündete des protestantischen Wilhelm von Oranien waren, vereint im Kampf gegen den übermächtigen Ludwig XIV. von Frankreich.

Selbst in sämtlichen Kathedralen Österreichs wurde das *Te Deum* aus Dank über den protestantischen Sieg in Irland gesungen. Für Irland jedoch führte diese Entscheidungsschlacht wieder zu einer Auswanderungswelle vertriebener Katholiken: Als die «Flucht der Wildgänse» ist dieser zweite große Exodus zum Festland in der Geschichtsschreibung festgehalten.

Nach dem Muster der Gesetze gegen die Hugenotten in Frankreich verfassten nun die Protestanten in Irland im Jahre 1695 die *Penal Laws* (Strafgesetze), die die übrig gebliebenen Katholiken weitgehend von Ämtern und dem öffentlichen Leben ausschlossen. Katholiken hatten fortan kein Recht, Land zu erwerben oder zu pachten, ferner wurden der katholische Gottesdienst und der Gebrauch der gälischen Sprache in der Öffentlichkeit verboten. Dazu bemerkt der Historiker Beckett: «Irland war nicht nur für die englische Krone, sondern auch für die Engländer zurückerobert worden, die zum größten Teil von den Siedlern der Tudor- und Stuartzeit abstammten. Diese elitäre Klasse war ihrem Ursprung und ihrer Zweckbestimmung nach eine Art koloniale Schutztruppe.»

Sie hielt sich für die rechtmäßige Nation Irlands und begann, mit viel Aufwand das zerstörte Land nach englischem Vorbild wieder aufzubauen. Man nannte sie die *Ascendancy* (Emporkömmlinge), und sie prägten im 18. Jahrhundert weitgehend das Gesamtbild Irlands und hinterließen mit ihrer Architektur, Kunst, Kultur und Sprache nachhaltige Spuren.

Immer wieder änderten sich die Besitzverhältnisse, denn viele der unter Cromwell eingewanderten Siedler zogen es vor, wieder nach England zurückzukehren. Sie verkauften ihr Land und Gut und vergrößerten somit erheblich die Besitzungen der Zurückbleibenden. Andererseits war es einigen der vertriebenen katholischen Landbesitzer möglich, durch Übertritt zum Protestantismus auf ihre eigenen Ländereien zurückzukehren. Von nun ab spielten die Landgüter Irlands eine entscheidende Rolle. Ihre wichtigste Aufgabe sollte darin bestehen, die Vormachtstellung Englands in Irland zu sichern. Der Landlord eines Big House wurde als allmächtiges Oberhaupt respektiert, seine Macht war unumstritten.

Die Bauern und Landarbeiter waren durch ihre wirtschaftliche Abhängigkeit der Willkür ihres Landlords, besonders aber seiner Unterhändler ausgesetzt. Fast die gesamte Arbeitswelt auf dem Lande war von den Richtlinien aus dem Big House abhängig. Die Einsatzbereitschaft und Fähigkeit seines jeweiligen Besitzers bestimmte weitgehend das Wohlergehen zahlreicher Familien.

Manche Landgüter betrieben Korn- oder Holzmühlen; Getreide- und Rübenfelder mussten bestellt werden, die Heuernte und das Torfstechen erforderte viele Arbeitskräfte. Reparaturen im Haus und den Nebengebäuden, Straßenbau und Gemüseanlagen beschäftigten hunderte. Es galt, die Pferde zu versorgen, abgesehen von dem Heer des Hauspersonals. Denn allein die vielen Kaminfeuer in einem großen Gutshaus mussten von sechs bis zehn einzig dafür eingesetzten Bediensteten versorgt werden.

In der zweiten Hälfte des 18. Jahrhunderts begannen die Gutsherren, Häuser für ihre Angestellten und Handwerker am Rande ihrer Besitzungen zu errichten. Dazu gehörten auch Kirchen und Schulen, einige Läden und eine Grünfläche als Mittelpunkt. Dort hielt man Märkte ab, Händler zogen vorbei, man machte Geschäfte.

Mit zunehmendem Wohlstand wuchs der Wettbewerb der Landbesitzer untereinander um das «schönste» Haus, wobei die jeweilige Lage und der persönliche Geschmack des Eigentümers den Um- oder gar Neubau beeinflussten. Zunächst orientierte sich die Architektur an englischen Vorbildern; doch gegen Ende des 18. Jahrhunderts taten sich individuelle Architekten hervor: unter ihnen James Gandon, Francis und Richard Johnson und Richard Morrison. Nicht alle ihre architektonischen Meisterwerke blieben erhalten, doch einige gehören heute zu den beliebtesten Touristenattraktionen.

Einige Mitglieder prominenter Familien missbrauchten ihre privilegierte Stellung und schafften es, kaum zu beneidende Rekorde in Zügellosigkeit und ausschweifendem Lebensstil aufzustellen. Inzucht muß zu der zunehmenden Exzentrizität beigetragen haben. Es war offensichtlich

FAMILIENGESCHICHTE ALS ABSURDER ROMAN

schwierig, standesgemäße Partner zu finden, und so wurden viele Heiraten innerhalb eines ausgedehnten Verwandtschaftsnetzes arrangiert.

Die Familie King, Grafen von Kingston, reiche und mächtige Gutsherrn in Mitchelstown in der Grafschaft Cork, lieferten über vier Generationen derart «erstaunliche» Verhaltensweisen, dass sich ihre Familiengeschichte wie ein absurder Roman liest. Einer von ihnen, «Big George», ließ das Haus seines Vaters abreißen und an seiner Stelle ein riesiges neugotisches Schloss mit Türmen und unechten Zinnen errichten. Die Architekten hatte er angewiesen, ihm ein größeres Haus zu bauen als irgendeines in Irland.

Schloss Mitchelstown wurde zwar nicht das größte Haus im Land, aber mit seiner langen Galerie und seinem prachtvollen Treppenhaus war es imposant genug, um «Big Georges» Hunger nach Prachtentfaltung zu stillen. Der Graf war ein verschwenderischer Gastgeber, so dass sein Heer häuslicher Bediensteter manchmal mehr als 1000 Hausgästen aufwartete.

Einer der Angestellten von Mitchelstown, ein junger Kochgehilfe namens Claridge, wurde der Gründer des berühmten Hotels

Irland ist auch verkehrsamtlich ein zweisprachiges Land

nächste Doppelseite: Das aus dem 13. Jahrhundert stammende Ashford Castle steht in Cong (Connemara)

BIG GEORGE BAUTE KIRCHEN FÜR PROTESTANTEN UND KATHOLIKEN

in London, das seinen Namen trägt. Im Jahre 1830 zitierte «Big George» alle seine Pächter herbei, aus Zorn darüber, dass sie bei einer Wahl gegen den von ihm bevorzugten Kandidaten gestimmt hatten. Anschaulich schildert Elizabeth Bowen, was dann geschah: «Big George saß auf seinem Thron am entferntesten Ende der 100 Fuß langen Schlossgalerie. Als immer mehr Pächter zur Tür hereindrängten, wurden die vorderen Reihen der Menge immer näher zu ihm hingeschoben.

Big George hörte nicht auf, die vom Pöbel gefüllte Weite der Galerie mit seinem Auge zu messen. Dieses sein Auge und sein fürchterliches, anhaltendes Schweigen stellte die Herrschaft von Jahrhunderten wieder her. Aber sie waren hier, um ihn anzuhören: Er musste sprechen. Er tat es nicht, er wählte die andere Möglichkeit und wurde verrückt. Indem er aus seinem Sitz aufsprang, warf er die Arme auseinander: <Sie sind gekommen, um mich in Stücke zu reißen, sie sind gekommen, um mich zu zerreißen, mich in Stücke zu reißen!> Achtundvierzig Stunden später war er verschieden.»

Aber «Big George» hinterließ nicht nur exzentrische Geschichten, sondern auch neue Kirchen für Protestanten wie für Katholiken und mehrere Armenhäuser in Mitchelstown, die er aus seinem Vermögen finanzierte. Er verkörperte, nach Elizabeth Bowens (1899-1973) Worten, «jene Art von Herrschaft durch die bloße Phantasie, die, im großen oder kleinen Stil, für seine Klasse die einzig mögliche geworden war.»

Eine große Welle von weiteren Verschönerungen und Umbauten der Herrenhäuser in Irland begann, als sich nach Verabschiedung der Act of Union im Jahre 1800 die Anwesenheit vieler Politiker in Dublin erübrigte und sie entweder nach London zurückkehrten oder sich ausschließlich dem Leben auf dem Lande widmeten. Nach wie vor hing ihr Einkommen von den Einnahmen ihrer Pächter und deren Unterpächter ab. Gewöhnlich mussten diese einmal pro Monat ihren Tribut entrichten, wozu manche zwei Tage lang zu Fuss unterwegs waren, um die große Entfernung zwischen ihrer Hütte und dem Big House zurückzulegen. Im Herrschaftshaus gab es im Allgemeinen ein eigens eingerichtetes Hinterzimmer zur Abgabe des Geldes.

GUTSHERREN UND PÄCHTER

Newbridge House nördlich von Dublin ist mit seiner vollständigen Einrichtung und Ausstattung aller Nebengebäude ein typisches Beispiel des Lebens in einem Big House des 18. Jahrhunderts. Zu dem oft gespannten Verhältnis zwischen einem Gutsherrn und seinen Pächtern und Arbeitern bemerkte im Jahre 1842 der Reiseschriftsteller J.G. Kohl: «Beinahe alle Maßregeln, die ein irischer Grundherr ergreift (selbst oft die guten und auf das Wohl der Tenants abzielenden), stoßen bei seinen Tenants auf Widerstand und entweder auf eine stillschweigende oder auf eine ausdrücklich verabredete Verschwörung, der Maßregel entgegenzuwirken.

So zum Beispiel wenn ein Herr ein Torfmoor fruchtbar machen will, das vielleicht den armen benachbarten Tenants ein dürftiges Feuermaterial lieferte, das sie entweder mit Recht oder Unrecht aus diesem Moore nahmen, so verschwören sie sich, da sie ein Interesse an der Erhaltung des Moores haben, gegen alle Werke, die der Herr darauf errichtet, zerstören dieselben, graben seine Anlagen wieder um, zerstreuen und verschleppen seinen Kalk und Dünger, den er zur Verbesserung des Moores anfahren ließ, und necken ihn so lange, bis ihm die Lust zur Fortsetzung seines Werks vergeht.»

Durch die großen Hungersnöte in den Vierzigerjahren des 19. Jahrhunderts blieben die Pachtgelder aus, und auch die Gutsherren mussten sich nach anderen Einnahmequellen umsehen. Oft überließen sie die Verwaltung ihrer Güter einem Pächter, der es nicht schaffte, das Geld einzutreiben und die aufwendigen Gebäude instandzuhalten. Mehr und mehr Gutsbesitzer verschwanden; die nicht vertriebenen Bauern mussten lernen, selbständig zu arbeiten und zu planen. Der Hass aber

MEHR HUNGER, NOT UND ELEND ALS IRGENDWO IN EUROPA

auf das Big House als Symbol von Unterdrückung und schonungsloser Ausbeutung war tief verwurzelt.

Bodenspekulanten kauften weite Landflächen von den Großgrundbesitzern und gaben sie an Pächter weiter, die sie ihrerseits an Unterpächter weiterreichten, welche schließlich ums reine Überleben kämpfen mussten. Noch größere Not litten die Landarbeiter, die keinen baren Lohn ausbezahlt bekamen, sondern mit Boden für ihre Arbeit entlohnt wurden, der weit über seinem tatsächlichen Wert veranschlagt war. Auf diesen Stückchen Land legten die Armen ein Kohlbeet an, setzten Kartoffeln, hielten vielleicht ein Schwein, bauten eine fensterlose Lehmhütte. Die Baukosten für ein Häuschen aus Stein mit einem Schieferdach betrugen vier Jahreslöhne.

Noch im Jahre 1837 berichtete der weit gereiste Schulmeister Patrick McKye, dass die 4000 Einwohner seiner Gemeinde in Donegal, allesamt Katholiken, mehr Hunger, Not und Elend litten als alle anderen Menschen, die er irgendwo auf seinen Reisen in Europa gesehen hatte. Man kann kaum fassen, dass es in der ganzen Gemeinde nur einen Karren und einen Pflug gab und darüber hinaus kein einziges Gefährt. An landwirtschaftlichem Gerät teilten sich diese armseligen 4000 Menschen 16 Eggen, 20 Schaufeln und 32 Rechen. Nicht eine einzige Person besaß einen Strohhut oder ein paar Stiefel oder gar einen Luxusgegenstand wie eine Uhr, und es gab insgesamt nur acht Kerzenhalter, zwei Federbetten, acht Spreubetten und 93 Stühle in den 700 Behausungen. Ganze Familien schliefen zusammen nackt aneinander gekauert, die meisten von ihnen auf Lagerstätten aus Stroh oder Binsen. Kaum eines der Häuser hatte verglaste Fenster, die Mehrheit bestand nur aus einem Raum, nur sechs von ihnen besaßen einen abgetrennten Kuhstall, und viele hatten den Misthaufen im Haus.

Während auf politischem Weg Bestrebungen zur Landreform in Gang gebracht wurden und die Bauern Hoffnungen auf Eigenbesitz hegten, «gerieten» die großen, verhassten Prachtbauten wiederholt in Brand. Schon im 17. Jahrhundert ließ die gärende Wut die Bevölkerung zu solch drastischen Mitteln greifen. Dem Dichter Edmund Spenser (1552-1599) waren 3000 Morgen Land mit dem Schloss Kilcolman, einem ehemaligen Turmhaus der Desmonds, zugewiesen worden. Er machte keinen Hehl daraus, dass er die Landschaft schätzte, aber deren Bewohner verachtete. Seine Befürwortung härtester Unterdrückungsmaßnahmen gegenüber den enteigneten und verarmten Nachbarn ließ den Hass der Bevölkerung im Laufe von 20 Jahren so unbändig werden, dass sein Schloss eines Nachts in Flammen aufging und seine Ländereien verwüstet wurden. Es wird vermutet, ist aber nicht dokumentiert, dass eines von Spensers Kindern und ein Teil des Manuskripts der Faerie Queene mit verbrannten.

LATIFUNDIEN VERPRASST

Als der Staat aufgrund neuer Landreformgesetze Anfang des 19. Jahrhunderts die umliegenden Ländereien von den Großgrundbesitzern aufkaufte und den früheren Pächtern zu günstigen Raten zum Erwerb anbot, schrumpften die Latifundien so zusammen, dass oft nur noch das Gebäude selbst und sein Hausgarten übrig blieb. Ein letztes Mal hatte der Besitzer des Big House eine größere Summe Geld in der Hand, das er oft unbedacht und wie in alten Zeiten für seinen aufwendigen Lebensstil verprasste.

Doch dann gab es keine Pächter und Unterpächter mehr, weitere Einnahmen blieben aus. Die Nachkommen erbten zwar das Haus, aber weder Land noch Geld, um es zu erhalten. So verfielen immer mehr Big Houses, während andere preiswert an Schulen, Klöster oder Hotels verkauft wurden. Manche gingen in Staatsbesitz über oder schlossen sich der Gasthauskette «Hidden Ireland» (Verborgenes Irland) an, die dem zahlenden Gast aristokratische Unterkunft mit modernem Komfort und üppige Kost bietet. Eine weitere Gruppe der Großgrundbesitzer hat auf eigene Initiative ihren Gesamtbesitz der Öffentlich-

PRACHTBAUTEN AUF INTERNATIONALEM MAKLERMARKT

keit zu Besichtigungen geöffnet. Sie können mit den Eintrittsgeldern vielleicht noch Versicherung und Unterhalt bestreiten, ganz gewiss aber nicht mehr die nächste fällige gigantische Erbschaftssteuer. Das mag erklären, warum so viele der einstigen Prachtbauten auf den internationalen Maklermarkt kommen und zusehends von einer neuen Welle wiederum «fremder Gutsherren» aus aller Welt aufgekauft werden. In gleichem Maße wie die grossen Häuser an Bedeutung verloren,

LOTTERLEBEN IN LITERATUR FESTGEHALTEN

erlebten ihre Bewohner und deren Lebensweise eine erstaunliche Renaissance. Die Gutsbesitzer, ihre Familien, ihre Intrigen und Gesellschaften, ihr Lotterleben oder ihr Bemühen um wirtschaftliche Erfolge, ihre Launen und Liebschaften sind ausführlich und unterhaltsam in der modernen irischen Literatur festgehalten und werden aus allen erdenklichen Perspektiven beleuchtet: kritisch und selbstgefällig, pastoral oder satirisch, aus eigener Erfahrung oder kühler Distanz.

1841: 500 000 LEHMHÜTTEN OHNE FENSTER

Im Jahre 1841 zählte eine Statistik in ganz Irland 40 000 Häuser mit mehr als neun Zimmern, einschließlich der Stadthäuser. Die gleiche Statistik spricht von 500 000 mud-cabins (Lehmhütten) mit einem einzigen Raum ohne Fenster! Allein diese erschreckende Diskrepanz und die vielen mündlich überlieferten Geschichten, Anekdoten und Skandale bieten ausreichend Stoff für das Fortleben des Big House und seiner Zeit, wenn auch nur in der Welt der Literatur!

Die 1965 fertig gestellte Kathedrale von Galway zählt mit ihren Ausmaßen (100 mal 47 Meter) zu den größten Kirchen der Insel

Paradiesgärten

Bild nächste Doppelseite: *An den Küsten Connemaras reihen sich Sandstrände und Buchten scheinbar endlos aneinander. Am Strand von Renvyle*

übernächste Doppelseite: *Connemara: archaische Seen- und Moorlandschaft (zwischen Galway und Clifden)*

Eine merkwürdige Steinlandschaft liegt oberhalb der Bucht von Galway auf einer Fläche von etwa 260 Quadratkilometern. Dort dringt die Vergangenheit durch jede Ritze und Spalte der terrassenförmig gelagerten Kalksteinplatten, die vor über 100 Millionen Jahren aus zermalmten Muscheln in vorhistorischen Ozeanen entstanden waren und Burren (großer Felsen) genannt werden.

Auf den ersten Blick glaubt man, dieses Gebiet sei eine leblose, langweilige Steinwüste mit wenigen Sträuchern und vereinzelten Bäumen. Doch mit den ersten Sonnenstrahlen im Frühling bricht aus Felsspalten, an geschützten Hängen und in weiten Mulden eine Blütenpracht mit besonders intensiven Farben und ungewohnten Formen hervor.

Der Kenner mitteleuropäischer und im Besonderen alpiner Arten wird zu seiner Überraschung Silberwurz, Kuckucksknabenkraut, Katzenpfötchen und sogar Frühlingsenzian finden und später im Sommer zierliche Zwergwildrosen mit ihren Früchten und roten Pflanzenstengeln. Dazwischen tummeln sich noch bunter und schillernder unzählige Schmetterlinge und seltene Insekten. Sie suchen versteckte Moose und Farne auf, leiten unseren Blick zu wilden, zarten Orchideen neben tiefblauen Veilchen, zu knallgelben Schlüsselblumen und leuchtend roten Geranien. Woher kommen diese kraftvollen Farben, woher der unerwartete Artenreichtum?

Die kleinen und größeren Sandsteinplateaus sind Folgen eiszeitlicher Gletscher, die sich einst über den weichen Kalkstein gewälzt und in tiefen Furchen seltsame Samen hinterlassen hatten. Zudem führen drei besondere Umstände zu wahrhaft idealen Bedingungen für das Überleben der Samen und Gedeihen der Pflanzen: Zunächst einmal speichert das poröse Kalkgestein die natürliche Sonnenwärme; zweitens verdichtet sich das Licht um ein Vielfaches durch die Reflektion des hellen Felsgesteins und des Wassers, und drittens macht sich die wärmende Nähe des Golfstroms bemerkbar.

Mehr als 1100 der etwa 1400 Pflanzenarten Irlands haben begeisterte Botaniker zwischen Felsspalten und auf erhöhten Grünflächen im Burrengebiet entdeckt. Es verwundert nicht, dass in einer kleinen Oase von Bäumen und Büschen ein romantisch gelegenes Farmhaus zu einem Parfumzentrum umgestaltet wurde, wo die seltenen Düfte destilliert und als Scent of the Burren in attraktiver Verpackung auf Käufer warten.

Nach starken Regengüssen bilden sich in den Mulden Turloughs; das sind kleine Seen, die nur langsam versickern und beim Austrocknen für die Weidetiere besonders frisches grünes Gras hinterlassen. Übrigens ist der Burren der einzige Ort Europas, wo man das Vieh im Winter auf die Hügel hinauf- statt hinuntertreibt, weil das Karstgestein vor allem in den oberen Regionen die Wärme speichert und das Gras den ganzen Winter über erstaunlich üppig in den geschützten Ritzen und Spalten gedeihen lässt. Bei solch günstigen klimatischen Bedingungen müssen Schafe, Rinder, Ziegen und Pferde das ganze Jahr über nicht in den Stall.

Kleine, bepflanzte Inseln eigenständiger Farmen tauchen auf im Meer der Steine. Ein Dutzend grasende Ziegen liefern täglich die Milch für eine florierende Ziegenkäsewirtschaft, deren Erfolg auf der frischen Qualität der Ware und dem geschickten Herstellungsverfahren ihrer Besitzer beruht.

Die äußerlich karge, doch innerlich so reiche und vielfältige Landschaft hat es im wahrsten Sinne des Wortes in sich, denn das gesamte Burrengebiet ist praktisch unterkellert. Höhlen und unterirdische Fluss- und Bachläufe ziehen sich wie ein Aderngeflecht durch die vielfach gefalteten Steinschichten. Erst 80 Kilometer dieser Höhlengänge sind erforscht, der unbekannte Rest hütet noch immer seine Geheimnisse.

Die naturgeschaffenen Kellergewölbe sind meist höher als breit; in einigen hat man bis zu acht Meter hohe Stalaktiten entdeckt, andere sind schwer begehbar und verbergen sich vor menschlichem Wissensdrang. Sie bieten heute idealen Unterschlupf für Wiesel, Füchse und Hasen und dienten in früheren Zeiten Bären und anderen Großtieren für den Winterschlaf und auch als Zuflucht verfolgter Menschen, denn die Temperaturen bleiben konstant bei +10 Grad.

An einem Sommertag kann man stundenlang über die sonnengewärmten Steine auf Entdeckungsreisen gehen. Neben der reichhaltigen Pflanzenwelt gibt es über 100 Denkmäler aus der Steinzeit: Dolmen und Steinkreise, gut erhaltene Ringforts sowie Kirchenruinen und verfallene Burgen. Der Duft der farbenprächtigen Blumen steigt auf über den warmen Steinen, und in der Ferne schillert das Meer. An einem Regentag dagegen, wenn die Wolken drückend tief hängen, die Sicht verwischen und das Wandern auf den glitschigen Steinen gefährlich wird, dann wirken Felsen, Ruinen und Dolmen geradezu unheimlich, fast drohend. Man wird sich der großen, geschichtsträchtigen Vergangenheit dieser Einöde bewusst, gerät ins Nachdenken, Grübeln und Phantasieren. Es verwundert nicht, dass der Schriftsteller J.R.R. Tolkien mitten im Burrengebiet die Inspiration zu seinem 1954 erschienenen (deutsch 1969) Meisterwerk *Herr der Ringe* hatte! Auch die Bewegung der «Keltischen Renaissance», die literarische Besinnung auf eine kulturreiche, irische Geschichte nahm in dieser Gegend, in Cool Park, ihren Anfang.

Zieht man eine gerade Linie vom Burrengebiet im Westen Irlands zur Ostküste bis zu Dublins Vorort Glasnevin, so gelangt man in eine zahlenmäßig weitaus umfangreichere, allerdings von Menschenhand geschaffene Pflanzenwelt, nämlich in den Botanischen Garten der irischen Hauptstadt. Hier gedeihen seit dem Eröffnungsjahr 1795 inzwischen über 20 000 Pflanzen- und Baumarten. Sie verteilen sich auf sehr unterschiedlich angelegte Blumen-, Gemüse- und Kräuterrabatten, auf angenehm klein gehaltene Rosen-, Moor- und Wassergärten, auf stolze Baumalleen, auf prächtige Gewächshäuser und die Ufer des nördlichen Tolka-Flusses.

Auf einem besonderen Gelände können zukünftige Meister der Gartenbaukunst experimentieren und forschen und über Jahre hinweg neue Ideen ausprobieren. Dieser großzügig konzipierte Garten wurde von der weitsichtigen Royal Dublin Society angelegt und ist in nunmehr 200 Jahren zu einem äußerst sehenswerten Erholungs- und Anschauungsgelände herangereift. Die Leistung vieler eminenter Gartenbaukünstler und Botaniker ist umso bewundernswerter, wenn man erfährt, wie ungeeignet die Voraussetzungen einst waren. Über das fünf Hektar große Gelände aus festem Lehmboden über Kies schrieb der erste Obergärtner J.W. Besant: «Man hätte kaum einen ärmeren oder weniger geeigneten Boden für gute Gartenergebnisse finden können».

Trotzdem lockte der Botanische Garten bald Besucher von weit her auf sein Gelände. Über 150 Arten von Heidekraut, unter Glas, konnten sie bewundern, dazu ein Feld mit Futterpflanzen, einen «Färbereigarten» mit Pflanzen zur Farbgewinnung sowie reich bestückte Kräuter- und Steingärten. Eine weitere, bleibende Attraktion wurden Wege mit bestimmten Themen: Es gibt die heute herangewachsenen Bambus-, Fluß-, Efeu-, Eichen- und Eibenwalks sowie verschlungene Anlagen mit Wein- und Kletterpflanzen.

Ein gewaltiger Sturm, Hurrikan «Charlie», hatte im Jahre 1986 reihenweise alte Baumbestände niedergerissen, doch sind längst wieder neue Baumsorten nachgewachsen. Und auch die beschädigten und baufällig gewordenen viktorianischen Gewächshäuser präsentieren sich neuerdings frisch renoviert in unvergänglicher Eleganz. Sie wurden nach den Plänen von Richard Turner, dem Erbauer der Gewächshäuser in Kew Gardens und des berühmten Palmenhauses in Belfast, Mitte des 19. Jahrhunderts errichtet.

Das Dubliner Palmenhaus gleicht in seiner Struktur einem Drachen aus Glas und Eisen. Winzig fühlt sich der Besucher zwischen gigantischen Palmen, formen- und farbenprächtigen Orchideen und großblättrigen Schlinggewächsen, die sich gegen das Glas pressen, als wollten sie es sprengen. Das Licht, der Duft, die Weite und Wärme in diesem Gewächshaus versetzen uns auch an einem grauen, trüben Regentag in eine verzauberte, exotische Welt.

Am Ausgangstor verabschieden wir uns von dem Rosenbusch, der zu Weltruhm gelangte und dessen Ableger noch immer blühen. Er heißt «Rosa chinensis» und hat mit seiner welkenden Herbstpracht den irischen Dichter Thomas Moore zu dem Text eines unvergesslichen Liedes inspiriert. Zu einer sehnsuchtsvollen, ursprünglich keltischen Volksweise fand er nachdenklich stimmende Worte über «die letzte Rose des Sommers». Er schuf ein Lied, dessen Wehmut einen nicht mehr loslässt, wenn man es einmal gehört hat. Bis heute bildet es den unbestrittenen Höhepunkt in Flotows Oper Martha.:

'T is the last rose of summer,
Left blooming alone
All her lovely companions
Are faded and gone;
No flower of her kindred,
No rosebud is nigh
To reflect back her blushes
Or give sigh for sigh.

Letzte Rose, wie magst du
So einsam hier blühn?
Deine freundlichen Schwestern
Sind längst schon, längst dahin.
Keine Blüte haucht Balsam
Mit labendem Duft.
Keine Blättchen mehr flattern
In stürmischer Luft.

Verlässt man den Botanischen Garten im Norden der Stadt und erforscht die Umgebung auf der Südseite, so gerät man mitten in den «Garten Irlands»: eine Bergkette mit Wäldern, Wiesen, Seen und Flüssen auf der einen Seite, die Irische See mit Sandstränden, Häfen und Uferpromenaden auf der anderen. Mittendrin, nur 15 Kilometer vom Stadtzentrum entfernt, erstreckt sich der «schönst gelegene Park Europas»: Powerscourt. Von dem hoch gelegenen

HUNDEFRIEDHOF MIT GRABSTEINEN

BESCHEIDENE SCHLÖSSER IN ATEMBERAUBENDER LANDSCHAFT

Schloss, das 1974 bei einem Fest durch einen Kaminbrand bis auf die Mauern abbrannte, ziehen sich terrassenförmig angelegte Rasenflächen zu einem Teich hinab, aus dem wie zum Jubel über so viel landschaftliche Schönheit eine hohe Fontäne sprudelt. Großzügig geplante Treppen mit Mosaikbodenflächen und Statuen führen zum Wasser. Um den See herum liegen japanisch und italienisch ausgestaltete Gärten. Eukalyptusbäume, Pinien und exotische Bäume beschatten einen Hundefriedhof mit Grabsteinen, und unter uralten Bäumen versteckt sich ein verträumter Märchenteich mit weißen Seerosen.

Dahinter liegt der walled garden, wie er zu jedem Landsitz gehörte: Eine hohe, feste Mauer umgibt und schützt Gemüsebeete, Obstbäume und Beerensträucher, Blumenrabatten und Gewächshäuser. Hier arbeiteten früher mindestens ein Dutzend Gärtner, welche die Selbstversorgung der vielen Familien auf dem großen Anwesen sicherstellten. Von Artischocken bis zu Kohlköpfen, von Pfirsichen bis zu Quitten gedieh an windgeschützten und sonnenbeschienenen Stellen fast alles. Jeder Gutshof, jedes Herrenhaus, jedes Schloss hatte seinen walled garden, dank dem es ausreichend mit frischem Obst und Gemüse versorgt war. Auch Milch, Butter, Käse und Fleisch stammten aus eigener Produktion. Gut geführte Anwesen bildeten regelrechte Klein-Gemeinden mit einer genau durchstrukturierten Hierarchie vom Obergärtner bis zum Laufburschen. Dazu gehörten natürlich auch ein stattlicher Viehbestand und eine Reihe Reparaturwerkstätten.

In Muckross House, in der Grafschaft Kerry, sind solche Werkräume eingerichtet wie in früheren Zeiten. Dieses Anwesen verdankt seinen Ruhm vor allem seiner Bilderbuchlage am Rande eines (ur-) waldreichen Nationalparks. Auf einem «kleinen, leichten, lustigen Gefährtchen», einem zweirädrigen, von einem Pferd gezogenen jaunting car, kann man das weite, urwüchsige, exotisch anmutende Gelände erkunden und in einem Heimatmuseum Halt machen. Dort wurde die Lebens- und Arbeitsweise verschiedener Bauernfamilien rekonstruiert, und selbst die umliegenden Felder werden nach früheren Anbaumethoden bestellt.

Während der Bauer damals sein Stückchen Land zum Lebensunterhalt beackerte, verwandelten sich Felder und Wiesen innerhalb der Mauern eines Landguts in gepflegte Parkanlagen. Doch wurden diese nicht wie im übrigen Europa von phantasiebegabten, gut bezahlten Landschaftsgestaltern geschaffen, sondern sie entstanden meist unter der persönlichen Anleitung eines ehrgeizigen Besitzers. Statt riesiger, fürstlicher Großgrundbesitze finden sich in Irland oft auch verhältnismäßig bescheidene Landgüter und Schlösser, die dafür aber in eine atemberaubend schöne Landschaft eingebettet sind!

Viele ihrer Besitzer lebten in finanziell ungesicherten Verhältnissen und hatten wenig Interesse an ihrer weiteren Umgebung. Einige wenige aber widmeten sich umso mehr der Kunst gefälliger Gartenanlagen und überraschten ihre Umwelt mit wahrhaft erstaunlichen Ergebnissen. «Mit der Natur malen» nannte Fürst von Pückler-Muskau das sorgfältige Planen und Bepflanzen eines neuen Geländes, und genau das versuchten einige der Großgrundbesitzer.

Mit Hilfe ihres Obergärtners entwarfen sie selbst die Anlagen und Rabatten. Sie folgten dabei nicht den jeweiligen europäischen Modeströmungen, sondern gestalteten die Gärten nach persönlichem Gutdünken, wodurch diese Werke von größter Originalität wurden. Man erlaubte höchstens aufgrund früherer Reiseeindrücke Einflüsse aus der französischen oder englischen Gartenbaukunst, doch vor allem passte man die Gärten der natürlichen Umgebung an. Sie entstanden grundsätzlich an geschützten Stellen: an Flussböschungen, inmitten einer Felsgruppe oder im Schatten einer Hügelkette.

Längst nicht alle der ehemaligen Parkanlagen sind heute noch in Privatbesitz, denn ihr Unterhalt ist ein teures und deshalb oft aufgegebenes Vergnügen, doch öffnen

GANZ IRLAND EIN PHANTASIEVOLLER GARTEN

SCHWERE- UND ZEITLOSIGKEIT

SIEHT SO DAS PARADIES AUS?

heute über 50 große Privatgärten Besuchern ihre schmiedeeisernen Tore. Durchstreift man auch nur einige, so kommt man ob ihrer einfallsreichen und unvermuteten Schönheit aus dem Staunen nicht heraus; denn keiner ähnelt dem anderen, jeder birgt eine ganz individuelle Pflanzenauswahl und eigenwillige Anordnung.
Im «Garden of Ireland» finden jedes Jahr im Mai und Juni grüne Festwochen statt, wobei sich Ästhetik mit Lukullischem verbindet: Im Anschluss an eine Gartenbesichtigung bieten besonders schön gelegene Restaurants ein mit Blumen zubereitetes Dinner an, jeden Abend in einer anderen Umgebung.
Eines dieser Gartenrestaurants liegt im ehemaligen Familienbesitz Mount Usher. Dort hatten einst die Müllersleute am Vartry-Fluss ein paar Kräuter und Gemüsesorten gepflanzt. Sie gediehen so gut, dass Blumensamen hinzukamen, und als auch diese prachtvoll aufblühten, kaufte die Familie ein weiteres Feld für Zier- und Nutzpflanzen, bis schließlich in späteren Generationen zwei Söhne Berufsgärtner wurden und mit ihrem dritten Bruder, einem Ingenieur, am Fluss entlang einen Park anlegten. Die weitervererbte Leidenschaft, immer wieder neue Pflanzenarten auszuprobieren, verwandelte das fruchtbare Flusstal in ein heute noch viel bestauntes Blütenmeer.
Mit entsprechender Planung könnte fast ganz Irland ein phantasievoller Garten sein, denn vielerorts wären gute Voraussetzungen gegeben: fruchtbare Erde, Wasser, Bäume, Fels- und Moorlandschaften mit einem Klima ohne Extreme und mit seltenem Frost. Der auffällige Gegensatz zwischen einer kargen Fels- oder Weidelandschaft und einer darin eingebetteten, über alle Maßen üppigen Blütenpracht übt dabei einen besonderen Reiz aus.
Bäume und Sträucher brauchen in Irland zum Wachstum ein Drittel weniger Zeit als im übrigen Europa, und im wärmeren Westen der Insel gedeihen Agaven, Pinien, Magnolienbäume und viele andere exotische Gewächse aus südlichen Ländern. Palmen gehören zum festen Bestand in Dublins Hausgärten und müssen sich im Winter gelegentlich mal ein Schneegestöber gefallen lassen.
Wenn wir aber das Glück haben, an einem Sommertag in einem der herrschaftlichen Parks zu sein, wenn eine leichte Brise die Wolken auseinander schiebt, so dass die wandernden Sonnenstrahlen die Natur in eine magisch beleuchtete Welt verwandeln, und wenn wir dann, betört vom Duft der Gewächse, dem gleichmäßigen Summen der Insekten und dem Gesang der Vögel lauschen, dann überkommt uns als Eindringling Mensch inmitten dieser üppigen Natur das gleichermaßen berückende und beruhigende Gefühl von Schwere- und Zeitlosigkeit. Unweigerlich geschieht das in den Altamount Gardens, in der Grafschaft Carlow. Nonnen lebten um 1500 in dem dickwandigen Gemäuer mit alten Schießscharten und unverwüstlichen Granitplatten. Eine prächtige Buchenallee führt von den Torpfosten aus fein gemeißeltem Granit zum Eingang des verwunschen wirkenden Hauses.
Mit Ausdauer und Weitsicht widmeten sich die jeweiligen Besitzer der Ausgestaltung einer märchenhaften Gartenanlage, von der mancher Teil in bitterer Not und Mühsal entstanden ist. Denn während der Hungerzeiten ließ man als Arbeitsbeschaffung für hungernde Tagelöhner eine riesige Grube für einen See ausheben. Heute säumen breite Grasterrassen das Wasser, seltene Büsche und Bäume haben Ehrenplätze, und geschickt verteilte Urnen und Statuen passen sich in ihre Umgebung ein. Durch den Dschungel des uralten Eichenwaldes windet sich ein Pfad zum Flusstal, wo sich in Urzeiten das Geröll aus der Eiszeit abgelagert hatte; auf über 100 handgehauenen Stufen führt der Weg hinunter zum träge dahingleitenden Slaney-Fluss.
Im Frühling verschwindet der Waldboden unter einem Teppich leuchtend blauer Glockenblumen, feinster Farne und knallgelber Osterglocken. Hin und wieder geben die Baumstämme den Blick auf umliegende Berge frei; auf einer Brücke über den See führt der Weg zurück zu einem riesigen Rotholzbaum und zur «Goldenen Eiche». Im Sommer wetteifern Rhododendronbüsche mit Azaleeninseln, dazwischen leuchten Magnolienbäume und Kamelien. Später im Jahr dominieren Rosen und Wasserlilien, danach Colchinien und wilde Alpenveilchen.
In einem Miniwald von Zwergkiefern blühen im Herbst unzählige Sorten von Heidekraut; dazwischen glucksen zwei wild bewachsene Sumpfgärten, umgeben von seltenen Exemplaren exotischer Büsche. Über allem wacht eine riesige Zypresse, auch ein Tulpenbaum fällt auf zwischen anderen seltenen Baumarten und Büschen. An einem sonnigen Tag möchte man sitzen bleiben, den Duft einatmen und träumen – und glauben, dass so das Paradies aussieht!
Da römische Lebensgewohnheiten Irland nie erreicht hatten, kannte man die in Italien üblichen Villen- oder Ziergärten nicht; viel eher ist anzunehmen, dass sich aus den reinen Nutzgärten um die Klöster herum allmählich auch Blumengärten entwickelten. Zu den Heilkräutern und Salatpflanzen in Behältern gesellten sich ein paar Blumenfarbtupfer, die sich bei mildem Klima und auf guter Erde rasch ausbreiteten. Die Gärten wurden größer, ihre Besitzer anspruchsvoller. Aus dem begrenzten Wirtschaftsgarten entwickelten sich geplante Zier-Anlagen, je nach Vorstellungen und Finanzkraft des Klosterbruders.
Im Gegensatz zur zurechtgestutzten Natur in anderen Ländern entwickelte sich in England und später auch in Irland der naturbelassene Park. Praktisch die ganze Landschaft wurde zum Garten erklärt und nicht erst künstlich angepflanzt: Hügel, Flüsse, Seen und Bäume mit ihrer Tierwelt gehörten dazu, Wege und Pavillons richteten sich in Form und Standort nach Vorbildern in der Natur. Mitte des 19. Jahrhunderts erkannte der irische Gärtner William Robinson die Möglichkeit, beide Stile zu kombinieren, und schon in jungen Jah-

ren schuf er eigenwillige, bewaldete Gartenlandschaften. In gerodete Waldschneisen pflanzte er exotische neben einheimische Pflanzen, ohne aber stark in die Wildnis einzugreifen.

Er war selbst ein Naturgenie, mit 21 Jahren schon Obergärtner und ebenso begabt wie ungeduldig. Inmitten einer natürlichen waldreichen Umgebung, die zwar von Bergen gesäumt war, doch auch weite Ausblicke frei ließ, entstand nach Robinsons Ideen sein viel bewunderter «wilder» Garten. Der Landschaftsgestalter Edward Hyams taufte diesen zu Recht «Paradies Garten» und wollte damit auch ein Zurückversetzen in den ursprünglichen Glückszustand andeuten. Viele folgten Robinsons Beispiel.

Sie brachten seltene und unbekannte Gewächse aus aller Welt nach Irland und ordneten sie auf begrenztem Raum, aber in naturgebundener Harmonie neu an. So gedeihen bis heute Gewächse aus dem Himalaja-Gebirge neben solchen aus den Anden; Blüten aus Australien oder Asien ergänzen Farben aus China oder Nordamerika. Die exotischen Pflanzen landeten nicht wie sonst bei emsigen Botanikern säuberlich angeordnet und mit Etiketten versehen in einem Gewächshaus, sondern sie gerieten in die geschickten Hände begabter Gärtner, die mit großer Weitsicht und Vorstellungskraft wahrhaftige Paradiesinseln inmitten von Wiesen, Mooren, Felsen und Waldstücken schufen.

Connemara: Fischerhafen von Leenane an einer tief in das Land hineinreichenden Meeresbucht

Wie aber können exotische Pflanzen im winterlich rauhen Irland überleben? Sie verdanken ihr Gedeihen dem verhältnismäßig milden Klima, den Mulden und Tälern und Mauern, die sie vor Wind schützen, und der Beschaffenheit der Erde, die, vorhanden oder gemischt oder auch erst herbeigeschafft, Wachstum und Bestand gewährleistet.

In der Bucht von Glengariff, einer der schönsten in ganz Irland, liegt Garinish Island. Als diese kahle Felseninsel noch Ilnacullin hieß und den größten Teil des Jahres einer Herde Ziegen überlassen war, ahnte man nicht, daß dieses Stück grasbewachsener Fels im Atlantik die meist besuchte und fotografierte Insel der Westküste werden würde! Zunächst war sie eine Art Festung, als man dort im Jahre 1815 einen der vielen Martellotürme errichtete und diesen zehn Jahre lang mit elf Soldaten besetzt hielt. Danach gehörte sie wieder den Ziegen, bis ein Mr. Annan Bryce dieses Stück Einsamkeit erwarb, um sich darauf ein stattliches Haus zu bauen.

Für den Entwurf des Gartens bestellte er den bekannten Gartenbauarchitekten Harold Peto. Nach italienischem Vorbild sollte eine Gartenlandschaft entstehen unter Einbezug der Aussicht auf die Bucht und der dahinter liegenden Berge. Die zielbewußte Zusammenarbeit der beiden Männer und der gelenkte Bienenfleiß unzähliger Helfer ließ auf diesem nur spärlich bewachsenen Felsen im Meer eine üppige Gartenlandschaft von unvergleichlicher Harmonie entstehen, eingebettet in eine wilde Naturlandschaft.

Am geradezu entgegengesetzten Teil Irlands, im Norden von Dublin, liegt die Halbinsel Howth. Hier lebten vor jeder menschlichen Besiedlung majestätische Hirsche und Elche. Heute fährt man mit Dublins einziger Schnellbahn, dem Dublin Area Rapid Transit (DART) direkt bis zum Fischerei- und Jachthafen. Von dort führt ein Wanderweg auf hohen Klippen um den größeren Teil der Halbinsel und bietet bei klarer Sicht Ausblicke auf Wales auf der einen und Dublin auf der anderen Seite. Viele Sagen ranken sich um das ehrwürdige Schloss aus dem 16. Jahrhundert, vor dem der kahle Baumstamm einer 400 Jahre alten Ulme steht: Mit ihrem letzten Ast sollte auch der Familientitel aussterben. Diese düstere Prophezeiung bewahrheitete sich, als der Baum vor einigen Jahren der Ulmenkrankheit, die in ganz Irland ausbrach, zum Opfer fiel.

Geht man etwa 500 Meter weiter, so bietet sich am windgeschützten Hang des Muck Rock in den Monaten Mai und Juni ein unvergeßlicher Anblick: Die Felswand wird von tausenden und abertausenden Blüten gewaltiger Rhododendronbüsche verdeckt. Die geschützte Lage des Felsens schafft in der Feuchtigkeit der Meeresluft Bedingungen, die Rhododendron und Azaleen nicht nur gedeihen, sondern geradezu wuchern lässt. Die nötige Erde hatte man mühselig in Säcken den steilen Hang hinaufschleppen müssen, als Lady Emily St. Lawrence um 1850 mit der Anlage begann und nicht ahnte, zu welch einem Blütenwunder sich diese Bepflanzung einer kahlen Felswand entwickeln würde! Heute lassen sich über 2000 verschiedene Rhododendronarten feststellen, die im Frühsommer mit riesigen Blüten in einer Farbskala von rot, lila, orange und weißgelb alle Sinne betören.

Man nennt sie die «hängenden Gärten von Howth», durch deren Tunnelgänge aus Zweigen wir über starkes Wurzelwerk bis hinauf zur felsigen Hügelspitze wandern können. Von dort werden wir mir einem Ausblick rings um die ganze Halbinsel und bis zu den Mourne Mountains in Nordirland belohnt. In unmittelbarer Nähe sehen wir unter uns die beiden Vogelparadiesinseln, über die die Flugzeuge nach Dublin einfliegen und uns den Gegensatz zwischen einer Naturlandschaft wie aus dem Märchen und dem Fortschritt der Technik vor Augen führen.

Englisch plus Irisch gleich Anglo-Irisch

Offiziell ist Irland ein zweisprachiges Land. Die Banknoten, die Ortstafeln und Straßenschilder, die öffentlichen Verkehrsmittel, sämtliche Formulare und Regierungsdokumente, zahlreiche Hinweise und Reklameschilder sind in zwei Sprachen beschriftet. Nach der irischen Verfassung aus dem Jahre 1922 ist die irische Sprache vor der englischen die offizielle Nationalsprache. Demnach hat jeder Bürger das Recht, seine Amtsgeschäfte auf Irisch statt Englisch abzuwickeln. Zur offensichtlichen Erleichterung der Beamten wird davon jedoch selten oder nie Gebrauch gemacht. Zwar haben fast alle Iren ihre Schulzeit hindurch als Pflichtfach Irisch gelernt und Prüfungen in dieser Sprache abgelegt, doch der Mangel an Übung und Begeisterung ließ bei den meisten die so mühsam erworbenen Kenntnisse wieder in Vergessenheit geraten.

An manchen Privatschulen können sich Schüler durch Extrabezahlung – zur Finanzierung der Lehrkraft – vom Irischunterricht «freikaufen». Mit Ausnahme einiger wirklicher Fans, die in Irischkursen und im privaten Kreis die Sprache pflegen, kann man Gälisch als wirkliche Umgangssprache höchstens noch in der Gaeltach hören. Unter diesem Namen fasst man Randgebiete vornehmlich an der Westküste Irlands zusammen, wo tatsächlich noch das irische Gälisch im Alltag gesprochen wird. Diese entlegenen Gebiete erhalten wirtschaftlich, sozial und kulturell besondere Hilfe, um den aktiven Gebrauch des Gälischen am Leben zu erhalten. Auch gibt es verschiedene Zeitung auf Irisch, eine irische Rundfunkstation und seit neuestem auch ein rein irisches Fernsehprogramm, das zur Wiederbelebung der Sprache beitragen soll.

In dem Bemühen, aus der Vielfalt der noch erhaltenen und recht unterschiedlichen Dialekte eine Standardsprache zu bilden, hat man im Laufe der Jahre die Grammatik und Orthographie wesentlich vereinheitlicht und mit einer neuen Terminologie den Zugang zur modernen Welt erleichtert. Ein erstaunlicher Aufschwung ist gegenwärtig in der Produktion moderner irischer Literatur zu vermerken, so dass sich die Sprache weitaus mehr in der geschriebenen als in der gesprochenen Form erhält. Die Schriftsteller verstehen sich «als Erben der ältesten Volksliteratur Europas», welche in ihren Anfängen über viele Jahrhunderte ausschließlich durch das gesprochene Wort weitergereicht worden war.

«Reisen wie vor fünfzig Jahren» (gesehen in Ballinrobe)

EPOS VOM RINDERRAUB EIN STÜCK WELTLITERATUR

KEINE RÖMISCHE KOLONISATION ERLEBT

MACGOISDEALBHAIGH ZU COSTELLO VEREINFACHT

Keltisch ist eine Sprache des Indogermanischen und war einst auf dem Kontinent weit verbreite; mit der Wanderung der keltischen Stämme gelangte sie im Osten bis nach Kleinasien (Galater) und im Westen bis an den Atlantik (Gallier). In sprachlichen Zeugnissen ist das Keltische mit wenigen Ausnahmen, vor allem in Gallien, nur noch auf den Britischen Inseln nachgewiesen. Die keltische Sprachengruppe wird unterteilt in vier große Abteilungen, die wiederum untergliedert sind:

1. Goidelisch mit Irisch, Schottisch-Gälisch und Manx-Gälisch, die Sprache der Bewohner der Isle of Man
2. Keltiberisch
3. Lepontisch
4. Gallo-Britannisch mit Gallisch, Walisisch, Kornisch, Kumbrisch und Bretonisch

Die allerfrühesten sprachlichen Zeugnisse des Irisch-Gälischen stammen aus dem 4. Jahrhundert. Durch Striche oder Kerben auf einem Holzstück oder Stein wurden Namen und Daten Verstorbener eingraviert. Diese Oghamschriftzeichen wurden im 5. Jahrhundert allmählich durch das lateinische Alphabet verdrängt, das mit den Missionaren der neuen Religion auf die Insel gelangt war. In den vielen Klostergemeinden, die als gut organisierte kleine Stadtstaaten außer Bauern und Kämpfern auch Künstler und Schriftgelehrte hervorbrachten, schrieben insbesondere die Mönche mit großem Eifer die mündlich überlieferten Texte auf. Dabei bereicherten sie die Legenden und Sagen mit lebhaften Naturschilderungen und oft blühender Phantasie aus dem eigenen Erfahrungsschatz.

Den besten Zugang zu Irlands vorchristlicher Zeit bietet das Epos vom Rinderraub von Cooley, das unter dem Namen Tain Bo Cuailnge als ein Stück Weltliteratur gilt. Vermutlich wurde es in der Zeit zwischen 700 und 1100 aufgeschrieben, doch ist bis heute unklar, ob es sich dabei um eine Aufzeichnung mündlicher Volkstradition oder um die Schöpfung eines Einzelnen handelt.

Für die gesellschaftlich hoch angesehene Gelehrtenschicht der damaligen Iren, wie sie durchaus nicht bei allen Kelten bezeugt ist, gibt es eindeutige Parallelen in ihrem Ursprungsland Indien; sowohl im Bereich der Sprache als auch in der Form der Epik lassen sich erstaunliche Gemeinsamkeiten feststellen. Während sich der indo-europäische Sprachbereich über fast ganz Europa ausbreitete, wurde der Mittelmeerraum von der hellenistischen Zivilisation dominiert, die erhebliche Differenzierungen im sozialen Bereich bewirkte. Irland aber war wegen seiner Randlage außerhalb der griechisch-römischen Zivilisation geblieben.

So hatten sich auf dieser Insel Gesellschaftsformen bis ins Mittelalter erhalten, die im restlichen Europa spurlos überlagert und längst verschwunden waren. Neben der Tatsache, dass Irland keine römische Kolonisation erlebte, hatte die irische Gelehrtenschicht dafür gesorgt, dass die christlich-lateinische Kultur, die anderswo viel Einheimisches zerstört oder totgeschwiegen hatte, dies in Irland nicht bewirkte. Vielmehr integrierten die Iren geschickt das neue Christentum in ihre bisherigen religiösen Bräuche; die aus diesen Gegebenheiten resultierenden Eigenarten der Geschichte Irlands im Mittelalter sind somit spezifisch irisch, nicht rein keltisch.

Die erste Blütezeit der kulturell und wirtschaftlich erfolgreichen Klosterstädte in Irland fand ein Ende durch die wiederholten Überfälle der Wikinger, bis diese auch sesshaft wurden und sich vorwiegend entlang der Küste niederließen. Die geistigen und geistlichen Zentren der Klöster verwandelten sich indessen in weniger religiös orientierte Gemeinschaften, in denen die Mönche Familien gründeten, deren Nachkommen sich wiederum mit den sesshaft werdenden Eroberern vermischten. Diese lernten allmählich die gälische Sprache, übernahmen irische Sitten und Bräuche und fühlten sich im Laufe der Zeit vollkommen in ihre Heimat integriert.

Mit dem Normannen Richard de Clare, alias Strongbow, und seinem bunt zusammengewürfelten Heer zogen flämische, bretonische und französische Dialekte ins Land. Nirgendwo zeigt sich die allmähliche Vermischung mit der irischen Bevölkerung deutlicher als in ihren Familiennamen.

Zum Beispiel stammt *Burke* von *de Burgo* oder *de Burgh*, einer Familie, die aus Tonburg in der Normandie kam. *Power* ist abgeleitet von *le Poer*, was einst le povre (altfranzösisch für der *Arme*) bedeutete, und das häufige *Fitz* wie in *Fitzsimon* heißt nichts anderes als fils (französisch für *Sohn*) und wurde von den Normannen so benutzt wie *Mac* von den Gälen. Aus der Bretagne stammt der kaum wiederzuerkennende Name *Dillon*, der schlichtweg *de Leon* (altfranzösisch für *Löwe*) bedeutet, während *Brett* von *le breton* abgeleitet ist. Die Flamen hinterließen Namen wie *Fleming* von *Flemish*, *Roche* von *de la Roche* und *Wall* von *de vale*.

Je nach politischem Standpunkt wurden diese zunächst phonetisch abgeleiteten und nur leicht veränderten Namen ins Gälische übersetzt. So nannten sich im 13. Jahrhundert die Nachkommen von Piers de Birmingham auf Irisch Mac Fheorais (Sohn von Piers), was schließlich unter englischer Herrschaft zu *Corish* vereinfacht wurde. Aus *Jocelyn* wurde auf Irisch *Goisdelbh de Angulo*, und der Sohn von Goisdelbh nannte sich dann MacGoisdealbhaigh, was die Engländer später wiederum zu *Costello* vereinfachten.

Während die Normannen wie vor ihnen die Wikinger besondere Sitten und Fähigkeiten nach Irland brachten, unterlagen ihre Sprachen letzten Endes doch dem Gälischen, das nunmehr – durch viele Ausdrücke bereichert – die vorherrschende Landessprache blieb.

Mit dem Beginn der Tudorherrschaft im 16. Jahrhundert jedoch erkannten die damaligen Machthaber den «Fehler» einer solchen mischfreudigen Eroberungspolitik und beschlossen, das Land nicht nur militärisch, sondern auch kulturell zu unterwerfen. Mit groß angelegten Besiedlungsprogrammen lockten sie ausschließlich

KARTOFFEL-MISSERNTEN BEGRUBEN GÄLISCH

HEUTE IRISCH PFLICHTFACH

SPRACHE ALTBEWÄHRTE WAFFE GEGEN EROBERER

englischsprachige Einwanderer ins Land, vertrieben die ansässigen Bewohner in den äußersten Westen Irlands und zerstörten dabei viele irische Schriften und Kulturgüter.

Als sich unter diesen radikal veränderten Lebensbedingungen um 1608 viele adlige Iren zur Auswanderung entschlossen, brachen die gesellschaftlichen Rahmenbedingungen für den Erhalt ihrer eigenen Sprache endgültig zusammen. So hielt innerhalb weniger Jahre in der Verwaltung vor Gericht, überhaupt in allen Bereichen des täglichen Lebens das Englische Einzug, und bereits um das Jahr 1800 sprachen über zwei Drittel der Bevölkerung die «neue» Sprache.

Aufgrund eines neuen Bildungsgesetzes eröffneten im Jahre 1831 viele Schulen ihre Pforten mit Englisch als vorgeschriebener Unterrichtssprache. Wer es von den Schülern dennoch wagte, in die gewohnte Muttersprache zu verfallen, wurde bestraft. Nur die ärmsten Familien, die ihre Kinder ohnehin nicht zur Schule schicken konnten, unterhielten sich fortan noch auf Gälisch. Als die meisten von ihnen während der Kartoffel-Missernten verhungerten, wurde mit ihnen auch weitgehend die gälische Sprache begraben; oder aber sie nahmen sie in Form von Liedern und Geschichten auf den Auswanderungsschiffen mit in andere Länder. Doch gelang es den Überlebenden der beschwerlichen Überfahrt nur selten, die eigene Sprache im neuen Land länger als eine Generation zu erhalten. Im Jahre 1851 beherrschten nur noch gut ein Fünftel der Iren ihre Muttersprache, 1911 waren es weniger als 17 Prozent. Der überwiegende Teil der Bevölkerung sprach aus praktischen, vor allem wirtschaftlichen Gründen Englisch.

Im Laufe des 19. Jahrhunderts erreichten Ausläufer und Ideen der romantischen Bewegung in Europa die Irische Insel. Eine Rückbesinnung auf irisches Kulturgut, auf volkstümliche Sagen, Lieder und vor allem die Sprache rief in Irland die Gaelic League (Gälische Liga) ins Leben, die auch tatkräftig dazu beitrug, das Aussterben der gälischen Sprache zu verhindern. Zuvor hatte J.K. Zeuss mit seiner Grammatica Celtica` (1853) die Grundlage für moderne keltische Studien geschaffen und den Weg geebnet für weitere große Sprachwissenschaftler wie Rudolf Thurneysen (1857-1940), Ernst Windisch und dessen berühmten Schüler Kuno Meyer (1858-1919), der wahre Pionierarbeit im Sammeln, Interpretieren und Erforschen altirischer Texte leistete.

In Zusammenarbeit mit irischen Sprachgelehrten versuchte er festzuhalten und durch inspirierenden Unterricht weiterzuvermitteln, was in der vorwiegend mündlichen Tradition überlebt hatte. Eine umfangreiche Sammlung mit Reimen, Gebeten, Erzählungen, Sprichwörtern, Zaubersprüchen und Bräuchen festigte nach und nach den lebendigen Kulturschatz. Insbesondere erlangten die Sitten und Gewohnheiten auf den Aran- und Blasket-Inseln plötzlichen Weltruhm durch die literarische Gestaltung von dort geborenen und aufgewachsenen Schriftstellern wie Thomas O'Crohan, Liam O'Flaherty und Maurice O'Sullivan.

Die Ermutigung zur Wiederbelebung der irischen Sprache war nicht nur Gelehrten und Schriftstellern überlassen, sondern kam auch von höchster Stelle: Irlands erster Präsident Douglas Hyde und der spätere Premierminister Eamon de Valera erwiesen sich als begeisterte, mitunter geradezu fanatische Förderer der irischen Sprache, was dazu führte, dass Irisch mit staatlicher Unterstützung wieder zur ersten Landessprache erklärt wurde.

Bis heute ist Irisch Pflichtfach an allen Staatsschulen und Voraussetzung für jede Beamten-, Juristen- oder Lehrerlaufbahn. Trotz oder gerade wegen einer zu großen Forcierung blieb jedoch eine wirklich erfolgreiche, vom ganzen Volk getragene und praktizierte Wiederbelebung aus. Der wirkliche Gebrauch der irischen Sprache beschränkt sich, abgesehen von Namen und zweisprachigen Dokumenten, auf bloße Andeutungen, Gesten und symbolische Äußerungen bei offiziellen Anlässen. Nur wenn sich Iren im Ausland treffen, scheinen sie wieder ihr Schulirisch auszugraben und eifrig zu benutzen, als Schutzwall gewissermaßen gegenüber dem Fremden, wie einst gegen die Überfalle von Wikingern, Normannen und Engländern.

In den offiziellen Sprachschutzgebieten der Gaeltacht wird dagegen der alltägliche Gebrauch des Gälischen immer seltener. Durch den Zuzug englischsprachiger Familien, den Schulbesuch der Kinder, die Reisemöglichkeiten und die Rückkehr lange ferngebliebener Auswanderer, vor allem aber durch die Mediensprache, verfällt man allzu leicht ins Englische. Zudem möchte man nicht unbedingt als hinterwäldlerisch oder glühend nationalistisch gelten; zwei Eigenschaften; die historisch bedingt mit der Benutzung der Sprache in enger Verbindung stehen.

Denn durch die gewaltsame Abdrängung der Irisch sprechenden Einheimischen und den Verlust ihres Besitztums war die Sprache neben der Religion immer eine altbewährte «Waffe» gegen die Eroberer gewesen. Sie entwickelte sich vom bloßen Kommunikationsmittel zum Symbol von Widerstand und Überlebenswillen auf Seiten der katholischen Bevölkerung und stärkte bedeutend das zunehmende Nationalgefühl gegen alle echten und vermeintlichen Eindringlinge.

Bis zum heutigen Tag wird die Sprache vielfach von extrem nationalistisch orientierten Gruppen als politisches Instrument und Propagandamittel missbraucht. Diese starke Färbung, der Beigeschmack von Anti-Manifestationen mag liberal gesinnte Iren und Sprachinteressierte abgehalten haben, sich mehr als nötig mit der irischen Sprache zu befassen.

Der absolute Lernzwang in Schulen, die unumstößliche Vorbedingung für die Zulassung an den nationalen Universitäten und für den Beamtenstatus führte in den Sechzigerjahren zu einer mutigen «Language Freedom Movement» (LFM), der Gesellschaft für Sprachfreiheit. Ihr Gründer, der Architekt Christopher Morris, und eine Gruppe Gleichgesinnter forderten, das

Erlernen des Irischen auf eine freiwillige Basis zu stellen und die aggressive Einstellung gälischer Interessengruppen zu mindern. Doch traten sie mit ihren Anliegen in ein Wespennest, denn kein Geringerer als der zukünftige Kardinal Tomais O'Fiach war einer der Anführer einer militanten Gegendemonstration am Gründungsabend der LFM im Hause des Dubliner Bürgermeisters. Lautstark verlangten sie Einlass, um die Gründung einer derartigen «unpatriotischen» Gesellschaft im Keim zu ersticken.
Weitaus wichtiger als die Rivalität beider Sprachen und bedeutender als die emotionale Verknüpfung mit der einen oder anderen ist die folgenreiche gegenseitige Beeinflussung auf engem Raum. Während die zahlreichen, noch existierenden gälischen Dialekte mehr und mehr vereinheitlicht werden und einem ständigen Modernisierungsprozess zur Aufnahme neuer Idiome unterliegen, hat das in Irland gesprochene Englisch eine ihm eigene Färbung angenommen. Sprachwissenschaftler nennen es Hiberno-Englisch und gehen mit dieser Bezeichnung auf den griechischen Namen Ebernia, latinisiert Hibernia zurück. Dieses Hiberno-Englisch ist eigentlich die Sprache aus der Zeit Shakespeares und blieb in den unteren Volksschichten als zur Verständigung notwendige Zweitsprache erhalten, ohne sich dabei sonderlich weiterzuentwickeln; denn die Hauptsprache war ja immer noch Irisch. Folglich wurden Strukturen und Bilder aus dem Irischen oft wörtlich übersetzt in die englische Sprache übernommen. So wie sich, allen Vorschriften und Verboten zum Trotz, Menschen unterschiedlicher Herkunft mischten, so beeinflussten sich auch die zwei nebeneinander und später miteinander existierenden Sprachen.
Die frühen Eroberer behielten ihr «altes» Englisch bei, färbten es mit irischen Ausdrücken und durchliefen nicht die sprachliche Weiterentwicklung, wie sie in England stattfand. So entstand aus der Mischung des einheimischen Irisch, dem Englisch aus dem 15. und 16. Jahrhundert sowie aus Neubildungen eine Sprache, die unverkennbar als irisches Englisch, als Hiberno-Englisch bestimmbar und in dieser Form in die Literatur eingegangen ist. Der Sprachwissenschaftler P.W. Joyce stellt die These auf, dass der einfache Mann auf der Straße in Irland ein «besseres» Englisch spreche als in anderen englischsprachigen Ländern, da seine Vorfahren es mehr auf der Schulbank statt als lebendige Sprache gelernt hätten.
Neben einer auffallend differenzierten Aussprache und Intonation, einem stark variierten Wortschatz und einer eigenwilligen Syntax fallen im Hiberno-Englisch vor allem die besondere Idiomatik und ein unerschöpflicher Bilderreichtum auf. Die meisten Idiome sind tatsächlich direkt aus dem Irischen übernommen worden. Dazu ein paar Beispiele:

«Top of the morning to you» – «Gipfel des Morgens Ihnen», was so viel wie «einen wunderschönen Guten Morgen Ihnen» bedeutet.

Ein Besucher trifft die Familie beim Abendessen an und sagt: «Much good may it do to you!» – «Möge es Euch viel Gutes

Der zentrale Platz von Westport: das «Octagon», ein achteckiger Platz

TÄTE MIR NICHT LEID, EIN GLAS WEIN ZU BEKOMMEN

tun!» (Wohl bekomm's!), was heutzutage in einer bestimmten Intonation mit einer tüchtigen Prise Ironie gewürzt ist.

«I can tell you Paddy Walsh is no chicken now» deutet an, dass er alt ist: «Ich kann dir sagen, Paddy Walsh ist jetzt auch kein Küken mehr.»

«There is many a dry eye after him» – «Es gibt manch trocknes Auge nach ihm» (so manches Auge wird trocken bleiben), ruft man aus, wenn ein Tyrann oder unangenehmer Arbeitgeber das Zeitliche gesegnet hat.

«I would not be sorry to get a glass of wine» – «Es täte mir nicht leid, ein Glas Wein zu bekommen» ist die freundliche Umschreibung, um ein Glas Wein zu erhalten und ganz typisch für die indirekte Äußerung eines sehr direkten Wunsches.

Durch die wörtliche Übersetzung aus dem Irischen tauchen Präpositionen oft an unerwarteten Stellen auf, zum Beispiel «He put lies on me» – «Er hat Lügen auf mich getan», in der Bedeutung «Er hat mich der Lüge bezichtigt»; oder «The wish is upon me» – «Der Wunsch ist auf mir», was bedeutet «Ich habe eine Bitte».

«The day is rising» – «Der Tag erhebt sich», zeigt die große Vorliebe zur Personifizierung eines abstrakten Ausdrucks und bedeutet «Es klart auf».

Wenn jemand ungewöhnlich raffiniert und gerissen ist, bricht man in die Worte aus: «The devil is a poor scholar to you!» – «Der Teufel ist ein armseliger Gelehrter neben dir!» (Verglichen mit dir ist der Teufel ein armer Stümper.)

Eine Lebensweisheit zur Selbsterhaltung enthält der folgende Ausspruch: «Be first in the wood and last in a bog» – «Sei der Erste im Wald und der Letzte im Moor.» Er stammt aus der Zeit, als es noch mehr Wälder und Moore gab und die Leute sich hintereinander ihren Weg durch das wilde Gelände bahnten. Im Wald vermied man dabei als Vordermann die Zweige der Bäume, im Moor als Hintermann die möglichen Löcher, in denen man versinken könnte!

ZU ALTEM PANTOFFEL EIN ALTER STRUMPF

Ganz gleich, wie alt ein Mann ist, er findet immer noch eine Frau, denn «There never was an old slipper but there was an old stocking to match it.» – «Zu jedem alten Pantoffel hat noch immer ein alter Strumpf gepasst.»

Wenn man sich nach überstandener Krankheit nach dem Wohlergehen eines Menschen erkundigte, so umschrieb dieser die Situation und sagte: «I'm on the baker's list again» – «Ich bin wieder auf der Liste des Bäckers», das heißt, ich habe wieder Appetit. Es gibt kein Wort für ein klares Ja oder Nein in der irischen Sprache.

Einer der vielen Trinksprüche lautet: «Here's that we may always have a clean shirt, a clean conscience and a guinea in our pocket.» – Mögen wir immer ein sauberes Hemd, ein sauberes Gewissen und eine <guinea> (Geldstück) in der Tasche haben!»

Ein alter, blinder Flötenspieler hielt sein Glas hoch und rief zum Ausdruck seines Wohlbefindens: «Here's, if this be war may we never have peace!» – «Wohlsein! Wenn dies Krieg sein soll, so lasst uns niemals Frieden haben!»

Es gibt in Irland keine Unterhaltung, in der nicht das Bildhafte, Umschreibende, Verschmitzte in Redewendungen und umständlich scheinenden Satzbauten zum Ausdruck kommt. Man geht nun mal nicht einfach zum Baum, sondern man geht «an die Stelle, wo der Baum steht». Man sagt nicht schlicht und einfach: «Das ist wahr», sondern mindestens: «Das ist wahr für Dich» oder noch lieber: «Es ist keine einzige Lüge darin». Auf eine direkte Frage gibt man alle denkbaren Variationen, aber niemals Ja oder Nein zur Antwort, denn die Iren und Irinnen haben Zeit, formulieren mit Genuss und Überlegung; nur die witzigen Einwürfe in eine Unterhaltúng oder Kommentare zu einer Rede kommen schlagfertig und hart.

ENGLÄNDER GABEN SPRACHE, IREN MACHTEN LITERATUR DARAUS

Heckling, das heißt Zwischenrufe bei einer öffentlichen Rede, möglichst um den Vortragenden aus dem Konzept zu bringen, was heute noch gern in Debattiergruppen von Studenten praktiziert wird, ist eine Kunst für sich und eine schonungslose Herausforderung für die Schlagfertigkeit des Redners; dabei kommen in öffentlichen Veranstaltungen oder privaten Auseinandersetzungen wahre Naturtalente zum Vorschein. Und selbst bei einem belanglosen Gespräch in der Kneipe oder in hitzigen Kontroversen einer Medien-Diskussion oder bei einer Auseinandersetzung im Bus kann man auf erstaunlich redegewandte Argumentierkünstler treffen. Manche von ihnen nutzen ihre Redebegabung in der Politik.

Sprachlich hat Irland die Wikinger und die Normannen absorbiert, auch wenn diese die militärischen Sieger waren. Die Engländer dagegen sicherten sich sowohl militärisch als auch sprachlich die Übermacht, aber sie konnten nicht verhindern, dass ihre Sprache von den Iren verändert, bereichert, umgeformt – kurz «hibernisiert» wurde. Der Nobelpreisträger Seamus Heaney meinte zum Umgang mit der englischen Sprache: «Make it eat stuff it had never eaten before!» («Lass sie Zeug futtern, wie sie es nie zuvor gefuttert hat»). Und Irlands ausgewandertes Sprachgenie James Joyce machte sich einen Spaß daraus, die fremde und doch vertraute Sprache vollkommen auseinander zu nehmen und wieder neu zusammenzusetzen bis er sein eigenes «Instrument» geschaffen hatte, auf und mit dem sein musikalisches Genie spielen konnte. Im Brustton der Überzeugung stellt man in Irland die vielleicht gar nicht so unwahre Behauptung auf: «Die Engländer gaben uns ihre Sprache, und wir haben Literatur daraus gemacht!»

Mit der Feder graben: die Literatur

Arthrob bedeutet «pulsierende Kunst» und rühmt sich die neueste Unterhaltungsform in Dublins Nachtclubs zu sein. Sie ist eine Kombination aus Tanz und Wortvortrag, wobei Autoren oder Rezitatoren frisch verfasste Texte sprechen. Wenn die ohrenbetäubende Musik verstummt und die Tanzenden eine Verschnaufpause einlegen, ertönen plötzlich Gedichte über die Lautsprecher und alle, oder fast alle, hören andächtig zu. Und nicht nur das, sie beginnen, über das Gehörte zu diskutieren und zu urteilen, denn der gemeinsame Hang zum Rhythmus in Musik und Dichtung wirkt animierend und steigert das Wohlbefinden.

Bei *Arthrob* sind Körper und Intellekt beteiligt, und der Wechsel zwischen gespanntem Stillsitzen beim Zuhören und entspannten Bewegungen beim Tanz bewährt sich als willkommene Abwechslung. Die vorgetragenen Texte sind zumeist auf das Publikum abgestimmt, auf Menschen, die Aufregung, Übertreibungen, Höhepunkte lieben. Damit ist ein Durchbruch gelungen durch die Mauer in sich geschlossener Welten, die sich entweder Dichterlesung oder Diskothek nennen. Die Literatur bedient sich hier der Lautsprecher-Technik und benutzt die Mikrophone und Lichteffekte, wie sie in modernen Nachtclubs üblich sind. Die Dichter ihrerseits haben ein ansprechbares Publikum und erleben unmittelbar dessen Reaktion.

Die Verbindung von Tanz und Vortrag ist so neu nicht in Irland. Auch die Barden bildeten früher einen Programmpunkt zwischen Tanz und Musik, wenn sie ihre Lie-

Westport: Einen Besuch wert ist die Mall, die Hauptstraße des Ortes, in deren Mitte ein kleiner Fluss, der Carrowbeg River, fließt

MAN KANN KEINEN STEIN WERFEN, OHNE EINEN DICHTER ZU TREFFEN

OSCAR WILDE WAR IRE

ÜBERMÄCHTIGER W.B. YEATS

der und Legenden bei Hofe vortrugen, denn von jeher bestand das Bedürfnis zum Erzählen und Tanzen; ja selbst heute ist es in den vielen Kneipen Irlands, die sich als *singing pubs* bezeichnen, durchaus üblich, zwischen Musik und Lieder gesprochene, meist auswendig gelernte Verse einzuschieben.

Der selbstverständliche Umgang mit *poetry*, das heißt mit dem Verfassen, Vortragen und Veröffentlichen von Gedichten, ist einer der auffälligsten Unterschiede zwischen der literarischen Situation in Irland und jener in anderen Ländern. Dichterlesungen gehören zum normalen Alltag. Meistens sind es Zusammenkünfte, an denen jeder der Beteiligten eigene Werke vorträgt und gespannt auf die Beurteilung durch seine «Dichterkollegen» wartet. Regelmäßig veröffentlichen und honorieren auch Tageszeitungen Gedicht-Wettbewerbe zu vorher angekündigten Themen. «Man kann keinen Stein über die Hecke werfen, ohne einen Dichter zu treffen», behauptete mit charmanter Übertreibung der Dramatiker Thomas Kilroy.

Auf jeden Fall kommt die Dichtkunst aus dem Volk, und zwar dank einer besseren Schulbildung heute in verstärktem Maße, und das Geschriebene ist für alle da. Selbst in der Vorortbahn Dublins findet man neben der Reklame alte und neue Texte in Versform. Und sollte man gerade Produziertes an moderner Dichtkunst schwarz auf weiß nach Hause tragen wollen, so braucht man nur nach einer etwas heruntergekommenen Gestalt in der Fußgängerzone Dublins Ausschau zu halten, um den «Poeten» Christopher Daybell zu treffen, der dort seine Werke gut und gern deklamiert und auf fotokopierten Blättern den Passanten anbietet.

Die Iren lesen gern und viel. Die große Zahl öffentlicher, gebührenfreier Bibliotheken in praktisch jedem Stadtteil bietet eine weit gefächerte Auswahl alter und moderner Literatur an. In zwei prachtvoll renovierten georgianischen Häusern ist Dublins Schriftstellermuseum (Writers Museum) untergebracht. Hier haben Manuskripte, Erstausgaben, Briefe, Fotos und Arbeitsutensilien von irischen Dichtern wie Jonathan Swift, Oscar Wilde, W.B. Yeats, James Joyce und anderen mehr eine dauerhafte Bleibe gefunden.

Das dekorativ ebenso eindrucksvolle Nebengebäude des Museums dient zeitgenössischen Schriftstellern als Treffpunkt, wo sie auch die Möglichkeit haben, ihre Neuerscheinungen einem geladenen Publikum vorzustellen, während für die jüngere Generation in einem eigens für Kinder eingerichteten Raum Jugendliteratur in großer Auswahl bereitsteht. Neben wechselnden Ausstellungen veranstaltet das Schriftstellermuseum auch regelmäßig Dichterlesungen, bietet Bücher zum Verkauf an und hält in einem angegliederten Restaurant sogar lukullische Stärkung bereit.

Etwas lässiger geht es zu in einem der zahlreichen Secondhand-Buchläden. Über mehrere Stockwerke sind die Bücher in «The Winding Staircase» am Liffey-Ufer verteilt; man kann sie von den Regalen nehmen und an Tischen bei einer Tasse Kaffee in Ruhe durchblättern und zwischendurch auf den trägen Fluss und das Verkehrsgetümmel hinunterblicken. Noch ehrwürdiger, älter, historischer wirkt das Antiquariat «Dear Dickensian Greene», ein Buchladen, auf dessen verstaubten Regalen Buch-Juwelen neben modernen Schulbüchern stehen und gleichermaßen Autoren wie kundige Käufer anlocken. Als Unikum befindet sich inmitten des ehrwürdigen Buchladens ein Postamt, von wo der Tourist erworbene Schätze gleich abschicken kann.

In den Schulen gehören Gedichtbände zur frühen Grundausstattung und knüpfen an all die mühelos auswendig gelernten Reime aus der Kindheit an. Früh versuchen junge Menschen selbst zu reimen, denn das Erstaunliche ist, das Abfassen wie auch die Lektüre von Gereimtem gilt in Irland der Allgemeinheit und ist nicht Privileg von intellektuellen Außenseitern. Ebenso entfällt die normalerweise gewohnte Distanz zwischen dem praktizierenden Lyriker und dem akademischen Kritiker. Im Gegenteil: Angesehene Dichter des Landes wie Brendan Kennelly, Seamus Heaney, John Montague oder Seamus Deane sind als Literaturwissenschaftler und Dozenten an Universitäten in ihrem Hauptberuf Kritiker. Oft kommen sie sogar gerade dank ihrer Lyrik zu einem akademischen Beruf.

In seiner Geschichte der anglo-irischen Literatur bemerkt dazu der Literaturwissenschaftler Heinz Kosok: «Natürlich ist die umfangreiche Lyrikproduktion, wenn man diesen Begriff im weitesten Sinn benutzt, nach Thematik, Gestaltungsmitteln und Qualität äußerst vielfältig. Das übermächtige Vorbild von W.B. Yeats überschattet mehr oder weniger alle weiteren Entwicklungen. Er hatte das mythologische Material der keltischen Vergangenheit des Landes aufbereitet und zum lebendigen Bestandteil der neueren irischen Literatur gemacht. Diese Wiederentdeckung der vor-englischen Vergangenheit hatte er anfangs mit einer stark politisch-sozialen Aktivität verbunden. Er brachte dabei aus seiner eigenen Biographie und Erlebniswelt persönliche Erfahrungen und Empfindungen ein und übertrug sie symbolisch in andere Erfahrungsbereiche, mit denen er zu universalen Aussagen gelangte. Erst dadurch war er nicht nur ein spezifisch irischer, sondern auch ein allgemein internationaler Dichter.

Eine wahre Stimmenvielfalt schloss sich dem großen Vorbild von Yeats an. Namen wie Patrick Kavanagh, Austin Clarke, Denis Devlin und andere mehr bereichern jeder auf sehr unterschiedliche und individuelle Art die irische Lyrik. Ihre Themen kreisen um Herkunft, Einengung, Kulturzwang, Religion, geistige Unfreiheit, den Alltag und um individuell geprägte Erlebnisse; entsprechend vielseitig und abwechslungsreich sind ihre Formen.»

Durch die zunehmende Öffnung der Republik Irland nach Europa wurden seit Anfang der Sechzigerjahre des 20. Jahrhunderts nicht nur wirtschaftliche Güter, sondern auch Literatur und Musik exportiert. Umgekehrt kamen neue Impulse aus

NORDIRLANDS DICHTUNG VOLLER KONFLIKTE

dem Ausland, die sich mit traditionellen Themen der landesüblichen Literatur vermischten. Mit den stärkeren Kontakten nach außen begann auch der Vergleich mit anderen Werken und eine größere Selbstkritik, eine Art Bestandesaufnahme des Bisherigen.

Eine auffallend umfangreiche Gedichtproduktion kommt aus Nordirland. Namen wie Heaney, Hewitt, Montague, Simmons, Mahon, Longley, Carson und Muldoon scheinen zu beweisen, dass Terror, Angst, Ressentiment und Gewalt unendlich viel Stoff für Gedichte liefern. Diese Dichtung selbst ist voller Konflikte und bezieht sich wiederholt auf die schwelenden Gegensätze zwischen Geschichte und Gegenwart, zwischen britischer und gälischer Kulturtradition, zwischen Einzel- und Massenmensch, Macht und Ohnmacht, Ausgeliefertsein und Manipulation, sozialem Druck und persönlicher Freiheit; in einer dissonanzreichen und betroffenen Sprache handelt sie von gegenwartsbezogenen Kontroversen.

WIEDERENTDECKUNG KELTISCHER MYTHEN

Der herausragendste Repräsentant ist Seamus Heaney, der kürzlich als Vierter in die illustre Reihe von Irlands Nobelpreisträgern getreten ist. Seine Vorgänger G.B. Shaw und Samuel Beckett hatten noch stark unter englischem beziehungsweise französischem Einfluss gestanden. Erst W.B. Yeats war diese Auszeichnung durch eine endgültige Rückbesinnung auf Irland gelungen, und zwar durch die intensive Wiederentdeckung keltischer Ursprünge und Mythen und gleichzeitigen Einbezug irischer Gegenwartspolitik.

Seamus Heaney dagegen wendet sich eher dem Individuum als der öffentlichen Politik zu, indem er versucht, menschliches Verhalten zu verstehen und zu erklären. Während er noch auf dem Bauernhof seiner Eltern in Nordirland lebte, erfuhr er täglich am eigenen Leib den Zwiespalt eines Dichters, der in einem Krisengebiet lebt – ob er nämlich den Blick aus objektiver Entfernung, sozusagen aus dem Elfenbeinturm auf aktuelles Geschehen richtet oder der Versuchung erliegt, sich durch

Westport: Straßenkreuzung an der Brücke über den Carrowbeg River

nächste Doppelseite: *Verwitterte Friedhöfe sind charakteristisch für Irland: Gräberanlage bei Gort mit dem höchsten und wohl auch besterhaltenen Rundturm der Insel*

KOLLEKTIVES GEDÄCHTNIS IM MOOR

intensives Engagement in die Politik einzuschalten. Heaney tat weder das eine noch das andere, sondern suchte zunächst geographischen Abstand, indem er mit seiner Familie nach Dublin übersiedelte, was seinem Status eines angesehenen Dichters jedoch keinen Abbruch tat.

Im Gegenteil: Seine Leserschaft war bereits vor der Verleihung des Nobelpreises unverhältnismäßig groß; schon im Jahre 1984 lag eine deutsch-englische Ausgabe seiner Gedicht vor. Sein Erfolg hängt sicher auch damit zusammen, dass er seine poetischen Ziele mit ungewöhnlicher Klarheit in zahlreichen Aufsätzen und Vorlesungen verdeutlicht hat.

Im wahrsten Sinne des Wortes hat sich Heaney in die umliegende Landschaft seines Elternhauses Mossbawn vertieft, indem er im Moor eine angemessene Metapher für «Schichten», das heißt Ge-schichte-tes und damit geschichtliches Bewusstsein erkannte und verdeutlichte. Und er «gräbt» nach immer neuen «Funden» und damit nach Erkenntnissen und Zusammenhängen.

Between my finger and my thumb
The squat pen rests.
I'll dig with it

Zwischen meinem Finger
und meinem Daumen
Ruht die flache Feder
Mit ihr werde ich graben.

Heaney entdeckt im Moor eine Art kollektives Gedächtnis, das die verschiedensten Schichten menschlicher Erinnerung bloßlegt; in aufgefundenen Hinweisen auf Riten von Opfern und Bestrafung stellt er mögliche Analogien zum gegenwärtigen Geschehen her. Damit hat er einen Ansatz gefunden, Irlands Identität näher zu rücken, sie «aufzuarbeiten». Er überträgt die bäuerliche Arbeit der Väter, das Torfstechen und Kartoffelbuddeln, einfach auf ein anderes Feld, nämlich das der Vorstellungskraft des Dichters. Aus dem Spaten des Alten wird die Feder des Jungen, der

HEANEY SCHREIBT GEDÄCHTNIS UM

das Scharren dort und das Kratzen der Feder hier vernimmt, wenn er sagt: «Mit ihr werde ich graben.» Mit seiner Art zu graben hat er seit den Sechzigerjahren einen ihm eigenen Stil bewahrt: die Bevorzugung von Assonanzen gegenüber dem Reim, eine gewisse Krassheit und Buchstäblichkeit des dichterischen Bildes. Dann wieder erscheint der federleichte Übergang vom Gegenständlichen ins Erhabene, und schließlich vernimmt man die harschen, fast knackenden Klänge, die nur ein Dichter mit eigenem Naturerlebnis hervorbringen kann. Der Dichter gräbt Erinnerungen aus und schreibt dabei das Gedächtnis um, womit eine eigenwillige Form der Verständigung über sich und seine Zeit geschaffen wird.

Neben den allgemein menschlichen stehen bei Heaney die persönlichen, konkreten Erinnerungen: zum Beispiel jene an den Tisch zu Hause, an das Blinken des Bestecks, an das «Plitsch» der Kartoffelschalen, die in den Eimer fallen. In einem dieser Gedichte spricht er von seiner Urgroßmutter, die als politische Überläuferin einen Pflasterstein an den Kopf bekam. Als Urgroßmutter eines Nobelpreisträgers könnte sie jetzt über ihr Erlebnis in der ersten Zeile lesen: «Ein Stein, den man vor hundert Jahren warf.»

Denn vor allem in den historischen Begebenheiten, in der Geschichte wurden in Irland die Weichen gestellt für die heutigen politischen und die damit eng verbundenen literarischen Voraussetzungen. Ohne ihr Verständnis lässt sich weder die gegenwärtige gespannte Situation in Nordirland noch die irische Literatur dieses Jahrhunderts richtig verstehen.

Die Bezeichnung anglo-irisch gilt in Irland für zwei Bereiche. Der eine ist sozialgeschichtlich und bezeichnet die aus England eingewanderten Landbesitzer: Offiziere, Beamte, Intellektuelle und Abenteurer, die Irland über Jahrhunderte hinweg beherrscht haben. Für nationalbewusste Iren hat dieses Wort oft den Beigeschmack von «un-irisch» oder sogar «anti-irisch» und beinhaltet somit eine Wertung, wenn nicht sogar Abwertung. Literaturgeschichtlich dagegen bezeichnet anglo-irisch vollkommen wertneutral die in englischer Sprache geschriebene Literatur aus Irland.

70 ENGLISCHE DRAMATIKER IRISCHEN URSPRUNGS

Sprechen Iren über Literatur, so meinen sie, es sei doch viel leichter, die wenigen englischen Schriftsteller aufzuzählen, die nicht aus Irland stammten. Eine solch verschmitzte Prahlerei birgt einen Funken Wahrheit, denn aus mannigfachen Gründen wanderten oft die «Besten» aus. Stellt man zum Beispiel eine Liste englischer Dramatiker aus dem 18. Jahrhundert zusammen, so lassen sich nicht weniger als 70 Namen auf irischen Ursprung zurückführen; und auch in anderen Literaturgattungen bestätigt sich die Beobachtung, dass ein beträchtlicher Teil der englischsprachigen Literatur in irgendeiner Weise mit Irland verbunden ist.

Spenser schrieb Teile der *Faerie Queene* in Kilcolman Castle, der Philosoph Burke stammte aus Dublin, die Brontes hatten irische Vorfahren, Trollope lebte und schrieb fast 20 Jahre in Irland; die Liste ließe sich bis zu heutigen Autoren fortsetzen.

Fest stand im 17. und 18. Jahrhundert, dass literarisch Talentierte ihre Zukunft allein in England sahen oder zumindest für englisch sprechende Leser schrieben. Die meisten Schriftsteller stammten damals aus der englischen Siedlerschicht in Irland, waren englisch-protestantisch erzogen und fühlten sich keineswegs als Iren. Praktisch bildeten sie eine Nation innerhalb einer Nation auf irischem Boden und ignorierten jede Form von Kultur der einheimischen Bevölkerung, die ihrerseits kaum Gelegenheit hatte, am gehobenen kulturellen Leben in ihrem Land teilzunehmen.

Erst als die zunächst nach England orientierten Schriftsteller begannen, sich in ihrer Themenwahl und Leserschaft Irland zuzuwenden, konnte sich eine eigenständige anglo-irische Literatur entwickeln. Wiederum waren die Voraussetzungen dazu eng mit der Geschichte Irlands verknüpft. Für die Engländer und die späteren Anglo-Iren bedeutete «Geschichte» eine

SPELMAN
REYNOLDS

jahrhundertelange, politische Vormachtstellung, verschärft durch den konfessionellen Konflikt der Reformation und eine besondere wirtschaftliche Situation, denn das Fehlen jeglicher Rohstoffe und Handelsmöglichkeiten wurde durch (Aus-) Nutzung von Land und Leuten wettgemacht.

Mehr oder weniger selektiv wurden englischsprachige Werke aus Irland der in England entstandenen Literatur zugerechnet, solange sie sich nicht mit regionalen beziehungsweise irischen Themen befassten. Auf diese Weise gingen die Namen der Romanschriftsteller Banim, Carleton und Griffin unter, ebenso wie Mangan, Davis oder Ferguson als Lyriker des 19. Jahrhunderts. Sie werden erst allmählich wieder entdeckt, vorwiegend durch die Pionierarbeit der 1969 gegründeten *International Association for the Study of Anglo-Irish Literature*, in der mehrere hundert Wissenschaftler aus aller Welt die noch weniger bekannten Besonderheiten der anglo-irischen Literatur erforschen.

Fest steht, dass Jonathan Swift nach seiner Übersiedlung nach Dublin sein soziales und literarisches Interesse ausschließlich seinem Geburtsland zuwandte. *Gulliver's Travels* ist zwar noch für ein englisches Publikum geschrieben, doch in seiner England-kritischen Thematik und satirischen Form als das Werk eines Iren zu verstehen. Seine *Drapier's Letters* (Tuchhändlerbriefe, 1724) und damit verwandte Streitschriften sind eindeutig irische Literatur, denn sie sind in Irland entstanden, an ein irisches Publikum gerichtet, befassen sich mit dringenden irischen Problemen und tragen entscheidend bei zur Herausbildung eines irischen Nationalbewusstseins.

Ein ähnliches Verdienst kommt ein halbes Jahrhundert später Charlotte Brooke zu mit ihren *Reliques of Irish Poetry* (1789), die im Gefolge Percys erstmals in England und Irland deutlich machten, welche Schätze an gälischsprachiger Dichtung, teilweise nur mündlich überliefert, in Irland verborgen lagen.

Paradoxerweise entwickelten sich Mitte des 19. Jahrhunderts die beiden nationalen Strömungen in Irland in umgekehrter Richtung aufeinander zu. Während die bisher Gälisch sprechenden Iren vor allem aus wirtschaftlichen Gründen mehr und mehr auf Englisch umschalteten und auch begannen, auf Englisch zu schreiben, entdeckten die englischen *Ascendancy* den Weg zurück zu gälischen Wurzeln und

Denkmal für den Dichter und Nobelpreisträger Yeats in Sligo

BECKETTS KAMEL UND DIE IRISCHE FREIHEIT

STADT UND LAND GLEICHGESETZT MIT LASTER UND UNSCHULD

IRONISCH-DISTANZIERTE DOPPELDEUTIGKEITEN

Ursprüngen. Sie sammelten aus dem irischen Erbe praktisch alles, was sie auftreiben konnten und übersetzten es ins Englische: Balladen, Lieder, Geschichten, Legenden und Anekdoten.

So besessen waren einige der anglo-irischen Entdecker der keltischen Vergangenheit, dass sie, allen voran Patrick Pearse, die englischsprachigen Theateraufführungen im neu gegründeten Abbey Theatre boykottierten und rein irischsprachige Stücke verlangten. Doch bald mussten auch sie einsehen, dass man sich nur auf Englisch einem breiteren Publikum verständlich machen konnte. Schließlich wurden sogar die altirischen Mythologien in andere Sprachen übertragen und somit der Welt zugänglich gemacht.

Die keltische Renaissance, *The Celtic Revival*, hatte im Anschluss an die europaweite romantische Bewegung begonnen, wurde unterbrochen durch die große Hungersnot und fand ihren Höhepunkt um die Jahrhundertwende, als gleichzeitig eine intensive Beschäftigung mit aktuellen, politischen Fragen aufkeimte.

Schon immer war die Einbeziehung historischer Ereignisse in den Kontext literarischer Gestaltung ein auffälliges Merkmal der anglo-irischen Literatur gewesen. Aus politischer Unterdrückung und Unruhe, aus persönlicher Erfahrung eigener Unzufriedenheit und Ohnmacht hatte bereits Dean Swift seine Pamphlete abgefasst und eine Flut weiterer Protestwerke eingeleitet. Zu der vornehmlich in irischer Literatur entwickelten Verbindung von Politik und Literatur bemerkte Nobelpreisträger Samuel Beckett: «Wenn ein Ire einen Text über ein Kamel verfassen soll, schreibt er über *Das Kamel und sein Kampf um die irische Freiheit!*»

Bis heute sind politische Vorgänge und literarische Gestaltung eng miteinander verknüpft; umgekehrt wird die aktive Beteiligung in Wort und Schrift am gegenwärtigen Geschehen von wortgewandten Zeitgenossen geradezu erwartet. Auch die politische Regeneration Irlands, die indirekt zum Osteraufstand geführt hatte, kann kaum ohne die wegbereitende Literaturbewegung verstanden werden, für die Yeats' Drama *Cathleen ni Houlihan* (Cathleen, die Tochter Houlihans) ein exemplarisches Beispiel ist.

Literarischer und politischer Nationalismus haben in Irland stets in enger Beziehung gestanden. Es gibt bis heute eine Fülle politisch orientierter Tendenzliteratur und nur eine geringe Zahl objektiv politischer Werke, die versuchen, trennende Standpunkte ohne offensichtliche Parteinahme des Autors aufzuzeigen. Weitaus wichtiger erscheint, dass zwischen Tendenzliteratur und übernationalen Werken die vielen Darstellungen von Schicksalen entstanden, die in den Strudel gesellschaftlicher und nationaler Konflikte geraten waren und im wirtschaftlichen, psychologischen oder politischen Bereich fast ausschließlich auf den Konflikt zwischen England und Irland zurückführen.

In dem Bemühen um Vergangenheitsverständnis und auf der Suche nach einer eigenen nationalen Identität kam es in Irland, weitaus mehr als in anderen Ländern, zu einer Wiederentdeckung des historischen Romans. Dazu gehören zahlreiche und umfangreiche Darstellungen von Familien-Schicksalen aus dem *Big House*. Als derzeitiger Repräsentant mag Joseph Hone (geb. 1936) gelten. In seiner Familiensaga *Summer Hill* zeichnet er ein lebendiges Bild aus anglo-irischer Sicht. Ebenfalls werden Persönlichkeiten aus der irischen Geschichte, wie etwa Tone, Emmet und Parnell und selbst Dean Swift, neu beschrieben und in den genaueren Kontext ihrer Zeit gestellt.

Neben der Geschichte und ihren hervorragenden Gestalten rücken bestimmte Themen ins Blickfeld: Auswanderung, die Rolle der Herrenhäuser, Konflikte zwischen Stadt und Land, oft gleichgesetzt mit Laster und Unschuld, wobei die Stadt oft mit England (Arbeitssuche) in Verbindung gebracht wird. Mit solchen Themen gelangt die Sehweise des Autors und der Autorin durch die Perspektive des *underdog*, der den Umständen ausgeliefert ist, verfolgt wird und keine Rechte besitzt, in die Literatur.

Für viele anglo-irische Autoren ist die Perspektive zum zentralen Problem der Darstellung geworden. Damit reagieren sie auf ihre Position zwischen zwei Sprachen, zwei Kulturen, zwei Religionen und zwei politischen Strukturen und schaffen folglich auch in ihren Werken eine doppelte Sehweise, indem sie ironisch-distanziert eine Welt voller Ambivalenzen und Doppeldeutigkeiten anerkennen müssen. Aus diesem Zwiespalt erklärt sich auch die Vorliebe für die Satire, die uns nicht nur ständig im Alltag in Form übertrieben spöttischer Bemerkungen begegnet, sondern ebenso häufig in der Literatur.

Sie spiegelt auch hier extreme Unzufriedenheit der Autoren mit der eigenen Situation und der Lage des Landes, die sich durch politische oder militärische Aktionen nicht ändern lässt. Darüber hinaus mag hier die gälisch-keltische Tradition durchscheinen, die gern zu sprachlichen Übertreibungen neigte. Ebenso ist das Nebeneinander von tragikomischen Ereignissen ein Mittel aus dem keltischen Erbe, um erschütternde Ereignisse zu bewältigen. Als *comic relief* hatte sich dieses Stilmittel besonders auf der Bühne bewährt, wie man wiederholt in den Meisterwerken anglo-irischer Dramatik bei Synge oder O'Casey feststellen kann.

Neben dem Drama hat die Erzählform der Short Story der anglo-irischen Literatur zu bedeutendem Ansehen außerhalb Irlands verholfen. Ihre Entwicklung leitet sich nicht nur von der lebendigen Erzähltradition des Landes ab, sondern die relativ kurzen Texte hatten sich dank Veröffentlichungen im Ausland, vor allem in Amerika, auch als sichere Einnahmequelle angeboten. Eher als das Drama oder der Roman sicherte diese Gattung dem irischen Schriftsteller ein Einkommen, besonders wenn seine Geschichten in Irland der Zensur zum Opfer fielen. Das war nicht selten der Fall, denn die Short Story wurde zur eigentlichen Stimme des sich neu orientierenden Durchschnittsmenschen. Seine An-

Bild nächste Doppelseite: *Landschaftsidylle in Connemara: Inselchen im Lough Corrib*

JOYCE WEGBEREITER DER SHORT STORY

BECKETT LEHNTE IRLAND UND EIGENE SPRACHE AB

BORDELL-KAPITEL DES ULYSSES ALS OPER

liegen und Konflikte wurden von einer erstaunlich großen Zahl von Short-Story-Autoren aufgegriffen und in die Literatur eingebracht.

Bei aller Vielfalt lassen sich gemeinsame strukturelle Merkmale feststellen. Sie setzen sich aus einer konservativen Erzählform mit neuartig angewandten Ausdrucksmitteln aus der Lyrik zusammen. Das jeweilige Thema wird simultan auf verschiedenen Ebenen intensiviert: durch Rhythmus, Handlung, Lokalkolorit, Atmosphäre und knappe Charakterisierungen. Gefühl und Verstand werden damit gleichzeitig angesprochen, das heißt lyrische wie epische Elemente wirken zusammen in einer dicht konzentrierten Aussageform.

Der so organisierte, auf eine bestimmte Wirkung abzielende Aufbau einer Short Story entspringt dem Bedürfnis, individuelle Anliegen in ebenso ansprechender wie einprägsamer Art zu vermitteln. Durch eine suggestive und vielschichtige Ausdrucksform wird der Blick hinter die Dinge und in die Menschen frei. Irische Landschaft, Geschichte und Mentalität finden durch die anglisierten linguistischen Eigentümlichkeiten der keltischen Sprache Eingang in die moderne Literatur.

Die beiden Dichter George Moore und James Joyce waren die eigentlichen Wegbereiter der irischen Short Story: Moore verbindet gründliche Kenntnisse englischer, französischer und teilweise russischer Literatur mit den Bestrebungen der keltischen Renaissance und blickt «hinter die Kulissen» der Ereignisse. Joyce setzt diese Sichtweise in seinen autobiographisch gefärbten *Dubliners* in eine vielschichtige Sprache um; nicht die Tatsachen waren ihm entscheidend, sondern die Beweggründe, die er kannte und unter denen er litt.

Die Folgen einer durch strenge Bestimmungen erschwerten freien Entwicklung von Körper und Geist eskalierten in Geschichten, die Frustration, Ohnmacht, Verzweiflung, Perversität und immer wieder Enttäuschung illustrierten. Im Gefolge von Moore und Joyce entstanden Meisterwerke irischer Short Storys unter der Federführung von Liam O'Flaherty, Frank O'Connor, Seán O'Faoláin und Daniel Corkery. Sie erreichten Weltruhm mit dieser Erzählform. Andere irische Autoren folgten ihrem Vorbild und entwickelten doch alle ihren ganz persönlichen Stil, wie Mary Lavin, Benedict Kiely, Oliver Plunkett und andere.

Zu den heutigen Themen gehören vor allem Probleme der städtischen Zivilisation, Übertechnisierung des Alltags, Arbeitslosigkeit und Vereinzelung in der Masse sowie die Auseinandersetzung in und um Nordirland. Bei letzterem Thema fällt wiederum eine beachtliche Fülle von Tendenzschriften auf von Autoren, die nach irischer Tradition zum politischen Geschehen einseitig Stellung beziehen.

Andere suchen das Weite und schreiben aus geographischem Abstand über das Land, das sie geprägt, aber auch maßlos enttäuscht hat. Die berühmtesten Exponenten dieser Denkweise oder eher Frustration sind James Joyce und Samuel Beckett; in späteren Generationen folgten Joyce Cary, Edna O'Brien und Brian Moore. Doch bleibt der anglo-irische Roman in außergewöhnlichem Maß auf Irland als Schauplatz beschränkt. Die gelegentliche Gegenposition, die totale Abwendung von Irland, bildet Ausnahmen; sie findet sich bei Lawrence Durrell und Samuel Beckett, wobei Letzterer nicht nur Irland, sondern auch die eigene Sprache ablehnte.

James Joyce gab die englische Sprache zwar nicht auf, doch er verdrehte, veränderte und traktierte sie, wie es niemand vor oder nach ihm getan hatte. Über die Sprache seiner Werke gibt es heute mehr Mutmaßungen, Deutungen, Kontroversen, Interpretationen und Fachgespräche als über irgendeinen anderen englischsprachigen Autor. Der bahnbrechende Roman *Ulysses* (1922), der wie kein anderer den internationalen experimentellen Roman beeinflusst hat, ist ausgerechnet aus der relativ konventionellen Tradition des anglo-irischen Romans entstanden und hat paradoxerweise Joyces verlassene Heimatstadt Dublin zum Schauplatz.

Der eigentliche Ahnherr des experimentellen Romans war der ebenfalls in Irland geborene und emigrierte Laurence Sterne (1713-1768) mit seinem anti-realistischen Roman *The Life and Opinions of Tristram Shandy*. Wie Sterne führt Joyce gewohnte Leseerwartungen ad absurdum, geht aber weit über dessen sprachliche und stilistische Spielereien hinaus. *Ulysses* behandelt die Ereignisse eines einzigen Tages, des 16. Juni 1904, der inzwischen alljährlich als *Bloomsday* in Dublin gefeiert wird. Lebendig gewordene Romangestalten wandeln dann durch die Straßen Dublins, und Auszeichnungen warten auf die am besten verkleideten Joyce-Figuren.

Vor allem wird der gesamte Weg, den der Protagonist Leopold Bloom auf mehreren hundert erlebnisreichen Seiten zurücklegte, am *Bloomsday* nachvollzogen, zumindest bis zu einem der erwähnten Pubs. Dort lassen sich in rezitierter Form Joyce-Wortkaskaden vernehmen, deren Originalität nicht nur Literaten, sondern auch Künstler aus der Welt der bildenden Kunst und Musik inspiriert hat. In der spektakulären Oper *Stephen Climax* (1986) des deutschen Komponisten Hans Zender basiert einer von zwei parallelen Handlungssträngen auf dem Bordell-Kapitel des *Ulysses*.

Zehn Jahre später (1996) hat der österreichische Maler Ernst Arnold Bauer im Dubliner Joyce-Museum Zeichnungen und Lithographien zu *Ulysses* und *Finnegan's Wake* der Öffentlichkeit vorgestellt. In diesem letztgenannten Mammutwerk ließ Joyce sämtliche überlieferten Erzählkonventionen und jeden «normalen» Sprachgebrauch hinter sich; das Medium der Sprache selbst wurde durch Manipulationen und Verdrehungen aller Art zum Gegenstand der Darstellung.

Auf einem Stück des Weges folgte ihm Brian O'Nolan (1911-1966), der unter zahlreichen Pseudonymen schrieb und unvergesslich geworden war durch seine äußerst geistreichen und satirisch-witzigen

Glossen als Myles na Gopaleen (Myles von den Pferdchen). Neben seiner perfekten irisch-englischen Zweisprachigkeit kannte er sich auch in beiden Literaturen aus und konnte so die Tradition des Gälischen mit ins Englische einbeziehen und parodieren. Sein anti-realistischer Roman *At Swim-Two-Birds (In Schwimmen-Zwei-Vögel,* 1939), dessen merkwürdiger Romantitel nichts weiter als eine wörtliche Übertragung der irischen Ortsbezeichnung Snamh-Da-En ist, steht mit seinen phantastischen Einfällen und mehrschichtigen parodistischen Attacken ganz in der Tradition von Sterne und Joyce.

Als ebenfalls wegbereitend gilt James Stephens (1882-1950), über den sein Zeitgenosse Frank O'Connor bemerkte: «In seinem respektlosen Umgang mit der irischen Mythologie ist Stephens ein literarischer Akrobat, der einen außerordentlich schwierigen Drahtseilakt zwischen Phantasie und Philosophie, Bildungsroman und Märchen, Folklore und Allegorie, Komödiantentum und Satire vollführt und mit der experimentellen Verknüpfung disparater Elemente das herkömmliche Romangenre sprengt. Die vielen eingestreuten Sprüche machen den Roman zu einer Hymne an den Nonsens – und wirklicher Nonsens ist ja nur die umgestülpte Wahrheit.»

Sprachkomik und -spielereien, satirische Elemente, irischer Hintergrund in Wechselbeziehung zu europäischen Ereignissen und Personen bleiben die wesentlichen Merkmale des irischen Erzähltalents. Aufgrund der langen Isolation Irlands könnte man auch von einem Nachholbedarf der Internationalisierung sozialer Probleme sprechen, wie sie in anderen Ländern längst bekannt und behandelt sind: Themen wie Stadtflucht, Arbeitslosigkeit, Drogenprobleme, Kriminalität, Autoritätsverlust der Kirche und Auflösung der Familie stehen dem ständig zunehmendem Einfluss der Medienwelt, den Migrationsfolgen, der Einbindung in die Europäische Gemeinschaft und den Nordirlandkonflikten gegenüber.

Bild nächste Doppelseite: *Kylemore Abbey – vom Märchenschloss zum Mädchenpensionat*

Die jüngere Generation überaus erfolgreicher irischer Roman- und Bühnenautoren widmet sich den sozialen Problemen ihrer unmittelbaren Umgebung, zum Beispiel der von Drogen bedrohten Innenstadt Dublins; während ihre wenig älteren Vorgänger ihr Augenmerk mehr auf Europa und das Spannungsfeld zwischen Leben und Kunst lenkten.

Die literarische Verarbeitung weitet sich zunehmend auf vielfältige Art vom angloirischen Bereich zur internationalen Anerkennung und Beeinflussung aus. Auf der Frankfurter Buchmesse stand irische Literatur 1996 im Mittelpunkt und stellte sich nicht nur mit der üblichen Ausstellung irischer Werke dar, sondern bezeichnenderweise vor allem durch die Anwesenheit und öffentlichen Auftritte von nicht weniger als 30 irischen Autoren, die mit Lesungen, Vorträgen und Diskussionen ein wahrhaft bunt schillerndes, redegewandtes und keineswegs einheitliches Bild Irlands hinterließen.

Unvermindert an Talent und Themen setzt sich ihre literarische Produktion in der Gegenwart fort. Kritiker sprechen bereits von einer zweiten Renaissance irischer Kultur: angefangen bei irischer Musik, wie *U2* und die *Chieftains*, über Tanz nach traditionellem Muster, wie *Riverdance* und *Lord of the Dance*, bis zur Filmwelt mit Roddy Doyles Kultfilmen *The Commitments* und *The Snapper*, sowie *The Playboys* und *My Left Foot* von Shane Connaughton. Die hervorragenden Romane von Neil Jordan werden fast übersehen neben seinen Aufsehen erregenden Filmen *The Crying Game* und *Interview with a Vampire*.

Roddy Doyle (geb. 1958) wurde mit seinen Romanen über das Milieu in Dublins Arbeitervierteln zum Bestsellerautor und gewann mit seiner unverfrorenen Geschichte *Paddy Clarke, Ha Ha Ha* Englands begehrten «Booker Prize» im Jahre 1993. Sein Zeitgenosse Sebastian Barry (geb. 1953) wechselte vom Romanschriftsteller und Dichter zum Dramatiker und erzielte große Erfolge mit *Boss Grady's Boys*, worin er vorwiegend aus Erfahrungen in der eigenen Familie schöpft. Im gleichen Jahr geboren ist Paul Muldoon, der als brillanter Handwerker der Wortschmiedekunst mit allen poetischen Ausdrucksformen umzugehen versteht: vom Epos über Lyrik bis zu einem Opernlibretto. Ebenfalls Jahrgang 1953 hat Patrick McCabe, Verfasser des viel beachteten Romans *The Butcher's Boy*. Vom ersten bis zum letzten Satz hält er den Leser in Bann, indem er all die Ängste und Ausflüchte des Kleinstadtlebens karikiert und mit absurdem und makabrem Humor würzt.

Nicht nur aus der überfüllten Wohnraumenge sozialer Bauten, sondern auch aus dem «Gefängnis» der eigenen schwer behinderten Körper brachen unvermutete Talente hervor: Drei spastisch gelähmte Jugendliche schafften es, in gemessenem Abstand und unermüdlicher Energie nicht nur ihre feinfühligen Beobachtungen und äußerst bitteren Erfahrungen mitzuteilen, sondern diese in literarischer Form festzuhalten. Christi Brown (1952-1981) bewerkstelligte das, indem er mit seinem linken Fuß schreiben lernte; Christopher Nolan (geb. 1965) schaffte es mit einem auf der Stirn befestigten Stock; und Davoren Hanna (1975-1994) gelang es mit Hilfe seiner Eltern, indem er mit gezielten Körperbewegungen in Richtung bestimmter Buchstaben auf der Schreibmaschine wies. Bei diesen drei auffallenden Dichtern war eine überdurchschnittliche geistige Begabung in schwer behinderten Körpern gefesselt und weitaus mehr als bei anderen kreativen Menschen auf eine verständnisvolle Umwelt angewiesen, der sie Hervorragendes zu bieten hatten.

Im Gegensatz zu den einst ausgewanderten Autoren bleibt die gegenwartsbezogene Literatur aus und über Irland zunächst im Lande und wird von den Iren selbst gelesen und begutachtet, bevor sie Bestsellerlisten im Ausland beherrscht. «Für eine so kleine Insel produzieren wir mehr Künstler pro Quadratmeile als jedes andere Land der Welt, und das ist eine Herausforderung. Im Drama, in der Lyrik und im Roman haben wir gezeigt, dass wir ein eigenes und eigentümliches Volk sind», meint der Dramatiker Maurice Walsh.

Die Zeiten des klischeehaften *Stage Irishman* (Bühnenire) und einer rigorosen Kirchenzensur sind vorbei. Seit Ende der Sechzigerjahre ließ sich die Isolation Irlands nicht mehr aufrechterhalten; um die gleiche Zeit bekamen Arbeiterkinder die Chance zum gebührenfreien Besuch höherer Schulen und Zugang zu literarischen Werken. Aus dieser Schicht stammt vorwiegend die heutige Generation erfolgreicher Autoren. Sie schreiben auf, was sie kennen und täglich erleben in der milieugeprägten, starken Sprache ihrer Herkunft. «The soils I knew ran dirty», zitierte Seamus Heaney bei seiner ersten Dubliner Lesung nach der Verleihung des Nobelpreises. Das Festhalten der erlebten Herkunft in kompakter, rhythmischer, bildreicher Sprache durchzieht die Literatur. Den stützenden Hintergrund bilden dabei spezifisch irische Eigentümlichkeiten – eine sprachlich veränderte und erweiterte Form des Englischen durch die besondere Struktur des Gälischen, eine starke Prägung durch die eigene unvergessene, oft leiderfüllte Geschichte, eine durch lange Isolation sehr eigenständige, nach innen gewandte, nicht europäisierte Sichtweise, eine ererbte Verwurzelung mit einer lebendigen Mythologie und schließlich eine von den Vorfahren weitergereichte Gabe der unbändigen Lust zum Fabulieren.

Die Macht von Mythen und Medien

Der Stamm der Kelten hatte sich um 350 vor Christus in Irland niedergelassen und sehr bald die Spuren vorheriger Völker verwischt. Über diese waren zwar noch vielfältig ausgeschmückte Geschichten in Umlauf, aber niemand kennt den genauen Ursprung ihrer Sagen, Mythen und Legenden. In der mündlichen Überlieferung von Generation zu Generation hatte sich je nach Erzähler und Zuhörerschaft eine bunte Mischung aus Tatsachen und Phantasie entwickelt. Eines aber steht fest: Geschichten erzählen stand in hohem Ansehen und war ein wichtiger Bestandteil des Zusammenlebens. Es war Ehrensache, die Weistümer der Vorfahren mit geradezu ehrfürchtiger Scheu auswendig zu lernen. So lauschte der König von Ulster jeden Winterabend einer Geschichte seines Hofdichters, und zwar ab Winteranfang *Samhain*, dem 1. November bis *Bealtaine*, dem Frühlingsanfang am 1. Mai. Alle seine Geschichten musste der Hofdichter auswendig vortragen, oder aber er wusste um die groben Umrisse einer Legende und schmückte sie nach eigenem Gutdünken mit Einzelheiten aus.

Die Druiden kannten keine schriftliche Überlieferung, sie gaben ihre Weisheiten nur in mündlicher Form durch Gesang oder Sprechgesang weiter. Um diese Kunst vollkommen zu meistern, konnte ihre Lehrzeit bis zu zwölf Jahren dauern, denn sie mussten schließlich das in Versform gesammelte Wissen ihrer Lehrmeister im Gedächtnis behalten. Der Name *Druide* stammt aus dem irischen *drui*, worin die Wurzel *wid* steckt, was «Verehren» und «Wissen» bedeutet. Ein Druide war praktisch ein wandelndes Geschichts- und Weisheitsbuch und genoss allerhöchstes Ansehen als einziger Bewahrer des Erfahrungs- und Wissensreichtums seiner Vorfahren.

Nachfolger der hochgelehrten und verehrten Druiden waren die *fili*, zu urkeltisch *veled*, gallisch *Veleda*, die als Wahrsager, Opferpriester, Kalendermann, Genealoge, Ortsnamendeuter und Rhetoriker auftraten. Die später erscheinenden Barden dagegen beschränkten sich darauf, als Musiker und Sänger noble Taten angesehener Personen sowie ruhmreiche Ereignisse zu preisen. Dabei konnten sie es nicht lassen, auch Missstände anzuprangern und Leute zu verspotten. Bis zum heutigen Tag ist dieses *slagging*, das gegenseitige Anpflaumen, eine irische Lieblingsbeschäftigung, die von Nichteingeweihten oft als grob empfunden und missverstanden wird. Neben den Barden gab es noch die *Vates*, die als Seher und Wahrsager Geheimnisvolles und Irrationales heraufbeschworen und mit numinosen Andeutungen an die Welt der unbekannten, doch sagenumwobenen Vorkeltenzeit anknüpften.

Die neuere Geschichtsforschung hat die Fülle des mündlich überlieferten in vier Zyklen gegliedert:

1. Den mythologischen Zyklus, dessen Geschichten sich hauptsächlich in und um Tara und die Grabstätten im Boyne-Tal abspielen.
2. Den Ulster-, auch Cuchulainn-Zyklus, in dem das Urbild des irischen Helden besungen wird und Einzelheiten geschichtlicher Ereignisse in Ulster um Christi Geburt festgehalten sind.
3. Den Königs-Zyklus, der sich vermutlich auf die vielen echten Könige bezieht.
4. Den Fenian- oder Ossian-Zyklus mit Fionn (Finn) MacCumhail und seinen Abenteuern mitsamt einem Heer umherziehender Krieger.

Von dem Helden Fionn MacCumhail wurde das folgende Erlebnis berichtet. Bei Anbruch der Nacht erreichte er ein kleines Haus in einem Tal. Dort hießen ihn ein uralter Mann und ein bildschönes Mädchen willkommen. Gerade wollte man ihn mit einer Mahlzeit bewirten, als plötzlich ein Schafbock hereinstürzte und den Tisch mitsamt dem Essen umwarf. Trotz Aufbietung all seiner Kräfte schaffte Fionn es nicht, das wilde Tier zu bändigen; dem alten Mann aber gelang es mühelos. Später in der Nacht wies das Mädchen Fionns Annäherungsversuche mit den Worten zurück: «Ich war einmal dein, doch nie wieder wirst du mich bekommen.» Bevor Fionn am nächsten Morgen das Haus verließ, gab der alte Mann folgende Erklärung ab: «Der Schafbock ist die Welt und kann von mir bezwungen werden, denn ich bin die Zeit und bringe alles zu Fall. Das Mädchen ist die Jugend – du aber bist nun ein erwachsener Mann und wirst sie niemals wiedererlangen.»

Der wichtigste schriftlich festgehaltene Bericht über die irische Urvergangenheit ist das Buch der Invasionen, das im 12. Jahrhundert unter dem Namen *Leabhar Gabhala Eireann* entstand und sechs verschiedene Überfälle und Kämpfe von Gottheiten und Menschen beschreibt. Dabei sind die Götter «zwar mächtige, aber freundliche Wesen, die mit den Menschen die Abenteuer des Lebens teilen».

Magisches mischt sich mit Übernatürlichem, Phantasie und Realität wirbeln durcheinander: Geister, Elfen, Nixen, Zwerge und menschliche Helden haben bemerkenswerte Erlebnisse bis hin zur Ankunft der Söhne von Mil, den Milesiern, die die Ureinwohner namens *Tuatha De Danann* besiegten und deren Nachkommen die Gälen wurden. Letztere waren die Überbringer mythischer Legenden, welche schreibfreudige Mönche, christlich verbrämt, auf Pergament festhielten. Diese im 8. Jahrhundert verfassten Texte lassen die Grenze zwischen wirklich vorchristlichen Mythen und religiöser Fabulierkunst stark verschwimmen.

Tir na n'og oder *Tir Nan Og* bedeutet «Land der Jugend». Es muss im Westen jenseits der See gelegen haben. Es war eines der Länder, in die sich die *Tuatha De Danann* zurückzogen, als Irland von den Milesiern erobert wurde. Sie hatten noch andere Zufluchtsorte: Sie verbargen sich unter den *Sidh*, den grünen Hügeln oder *Tumuli* des prähistorischen Irland, oder im Land unter den Wellen, dem *Tirfo Thuinn*.

Eine Sonderstellung hat einer der ältesten Texte, die *Reise des Bran* (*Immram Brain*). Nach seiner straffen und kurzen Prosa ist er eine Art Parabel: Wer einmal als Gast geweilt habe auf der Insel des

AUF SCHIMMEL IN DAS LAND DER EWIGEN JUGEND

REALITÄT MIT VIEL PHANTASIE DURCHTRÄNKT

GRENZE ZWISCHEN REALEM UND IRREALEM STETS VERWISCHT

Sonnengottes mit den Spielen auf Silbergefild ohne Krankheit, Tränen und Tod, für den sei die Zeit stillgestanden, und jeglicher Heimkehrversuch bedeutete ihm Vernichtung. Die beiden Hymnen über die Seligkeit der Insel auf ihren vier Goldpfeilern sind einer Wunderbotin in den Mund gelegt und dem unsterblichen Herrn der Insel, dem Gott der Insel Man zugedacht. Sie sind, nach Aussagen des Motivforschers Kurt Wais, «weltliterarische Sternstunden in der an Perlen so reichen früh-irischen Lyrik. Genial aus dem Nichts erfunden? Nachträglich weltlich eingekleidete Proben aus der Geschichte christlicher Lyrik? Oder, wie die Mehrheit der Gelehrten vermutet, zweifellos vorchristlichen Ursprungs?»

Tir na n'og hieß dieses Paradies, wo die Zeit, wie die Zeit im Feenland, nicht länger nach dem Maß der Sterblichen gemessen wurde. Ein Land der Schönheit, wo das Gras ewig grün war, wo man Blumen und Früchte pflücken, Musik hören, sich der Liebe hingeben, jagen, ausgelassen kämpfen konnte, ein Reich, in das der Tod keinen Zutritt hatte. Zuweilen wurden Sterbliche nach *Tir na n'og* eingeladen. Wenn sie auf die Erde zurückkehren wollten, wurde ihnen ein Tabu auferlegt. Verletzten sie es, kam alles Gewicht der irdischen Jahre, die seit ihrer Abreise verstrichen waren, über sie. So erging es dem viel besungenen Helden Oisin: Er war von Niamh mit dem goldenen Haar auf einem Schimmel in das Land der ewigen Jugend *Tir na n'og* gelockt worden.

«Sag mir», spricht Oisin. «Was für ein Land ist das, *Tir na n'og*?»

«*Tir na n'og* ist das Land der ewigen Jugend», entgegnet Niamh. «Es ist ein Land des Glücks, ohne Schmerzen und ohne Leid. Jeder Wunsch wird erfüllt, und niemand dort wird alt. Wenn Ihr mitkommt, werdet Ihr sehen, dass ich die Wahrheit spreche.» Oisin besteigt den Schimmel und sagt seinem Vater und seinen Freunden Lebwohl. Er verspricht, bald zurückzukehren. Das Pferd galoppiert geschwind wie ein Schatten über die Wellen davon.

Bild nächste Doppelseite: *Einsamer Felsenstrand im Connemara National Park*

Als Oisin nach geraumer Zeit wieder einmal in seine Heimat zurückkehren möchte, gibt ihm Niamh ihren Schimmel mit und das Gebot, nicht auf irischer Erde abzusteigen. Doch als Oisin aus Versehen doch den Boden berührt, wird er auf der Stelle uralt und erfährt, dass seit seinem Weggang bereits 300 Jahre ins Land gezogen waren. Man weiß nur noch in Geschichten von ihm. Bevor er starb, erzählte er den Umstehenden von seiner Zeit in *Tir na n'og*, und so leben diese wunderbaren Ereignisse bis heute fort.

Mühelos gelingt es dem irischen Erzähler, die sichtbare und unsichtbare Welt zu vermischen, die Realität mit so viel Phantasie zu durchtränken, bis sich für den Zuhörer alle Maßstäbe aufgelöst haben.

Wie viele Erzählungen aus der klassischen Antike mögen die Gälen in ihren entlegenen Siedlungsgebieten gekannt haben, bevor sie, offenbar zum Unwillen ihrer Druiden, deren alte Strichelschrift, die Oghamschrift, durch lateinische Schriftzeichen ersetzten? Die *Aeneis* scheint sowohl dem Epiker des *Beowulf* als auch dem Verfasser des *Rinderraub von Cooley* nicht ganz unbekannt gewesen zu sein.

Ein überreicher Schatz an irrealen Gestalten und Traumfiguren war eingegangen in Verse und Lieder, das heißt in eine gebundene Form des Vortrags, so dass die christlichen Gelehrten zu ihrem Erstaunen nicht weniger als 200 verschiedene Versformen und Metren registrierten. Nicht nur den metrischen Kunstgriff kopierten sie, sondern sie bewahrten auch die fortlaufende Durchmischung von Phantasie und Wirklichkeit sowie die Kunst, beim Erzählen solche Sätze, Perioden, Aufzählungen und Bilder zu erfinden, denen der Zuhörer bis heute fasziniert lauscht. Die Liebe zum Detail, zum Ausschmücken und Phantasieren findet Parallelen in der Ornamentik der Buchmalerei. Jahrhunderte später kommen solche verschmitzten Sprachspielereien wieder in den Werken eines James Joyce zum Vorschein.

Aus einer Zeit, in der Naturbeschreibungen im übrigen Europa unbekannt waren, finden sich in den aufgeschriebenen Überlieferungen feinfühlige Beobachtungen der Umwelt in äußerst verständnisvollen, psychologischen Nuancen. Eine weite Skala von Farbschattierungen, Witterungsverhältnissen und personifizierten Mächten der Natur illustrieren mit großer Selbstverständlichkeit den Alltag.

Die Grenze zwischen Realem und Irrealem ist stets verwischt, denn in dem Augenblick, in dem ein Ereignis zu Sprache wird, gewinnt der Vorgang seine eigene Dynamik. Diese Lust am Gestalten und Ausmalen konnten die irischen Kelten wie in keinem anderen Land Europas über Jahrhunderte ohne fremde Einflüsse praktizieren und aufrechterhalten; weder römische noch germanische Eroberer verdrängten die nuancengewaltige Kunst der Mitteilung.

Nirgendwo sonst im mittelalterlichen Schrifttum standen sich das mündlich Weltliche und das schriftlich Christliche dermaßen gleichgewichtig gegenüber, bis sich schließlich beide Bereiche vermischten. Die sorgfältige, wenn auch christlich eingekleidete schriftliche Aufzeichnung solcher «Geschichten» ermöglicht der Nachwelt einen unmittelbaren Einblick in die Welt der irischen Kelten und deren Vorgänger, die mit Waffen wie mit Worten gleich gut umzugehen wussten.

Diese gepflegte und geschulte Begabung hat sich über Jahrhunderte erhalten können. Die vielen Eroberer Irlands haben zwar in der Welt der Waffen Siege davongetragen, doch die Macht des Wortes, sei in Geschichten, sei es in Liedern, konnten sie niemals bezwingen, auch dann nicht, als die gälische Sprache offiziell kaum noch toleriert wurde.

In ihrem Gedächtnis hatten die Geschichtenerzähler oft ein gewaltiges Repertoire an überliefertem Gedankengut gespeichert. Sie hießen *seanachaidhe*, abgeleitet von dem irischen Wort *senanachas*, was «Märchenkunde» bedeutet. Diese Erinnerungskünstler saßen am Kaminfeuer, an einem Ehrenplatz im Haus oder bei einer der tage- und nächtelangen Totenwachen.

GROSSES UNGLÜCK, WER KEINE GESCHICHTE ZU ERZÄHLEN WEISS

Sie erzählten überall dort, wo man warten oder sich die Zeit vertreiben musste: in den Booten auf Fischfang, beim Netzeflicken im Hafen, in den Hütten beim Spinnen und auf dem Weg zum Markt.

Sie erzählten auch aus dem Bedürfnis, Vorhandenes weiterzureichen. Einen Zipfel irischer Identität konnte man auf diese Art bewahren, und das umso intensiver, je stärker das Gälische verdrängt und verboten wurde.

Typisch für die Erzählkunst des keltischen Sprachraums ist es, dass in seinen Märchen immer wieder das Motiv des Mannes auftaucht, dessen großes Unglück oder dessen schwere Verfehlung eben darin besteht, dass er entweder nie eine Geschichte zu erzählen gewusst hat oder dass ihm keine Geschichte mehr einfallen will. Eine Situation, aus der er zumeist dadurch erlöst wird, dass ihm etwas Ungeheuerliches und Absonderliches zustößt, wovon er dann berichten kann. Er muss tiefe Ängste durchstehen und mit ihm der Zuhörer! Beim Erzählen erlebt er alles noch einmal, seine Stimme schwingt in allen Empfindungen mit, bebt, singt, lobt, zittert, bangt und triumphiert.

Einer der Ersten, der alte Sagen und Erzählungen aufschrieb, war Thomas Crocker. Er gab im Jahre 1825 eine Sammlung unter dem Titel *Fairy Legends and Traditions of the South of Ireland* (Märchen und Traditionen aus Südirland) heraus und regte damit viele weitere Heimatforscher an, ihm nachzueifern. Das Interesse an allem «echt Irischen» erreichte während der Zeit des *Celtic Revival*, der keltischen Renaissance um die Jahrhundertwende, seinen Höhepunkt.

Eine der bekanntesten unter allen irischen Märchenerzählerinnen war Peig Sayers, die den größten Teil ihres Lebens mit ihrem Mann auf der Großen Blasket-Insel verbrachte. Von ihr allein, der Königin der gälischen Märchenerzähler, zeichnete man 375 Erzählungen, darunter 40 lange, sogenannte Wunder- und Zaubermärchen auf. Der Sammler Seasam O'Dalaigh hat ihre Art zu erzählen sorgfältig beschrieben: «Als große Künstlerin und weise Frau, die sie war, konnte Peig von einem Augenblick zum anderen von Trauer auf Ausgelassenheit umschalten. Sie war eine Frau, die das Leben leicht nahm, und ihre Stimmungen und ihr Gesichtsausdruck änderten sich so rasch wie die Muster, die man in fließendem Wasser wahrnimmt. Während sie erzählte, waren auch ihre Hände ständig in Bewegung.

Ein kurzes Klatschen in die eine Hand wischte einen Satz aus. Ein Deuten mit dem Daumen über die Schulter verwies auf ein Geheimnis; bei Unheil legte sie die Hand auf die Lippen. Bei Geheimnissen verfiel sie in Flüstern.» Ihre Memoiren diktierte sie ihrem Sohn. Es wurde ein Dokument mündlicher Prosa und erschien unter dem Titel *Reflexionen einer alten Frau*. Um den Inhalt von nur mündlich überlieferten Geschichten für die Nachwelt zu bewahren, mussten diese schließlich in unserer Zeit zu einer schriftlichen Form «erstarren».

PRÄSIDENT ALS MÄRCHENSAMMLER

Der erste Präsident der Republik Irland, Douglas Hyde (1860-1949), war ein begeisterter Geschichten- und Märchensammler. Aus der Beschäftigung mit Folklore schuf er ein ernsthaftes Forschungsgebiet; sein Mitarbeiter James Delaroy begann ebenfalls systematisch, Märchen, Mythen, Legenden und sämtliche greifbaren *Stories* festzuhalten, aufzunehmen, zu archivieren. Verglichen mit anderen Ländern besitzt Irland dadurch eine der umfangreichsten Sammlungen von Märchen, Liedern und Balladen.

Das Auswendiglernen hat sich bis heute erhalten: Irische Schulkinder können lange Passagen englischer oder irischer Literatur rezitieren, ohne weiter darüber nachzudenken, denn das Prüfungssystem besteht vielfach aus wörtlicher Wiedergabe von Texten statt eigener Analyse oder Zusammenfassung. Daneben aber unterrichten viele Schulen die Kunst des Debattierens und setzen diese formale Art von Wortgefechten später in den *Societies* der Universitäten fort. Eine solche Form der Rhetorik oder auch die rein angeborene Redekunst

ZEITUNGLESEN TEIL DES SONNTAGSKULTS

MAN HÖRT SICH GERN REDEN

RADIOPROGRAMM ALS UNGETRÜBTER SPIEGEL

manifestiert sich allabendlich in den Kneipen, in Clubs, auf der Straße und in den *Chat Shows* der Medien. Der Unterhaltungswert übertrumpft dabei meist den Informationsgehalt, das heißt die Art des Vortrags scheint oft wichtiger zu sein als der Inhalt. Es mangelt auch nicht an redegewandten Journalisten und Moderatoren, die auffallend zahlreich außerhalb Irlands in der Medienwelt Karriere machen.
Die irische Insel mit ihren über fünf Millionen Einwohnern kann mit etwa 90 Lokal- und Provinzzeitungen aufwarten, die alles Wissenswerte aus ihren Regionen berichten und darüber hinaus den unentbehrlichen Veranstaltungskalender enthalten. Daneben bieten die zahlreichen Zeitungsverkäufer und *News Agents* (Zeitungsläden) täglich sieben nationale Morgenblätter und vier Abendzeitungen an, abgesehen von fünf ausführlichen Wochenendausgaben sowie 200 Zeitschriften und Magazinen. Sport, Auto, Wirtschaft, Mode, Kochkunst, Kinder, Musik – alle erdenklichen Themen spiegeln die Interessen ihrer Käufer; und für kleinere Lesegruppen gibt es auch Umweltblätter, politische Satire und Alternativzeitschriften. Das Zeitunglesen ist Teil des irischen Sonntagskults; der Gang zum Kiosk ersetzt immer mehr den Weg in die Kirche. Mit Vorliebe sitzt man dann im Auto an einem schönen Aussichtspunkt, trinkt den mitgebrachten Tee aus der Thermosflasche, beruhigt die ungeduldige Kinderschar auf den Rücksitzen mit einer Dose Kekse und liest die wichtigsten Seiten der geliebten Sonntagszeitung: nämlich die seitenlangen, ausführlichen Sportberichte.
Vor allem aber beherrscht das Fernsehen den Familienalltag der Inselbewohner. Sinnigerweise steht das Gerät im Wohnhaus meistens dort, wo früher das Kaminfeuer prasselte, und es manifestiert sich eindeutig als maßgebender Mittelpunkt im Familienleben, ja es ersetzt geradezu den Gesprächspartner und schon längst die Erzähltradition vor dem einst wärmenden Feuer. «Radio Telefis Eireann» (RTE), der Betreiber von drei Fernseh-, drei landesweiten und verschiedenen lokalen Rundfunksendern sowie des irischsprachigen «Radio na Ghaeltacht» im Norden und Westen ist eine Körperschaft des öffentlichen Rechts, die durch Werbung sowie Rundfunk- und Fernsehgebühren finanziert wird. Um 21 Uhr laufen die Hauptnachrichten des Tages mit ausführlichem Sportteil und der Wetterkarte.
Am Wochenende dominieren Unterhaltungsprogramme besonderer Art. Sie laufen unter der Bezeichnung *Chat Shows* und bestehen aus Kurzinterviews mit geladenen Gästen und Experten über anstehende aktuelle Themen. Dazwischen haben junge Künstler erste Auftritte, oder bewährte Bands spielen auf. Auch aus dem Publikum im Studio erwartet der Moderator spontane mündliche Beiträge. Hier zeigt sich wieder, wenn auch in modernerem Gewand, die Formulierungs- und Fabulierkunst: Man redet und hört sich gern reden, allerdings nicht mehr in Versform! Wortwechsel und Musik gelten nach wie vor als beliebteste und erfolgreichste Unterhaltungsform.
Auch in den Rundfunkprogrammen gibt es erstaunlich viele Sendungen mit Zuhörerbeteiligung (*Phone-In*), in denen persönliche oder allgemeine Probleme offen und redegewandt und mitunter auch leidenschaftlich diskutiert werden. Hier spricht unmittelbar und unverfälscht die Stimme des Volkes. Die Programme sind ein ungetrübter Spiegel, den sich ein beachtlicher Teil der irischen Gesellschaft tagtäglich vor Augen hält. Intime Probleme, Ratschläge, Hinweise, Suchmeldungen und Wettbewerbe aller Art laufen über den Äther; eine Nation nimmt teil und Anteil. Die Radioprogramme spielen laut in Geschäften, Autos, Warenhäusern, Tankstellen und Werkstätten.
Hausfrauen, Busfahrer und Geschäftsleute erörtern die gleichen Probleme und beziehen sich mit größter Selbstverständlichkeit auf Gaybo oder Gerry oder Merian oder Pat; denn die Namen und Programme der Moderatoren sind in diesem kleinen Land ebenso bekannt wie ihr Privatleben. Unversehens kann man mittags neben einem von ihnen beim Lunch sitzen oder beim Stadtbummel begegnen; dann nickt man sich zu, kommt manchmal ins Gespräch, hält aber auch nicht zurück mit guten Tipps und Ratschlägen – und, wenn's sein muss, mit Kritik. Die modernen Medienmacher sind sich dabei ihrer wichtigen Rolle ebenso bewusst wie einst die *fili* am Hof der irischen Könige.

The Voice: Irlands Stimme

Durch die hohen Fenster sehen wir, wie die Abendsonne die Hänge und Wiesen in purpurnes Licht taucht, während ihre letzten Strahlen das venezianische Glas großer Kronleuchter in tausend Farbkombinationen aufblitzen lassen. Darunter sitzen auf vornehmen Stühlen die Konzertbesucher und lauschen Vivaldis *Vier Jahreszeiten*, deren Klang den stuckverzierten Raum mit den herausgeputzten Menschen füllt. Der geschmückte Saal erstreckt sich über die gesamte Länge des Schlosses, in welchem im 18. Jahrhundert William Connolly, der Sprecher des irischen *House of Commons*, residierte. Als der angeblich wohlhabendste Mann Irlands hatte er Castletown House im Jahre 1720 im Stil eines italienischen Stadtpalasts errichten lassen.
Es galt damals schon als das prachtvollste Herrenhaus in Irland und ist heute eine Sehenswürdigkeit zwanzig Kilometer nördlich von Dublin. Bis 1965 blieb es in Familienbesitz, war nach dem Verkauf dem Verfall preisgegeben, bis die Organisation zum Erhalt historischer Gebäude, die *Georgian Society*, unter dem Vorsitz der Guinness-Familie, diesen Prunkbau rettete und zur Finanzierung umfangreicher Renovierungsarbeiten auf die Idee der Sommerkonzerte kam.
Alljährlich finden sie rundum in restaurierten früheren Landgütern statt. Sie beginnen jeweils mit einem Sherry-Empfang und enden mit einem Imbiss, bei dem «man» sich trifft und unterhält, bevor es nach intensivem künstlerischem wie leiblichem Genuss auf die Heimfahrt geht. Die Verbindung des Kulturellen mit dem Gesellschaftlichen ist eine irische Spezialität und führt die Kunst und die Menschen gleichermaßen aus der Isolation, genau wie es sich für die jüngere Generation in den *singing pubs* auf anderer Ebene abspielt.

Bild nächste Doppelseite: *Typischer irischer Friedhof bei Castlebar: ein Gesamtkunstwerk*

Das geschieht zum Beispiel in dem kleinen Fischerdorf Doolin an der Westküste Irlands, wo der Weg bei Anbruch der Dunkelheit unweigerlich zum Pub führt. Man setzt sich an die Bar, bestellt seinen Drink, nickt den anderen freundlich zu – und wartet. Unter die kurzen Dialoge und eigenartigen Dialekte der Bauern und Fischer mischt sich seit den Sechzigerjahren ein buntes Stimmengewirr aus aller Welt: das kunterbunte Sprachengemisch der Touristen.
Ist es ein *singing pub*? Es scheint so. Irgendwann geht es los: Eine Geige erklingt, eine kleine Blechflöte setzt ein, gedehnte Ziehharmonikatöne lassen Weisen aus alten Zeiten anklingen, das Tempo wird schneller, eine *Jig* oder ein *Reel* entsteht, begleitet vom regelmäßigen Schlag einer *Bodhran*-Trommel. Weitere schnellere Tanzmelodien folgen, bringen Schwung und Leben in die gemischte Zuhörerschaft. Nur wenige sprechen weiter, verstummen aber vollends, wenn plötzlich die Musik aufhört und, aufgefordert oder impulsiv, eine Einzelstimme ertönt: ein alter Mann vielleicht, ein Mädchen, eine Frau aus dem Publikum. Auf jeden Fall erfüllt nun eine bewegte, klagende Melodie den Raum. In vielen Strophen erfahren wir vom Schicksal eines verlassenen Mädchens, eines kämpfenden Freundes, einer verlorenen Wette – und ihrer Folgen.
Oder ein besonderes Ereignis wird in gesungener Balladenform erzählt, wobei jede Strophe mit einem resignierenden oder frechen Abschlussreim das Geschehene parodiert und die Umsitzenden zum Einstimmen auffordert. Es kann dann durchaus passieren, dass der Thekennachbar einen anstösst und sagt: «Your turn!» «Du bist dran!» Der Zuhörer wird ganz selbstverständlich zum Akteur, er sitzt nicht nur daneben, sondern gehört dazu und schafft es dann auch, nach einigen weiteren Drinks, mit einem eigenen Beitrag zur allgemeinen Stimmung beizutragen.
Wer von uns kann noch unbekümmert ein Lied mit allen Strophen aus dem Gedächtnis vortragen? Längst ist unsere Volksmusik konserviert, einschalt- und abrufbar zwar, aber nicht mehr in uns, sondern auf einem Tonträger gut aufbewahrt. Nicht so in Irland. Jugendliche haben im ganzen Land die alten Melodien wieder aufgenommen und mit neuen Inhalten aufpoliert. Durch internationale Erfolge von Gruppen wie den *Chieftains*, *Clannad* und den *Furey Brothers* ist die irische Musik weit über die Landesgrenzen zu neuem Leben erweckt worden. Wie kommt das? Sie verbindet Traditionelles mit modernen Rhythmen, sie präsentiert Empfindungen und Erlebnisse in einer Form, mit der sich Darbietende wie Zuhörer identifizieren und die eine Gemeinsamkeit schafft.
Unendlich viel erlebtes Leid ist festgehalten in einer Art rhythmisch-metrischem Sprechgesang: in der alten Form von allgemeinen Lamentos (*amrhan*), in den Totenklagen (*caoine*) der früheren Klageweiber, in Rezitativen (*rosg*) oder im vierzeiligen Strophengesang (*laoi*). Dazu gesellen sich die lang gezogenen Quetschtöne des Dudelsacks und die kunstvoll melodischen Variationen auf winzigen Blechflöten, ergänzt durch den modulationsreichen Klang einer begleitenden Harfe.
Im Gegensatz zu der gepflegteren Musik des Adels und der Kirche hatte sich im einfachen Volk die Musik als unmittelbare Äußerung von Erfahrungen und Empfindungen erhalten. Sie fehlte weder auf Hochzeiten noch auf Jahrmärkten, natürlich nicht bei Festen und auch nicht während der Verrichtung monotoner Arbeit. Wie die Erzählungen gingen auch die Lieder über auf die jüngere Generation, wurden zwar verändert, ergänzt oder abgekürzt, blieben aber erhalten. Da für die Ausübung oder gar Aufnahme anderer Kunstformen keine Gelegenheit bestand, konzentrierten sich Phantasie und Ideenreichtum auf immer neue Variationen von Musik und Tanz.
Jahrhundertelang lebte das irische Volk weit abgeschieden von nennenswerten kulturellen Einflüssen aus dem Ausland und fernab sozialer Wandlungen; weder berufliche Aufstiegsmöglichkeiten noch Teilnahme am öffentlichen Leben ermöglichten einen Kontakt mit anderen Unterhaltungsformen. Theater, Oper oder Operette waren der Oberschicht vorbehalten, die wie ein Staat im Staate ihr eigenes

GEORG FRIEDRICH HÄNDEL DIRIGIERTE IN DUBLIN

ÜBERRASCHENDERWEISE KAUM WEIHNACHTS- ODER SEEMANNS-LIEDER

ELISABETH I.: ALLE HARFENSPIELER AN DEN GALGEN!

Leben führte und deren Sprache Englisch war.

Im 18. Jahrhundert übte besonders Dublins privilegierte Stadtbevölkerung eine große Anziehungskraft aus auf Musik aus aller Welt. Aus Italien kam der Komponist Francesco Geminiani, aus England der damals tonangebende Dirigent und Komponist Thomas Augustine Arne und aus Deutschland hielt Georg Friedrich Händel triumphierend Einzug. Die Premiere seines *Messias* fand am 13. April 1742 in einer neuen Musikhalle in der Fishamble Street statt, dem heutigen Dubliner Künstlerviertel *Temple Bar*. Eine begeisterte Menschenmenge von etwa 700 Zuhörern forderte weitere Aufführungen.

Am 25. Mai des gleichen Jahres dirigierte Händel *Saul* und am 3. Juni eine Wiederholung des *Messias*. Nach seiner Abreise tauchten in vielen Konzerten Adaptionen seiner Musik auf, und seine Oratorien lösten nicht nur eine Welle fortgesetzter Musikbegeisterung aus, sondern sie entwickelten sich darüber hinaus zu einer unerwartet großen Einnahmequelle für bedeutende Wohltätigkeitsveranstaltungen.

Umgekehrt hatte der erfolgreiche irische Konzertpianist und Komponist John Field (1782-1837) beträchtlichen Einfluss auf Frédéric Chopin und Michail Glinka. Mit seinem überaus einfühlsamen Klaviervortrag und seinen Nocturnes begeisterte er das Publikum in Moskau und Petersburg. Seine Klavierkonzerte und -sonaten gehören noch heute zum ständigen Repertoire der Pianisten.

Weniger bekannt ist, dass Sir Arthur Seymour Sullivan der Sohn eines irischen Konzertmeisters war und mit seiner melodienreichen *Irischen Symphonie* (1866) als Vorläufer von Dvo• ák und Tschaikowsky galt. Seinen Namen nennt man vor allem in einem Atemzug mit Sir W.S. Gilbert, mit dem er nicht weniger als 14 Operetten mit spritzigen Melodien, Rezitativen und geistreichen Wortspielen schuf.

Ein Zeitgenosse Sullivans, Sir Charles Villiers Stanford (1852-1924), war aus Dublin nach England gezogen. Aus seiner Feder stammen Opern, Orchesterwerke und Kammermusik; seine *Irish Symphony* und sechs irische Rhapsodien schöpften ebenfalls aus dem reichen Schatz der irischen Volksmusik. Im Jahre 1882 gab er eine Sammlung mit Liedern aus Alt-Irland heraus und schrieb eine Orchesterbegleitung zu Thomas Moores (1779-1852) überaus beliebten und viel gesungenen *Irish Melodies*.

Wie für die Literatur spielte auch für die Musik die Rückkehr zu irischen Volksweisen im 19. Jahrhundert eine entscheidende Rolle. John F. Larchet (1884-1947) setzte die Musiktradition seiner Familie fort, indem er eine nationale Schule für irische Komponisten gründete und eng mit W.B. Yeats und der neuen Theaterbewegung des Abbey Theatre zusammenarbeitete. Die letzten vier Zeilen in einem Gedicht von W.B. Yeats spiegeln die irische Sing- und Tanzfreude:

«Denn wer gut ist, der lacht auch gerne,
sonst ist er nicht gut und ganz.
Und wer lacht, der liebt die Fiedel,
und wer lacht, der liebt den Tanz.»

Nach wie vor wird in unterschiedlichster Form Irlands traditionelle Musik mit einbezogen und verwertet; althergebrachte Tanzformen finden Eingang in moderne Kompositionen, und vor allem die Lieder haben nichts an Lebendigkeit eingebüßt. Neben den traditionellen Volksliedthemen wie Liebe, Trauer, Arbeit, Glauben, Kinder oder Freude am Trinken gibt es jedoch überraschenderweise kaum Weihnachts- oder Seemannslieder. Auf jeden Fall nahmen die vielen irischen Auswanderer im 18. und 19. Jahrhundert ihre Volksmusik mit in die Neue Welt und beeinflussten nachhaltig und unverkennbar die amerikanische Country-and-Western-Music sowie den Bluegrass.

Bereits im 12. Jahrhundert, als noch niemand etwas von der Existenz Amerikas ahnte, war dem königlichen Berichterstatter Giraldus Cambrensis aus England die offensichtliche Musikbegabung beim irischen Volk aufgefallen: «Die Musik der irischen Einwohner ist ähnlich der europäischen mit Ausnahme der Harfenspieler; diese sind unvergleichlich viel begabter, ihre Spieltechnik ist schnell und lebhaft, trotzdem bleibt der Klang fließend und angenehm.»

Die Harfe war und ist das wichtigste gälische Musikinstrument, und bereits seit dem 12. Jahrhundert erscheint ihr Abbild auf irischen Münzen. In Erinnerung an die große Tradition der Sänger und Barden schmückt heute eine goldene Harfe mit silbernen Saiten auf blauem Grund das irische Wappen, das sich auf allen offiziellen Dokumenten findet. Als Vorlage diente die Harfe aus dem 14. Jahrhundert, die im Volksmund als Brian-Boru-Harfe bekannt ist (obwohl dieser viele Jahrhunderte früher gelebt hatte) und die heute im Trinity College Dublin zu bewundern ist.

Harfenspieler hatten auch die Vortragenden am Hofe des alten keltischen Adels begleitet, eine Sitte, die von den Normannen übernommen und gefördert wurde, bis im 17. Jahrhundert die große Wende kam. Mit dem gewaltsamen Einzug der Reformation in Irland und der Vertreibung all derer, die sich nicht fügten, gelangte die irische Volksmusik in den Untergrund.

Als vermeintlicher Ausdruck einer rebellischen papsthörigen Kultur wurde sie von den neuen Herrschern regelrecht verboten. Eine Proklamation aus dem Jahre 1603 befahl «die Ausrottung jeglicher Art Barden, Harfenspieler und so weiter» und Königin Elisabeth I. wird der Ausspruch nachgesagt: «Alle Harfner an den Galgen.» So wanderten diese angeblich gefährlichen, doch eher gefährdeten Bettelmusiker auf den Landstraßen umher und waren auf das Wohlwollen ihrer ebenfalls verarmten Landsleute angewiesen und insbesondere auf die überraschend häufig anzutreffende Bewunderung und Toleranz des neuen protestantischen Adels.

Aufgrund immer neuer Aufträge komponierte der blinde Harfenist Turlough O'Carolan (1670-1738) über 300 weit verbreitete und beliebte Melodien, die er bei Ho-

IRISCHE WEISEN AUF FESTLAND SCHON IM 18. JH. BELIEBT

BANDS SPIELEN GRUNDSÄTZLICH OHNE NOTEN

KATHOLISCHER PURITANISMUS BEFAHL STOCKSTEIFEN TANZ

fe und in den Landhäusern vortrug. Ihr Erhalt ist vor allem der Initiative Edward Buntings zu verdanken, der 1792 auf einem Harfen-Festival in Belfast das umfangreiche, mündlich überlieferte Repertoire vieler betagter Teilnehmer transskribierte und als traditionelle irische Musik veröffentlichte. Aus diesem Reichtum schöpfte später Thomas Moore die Inspiration zu seinen berühmten Melodien; erweiterte Sammlungen von Petrie und Joyce bereicherten schließlich ganz Europa.
Der Dichter und Dramenschreiber Oliver Goldsmith (1728-1774) setzte die Tradition des Musizierens als Lebensunterhalt auf seinen Reisen durch Europa fort, indem er oft sein Nachtquartier und Essen durch munteres Geigenspiel in den Gasthäusern finanzierte und mit seinen irischen Weisen überall auf dem Festland viel Beifall erntete.
War der Mehrheit des Volkes die Teilnahme am internationalen Kulturgeschehen verwehrt, so gelangten doch durch Kriegsgeschehen und Zuwanderungen vor

Sinnbildliche Verkörperung eines Irland-Klischees: rothaariger Dudelsackspieler

allem aus Frankreich neue Musikformen, Tänze und Instrumente nach Irland. Die Geige, die bis heute unter dem Namen *fiddle* (Fiedel) bekannt ist, hielt als Erste Einzug; aus Schottland kam eine besondere Art Dudelsack: die *Uillean Pipes*, deren Blasebalg durch Bewegungen des Ellenbogens Luft zugeführt wird.
Auch die *Bodhran*-Trommel, ein mit Ziegenfell bespannter runder Rahmen aus Buchenholz, ähnlich einem Tamburin, darf als unentbehrliches Rhythmusinstrument bei keiner Volksmusikgruppe fehlen; als «Puls» der irischen Musik besitzt diese Trommel die magische Kraft, durch ihren durchgehenden Rhythmus «die Seele zu befreien». Bei manchen Auftritten wirbeln besonders geschickte Hände zum zusätzlichen Taktschlagen zwei zweckentfremdete Suppenlöffel herum.
Alle diese Instrumente gehören heute zur Grundausstattung der unzähligen improvisierten oder etablierten Bands, von denen sich mehrere hundert in und um Irland zusammengefunden haben. Sie spielen grundsätzlich ohne Noten und meistens ohne Dirigenten, nur bestimmte Codes dienen bei einer dieser Sessions zur Verständigung; so signalisiert zum Beispiel das einmalige Aufstampfen eines Ensemblemitglieds den anderen das Ende des Liedes.
«Auf jedem Felde ein Fiedler, und die Mädels tanzen, bis sie schweißgebadet zu Boden sinken», schrieb 1674 der englische Autor Richard Head in sein Tagebuch. Das Tanzen war in vorigen Jahrhunderten einer der schönsten und auch fast der einzige Zeitvertreib. Begleitet von einem Dudelsackspieler oder Geiger zogen sogar Tanzmeister von Hütte zu Hütte und brachten den Bauernkindern gegen geringe Bezahlung das Tanzen bei. Jeder Meister hatte eine bestimmte Gegend, in der er sich bis zu sechs Wochen aufhielt und dafür sorgte, dass während dieser Zeit ein Musikfestival oder eine Tanzveranstaltung stattfand.
Rivalisierende Tanzmeister gaben bei diesen Volksfesten Solovorstellungen und ließen sich phantasievolle Einlagen einfallen. So tanzten sie an Sonn- und Feiertagen zur Aufbesserung ihrer Einnahmen auf eingeseiften Fässern, auf ausgehängten Türen, auf Schanktischen und auf schwankenden Eselskarren. Auf diese Art animiert, gab es kein Halten mehr für die Zuschauer. In Gruppen und paarweise wirbelten sie zu unterschiedlichen Melodien und Rhythmen herum; die Tänze sind unter den aus Frankreich stammenden Namen als *Jig*, *Reel* und *Hornpipe* in die Sprache eingegangen.
So beliebt waren sie, dass sie auch dort ausprobiert wurden, wo man sich mehr oder weniger zufällig traf, zum Beispiel an Wegkreuzungen, wo die jungen Leute munter drauflostanzten, sofern das Wetter mitspielte. Bei Regen verlagerten sie diese Vergnügungen in eine Scheune, bis solche improvisierten Tanzhallen schließlich vom besorgten Klerus geschlossen wurden und die Tänze fortan in großen, grauen Gemeindehallen stattfanden, wo sie vom Gemeindepriester beaufsichtigt wurden.
Mit der Rückbesinnung auf Überliefertes im 19. Jahrhundert, insbesondere der gälischen Sprache und Kultur, begann man auch an den Schulen Volksmusik und traditionelle Tänze zu unterrichten, allerdings recht modifiziert. Die rigiden Normen des vorherrschenden katholischen Puritanismus übertrugen sich auch auf die Tanzform: Nur die Füße sollten sich noch flink und äußerst präzise bewegen, der restliche Körper musste stocksteif bleiben und durfte keinen anderen berühren. Auch die bunten, nach Vorlagen des *Book of Kells* reich bestickten Kostüme konnten nicht über die starke Reglementierung und Stilisierung hinwegtrösten. Alles einst Spontane und Vergnügte wurde durch geradezu militärische Exaktheit ersetzt.
Kein Wunder, dass William Thackeray 1843 in seinem *Irish Sketchbook* notierte: «Nie habe ich weniger Grazie, anscheinend auch weniger Vergnügen gesehen.» Trotzdem hielt sich diese eingedrillte Tanzform hartnäckig und brachte bewundernswerte Leistungen hervor, da die Kin-

CEOLTOIRI CHUALANN VORLÄUFER DER CHIEFTAINS

FAST JEDE STADT HAT EIGENES FESTIVAL

DURCH LEID UND ELEND GEPRÄGTE MELANCHOLIE

der schon in frühem Alter und mit viel Eifer mit dem Unterricht begannen.

Wie so oft in Irland bedurfte es eines Initiators von außen, dieses vorhandene Können in modernisierter Version zum Weltschlager zu machen. Vor wenigen Jahren brachte der amerikanische Stepptänzer Bill Flatley wieder Leben in die steife irische Tanzform, indem er, wenn auch sparsam nur, den gesamten Körper bei den Bewegungen mit einbezog. Was als unspektakuläre Unterhaltungseinlage bei einem europäischen Schlagerwettbewerb gedacht war, versetzte die internationale Zuschauerwelt in Staunen und Begeisterung.

Irische Komponisten und Sänger hatten nach Vorlagen alter Volksweisen eine Musik geschaffen, zu der Gruppen und Solisten historische Themen «ertanzen» konnten. Die erweiterten Revuen *Riverdance* und *Lord of the Dance* verbinden inzwischen erfolgreich das ererbte temperamentvolle Talent mit modernisierten irischen Musik- und Tanzformen.

Das große Interesse an irischer Musik und Theaterkunst im heutigen Irland ist weitgehend der im Jahre 1922 eingerichteten staatlichen Rundfunkstation «Radio Eireann» zu verdanken; sie widmete der irischen Kultur viel Sendezeit und erreichte eine erstaunliche Wiederbelebung irischer Tanzweisen und Lieder. Hinzu kam das umfassende Multitalent des verstorbenen Komponisten Sean O'Riada, der unter anderem eine Musikgruppe namens *Ceoltoiri Chualann* ins Leben rief, die zu seinem Erstaunen zum klassischen Vorläufer der inzwischen weltberühmten *Chieftains* wurde und weit über die irischen Grenzen hinaus stetig wachsendes Interesse an traditioneller Musik auslöste. O'Riada war es auch, der alte, wieder entdeckte Harfenkompositionen als Tanzmelodien für ein anspruchsvolleres Publikum auf die Orchesterbühne brachte und damit einen gehobeneren Status für überlieferte Musik in Irland schuf.

Wieder einmal ist es eine Form von Wettbewerb, dem die Wiederbelebung und Förderung irischer Volksmusik zu verdanken ist; die Organisation liegt bis heute bei *Comhaltas Ceoltoire Eireann*, einer staatlich geförderten Vereinigung, die regelmäßig große musikalische Wettbewerbs-Veranstaltungen in ganz Irland durchführt. Unter dem Namen *Fleadh Cheoil*, Fest der Musik, wetteifern jährlich über 100 000 junge Teilnehmer in Stadt und Land auf verschiedensten Instrumenten um Stipendien, Preise und Auszeichnungen. Monatelang laufen die Vorbereitungen, das ganze Jahr hindurch wird eisern geübt.

Aber damit nicht genug: Fast jede Stadt hat inzwischen ihr eigenes Festival mit besonderen Themen. In Milltown Malboy, in der Grafschaft Clare, zum Beispiel treten jedes Jahr im Juli die *Uillean Pipers* auf, vorwiegend in Erinnerung an den berühmten Dudelsackpfeifer Willie Clancy. Die ganze Stadt Cork verwandelt sich im Oktober in ein einziges internationales Jazz-Festival. In Wexford treffen sich jeden Herbst Opernfreunde und -freundinnen aus aller Welt, und das ganze Jahr über wetteifern unzählige Chor- und Musikgruppen bei nationalen oder internationalen Veranstaltungen.

Seitdem die riesige Gruppe der *Riverdance*-Teilnehmer über die großen Bühnen der Welt tanzt, hat auch die Zahl der Tanzschulen besonders zur Förderung des beliebten *Setdancing* (Stepptanz) zugenommen. Selbst in einigen mittelalterlichen Burgen, wie zum Beispiel in Knappaogue und Bunratty Castle, finden im Anschluss an ein üppiges, echt mittelalterliches Festmahl Musik- und neuerdings auch Tanzveranstaltungen statt.

Die Jahreskalender in Stadt und Land quellen über vor Veranstaltungen mit irischer Musik. In Dublin zum Beispiel kann man auf einem *Music Trail* (Musikpfad) namens «Rock'n' Stroll» den Spuren bekannter irischer Gruppen wie U2 (Du auch), Chieftains, Furey Brothers, Christy Moore und vielen anderen folgen.

Im äußersten Westen Irlands, in der Grafschaft Clare und Umgebung, zählt man nicht weniger als 140 Musik-Pubs. Die bekanntesten liegen in entlegenen Fischerdörfern am Atlantik. Allabendlich verwandeln die vielen Gasthäuser in den sonst so ruhigen Ortschaften die Kneipenbesucher in trinkende Musiker oder musizierende Trinker. Man raunt sogar, dass angereiste junge Mädchen aus dem Ausland davon träumen, einen echten Dooliner zu heiraten, um für den Rest ihres Lebens an diesem turbulenten nächtlichen Treiben teilnehmen zu können.

Was ist die Attraktion? Zweifellos das Spontane, das Improvisierte und Unkonventionelle; auch die gelockerte Atmosphäre und Geselligkeit, das Gefühl der Zusammengehörigkeit, die Geborgenheit, wenn draußen der Sturm heult.

Und Talent! Diese traditionelle Musik, die sich durchaus nicht nur mit Frohsinn und Vergnügen verbindet, sondern auch eine durch viel erfahrenes Leid und Elend geprägte Melancholie und Wehmut bezeugt, mag einer heutigen Ungewissheit, Unruhe und Frustration entsprechen. Was die Iren über Jahrhunderte in ihren Liedern festhielten und bewahrten, haben auch Menschen anderer Völker erfahren und sie identifizieren sich hier mit dieser übernationalen, von der Sprache unabhängigen Musik. Und da viele ihre eigene Ausdrucksweise vergessen oder verloren haben, begeistern sie sich für Clannad, Enya, Maire Brennan, Loreena Mc Kenna und andere Iren, die für sie und mit ihnen singen und musizieren.

Man schätzt, dass etwa 10 000 junge Menschen in Irland in irgendeiner Form mit einer Musikgruppe zu tun haben. Zwei Drittel der Pop-Welthitliste werden von jungen Iren besetzt. Zum siebten Mal haben sie 1996 mit großem Abstand vor den übrigen 22 Teilnehmern den alljährlichen *Eurovision Songcontest* gewonnen, und zwar mit einer an traditionelle Volksweisen angelehnten, aber neu komponierten Melodie. Sie trägt den bezeichnenden Titel *The Voice* (die Stimme) und scheint nicht nur die irische, sondern gleichermaßen auch die junge europäische Seele anzusprechen.

Strand von Dugort auf Achill Island: der warme Golfstrom macht hier das Baden besonders angenehm

nächste Doppelseite: *Der Atlantik Drive führt um den Südzipfel von Achill Island und bietet schöne Ausblicke auf die felsige Küste und die Buchten*

übernächste Doppelseite: *Achill Island kennzeichnen lang gezogene Sandstrände und einsame Buchten, aber auch idyllische Moor- und Heidelandschaften*

Katholischer und protestantischer Sport

Bei einem Blick in irische Tageszeitungen fallen dem Leser die vielen Seiten mit umfassenden Sportberichten und erregenden Wettkampf-Fotos auf, die täglich ihre Leserschaft mit ausführlicher Information versorgen. Die junge Bevölkerung des Landes nimmt leidenschaftlichen Anteil an den Geschehnissen auf Sport- und Fußballplätzen sowie an jeglichen Einzel- oder Teamwettkämpfen. Loyale Unterstützung und gebührender Ansporn sind den aktiven irischen Sportlern gewiss. Der Statistik nach stellen die Iren einen Europarekord auf, indem sich 48 Prozent der Bevölkerung tagein tagaus mit sportlichen Ereignissen befassen. So ist es auch Ehrensache und einen freien Tag wert, jedem Sportler, der siegreich aus dem Ausland heimkehrt, einen triumphalen Empfang in der Hauptstadt Dublin und anschließend in seinem Heimatort zu bereiten.

Selbst bei heftigem Dauerregen säumte eine jubelnde Menschenmenge die Straße vom Flugplatz bis zur Innenstadt, als die 23-jährige Schwimmerin Michelle Smith im Sommer 1996 mit drei Gold- und einer Bronzemedaille von den Olympischen Spielen in Atlanta zurückkehrte. Ähnlich erging es der irischen *Soccer*-Mannschaft im Jahre 1990, nachdem sie während der Weltmeisterschaft bis ins Viertelfinale vorgedrungen war.

Schätzungsweise 700 000 Bewunderer bejubelten die Spieler als leibhaftige Volkshelden. Einige Jahre zuvor wurde dem Boxer Barry MacGuigan ein triumphaler Empfang bereitet. Und als der Radrennfahrer Stephen Roche im Jahre 1987 die Tour de France gewonnen hatte, kam der gesamte Verkehr in der irischen Hauptstadt zum Erliegen. Vor ihm hatte Sean Kelly in den Achzigerjahren die Welt des Profi-Radsports beherrscht.

Im Jahre 1992 kamen Gold und Silber von der Olympiade in Barcelona nach Irland, und zwar durch die Erfolge der Boxer Michael Caruth aus Dublin und Mayne McCullough aus Belfast. Beiden wurde bei ihrer Ankunft in der Hauptstadt ein so herzlicher Empfang zuteil, dass an diesem Tag alle politischen Spannungen zwischen Nord und Süd vergessen waren. Außer den Sportlern schaffen es nur der Papst und amerikanische Präsidenten, solche wahrhaft begeisterte Menschenmengen spontan auf die Straßen zu locken.

Mit den Erfolgen der heimgekehrten Sportler mehren sich auch die Forderungen nach besseren Ausbildungsmöglichkeiten. Der Ruf nach ausreichenden Trainingshallen und -geräten für Athleten und Schwimmer wird zunehmend lauter. Erst dank der Lobby- und Werbetätigkeit zurückkehrender Sieger und deren großen Medienpräsenz können neuerdings umfangreichere Sporteinrichtungen finanziert werden: teils durch Sponsoren, teils durch Staatszuschüsse und vor allem mit Einnahmen aus dem wöchentlichen Lotteriespiel. Echte Amateure aus wohlhabenden Familien waren die ersten irischen Sieger von Wimbledon gewesen. Im Jahre 1890 hatte W.J. Hamilton für Irland die begehrte Tennistrophäe gewonnen, während sich 1893 und 1894 J. Pim als irischer Wimbledonsieger ausgezeichnet hatte.

Die grasbewachsenen Tennis-, Fußball- und Golfplätze bleiben in Irland den ganzen Sommer, aber auch im Winter grün und gewähren den Sportlern das ganze Jahr hindurch Trainingsmöglichkeiten. Viele der insgesamt 271 Golfplätze gehören zweifellos zu den schönsten der Welt, und lange Wartelisten für zukünftige Mitglieder zeugen von der zunehmenden Beliebtheit dieser Sportart. Auf der Liste der Golfunion sind die Namen von 148 000 Golfspielern registriert, darunter nur eine Hand voll Frauen, da sie höchstens durch Kooptation Mitglied werden können. Vielleicht gelten sie als Hindernis bei dem nicht zu unterschätzenden *social life*, das heißt bei den gesellschaftlichen und zunehmend auch internationalen geschäftlichen Kontakten, die dabei geknüpfte werden, und die mindestens genauso wichtig sind wie der Sport selbst.

Eine Reihe Wettspiele haben spürbare Auswirkungen auf das Leben im ganzen

Land: Zum Beispiel kommt es vor, dass an einem Mittwochnachmittag im Sommer Straßen und Plätze, Büros und Geschäfte, Parks und Gärten wie ausgestorben daliegen. Warum? Ein Länderspiel findet irgendwo auf der Welt statt und wird im Fernsehen übertragen. Das Besondere daran: Eine irische Mannschaft ist beteiligt und kämpft für die Nation! Oder es geht um die Hurling-Endmeisterschaft einer Grafschaft in Irland. Brennende Kerzen auf dem Fernseher, laute Gebete während des Spiels, in Vereinsfarben geschmückte Häuser und ein brechend volles Stadion zeugen von der starken Unterstützung aus dem Volk, wenn seine Söhne ihr Bestes geben.

Dramatisch aber wird es erst am Spielende. Hat die bevorzugte Seite gewonnen, so strömen die Fans in die ohnehin schon übervollen Pubs und trinken aus Freude, hat das Team verloren, wandern sie auch in die Kneipen, aber um den Kummer zu ertränken. Außerdem hat fast jeder einen finanziellen Gewinn oder Verlust zu feiern oder zu betrauern, denn jede Sportart ist mit waghalsigen Wetten jeder Größenordnung verknüpft.

Wettbüros, von der Pferderennbahn her *Turf Accountants* (Torfbuchhalter) genannt, gibt es fast so viele wie Pubs in Irland: Dunkle Räume mit vergitterten Schaltern, hinter denen sich Geldberge türmen, während die Wettscheine, oft in letzter Minute, hastig ausgefüllt werden. Man setzt auf alles, den Sieg von Windhunden und Pferden, auf Rugby-, Fußball- und Hurlingteams, auf Hasen oder andere individuelle Stars menschlicher oder tierischer Abstammung. Das Wetten gehört zum sportlichen Ereignis wie ein *Pint* Guinness vorher und mehrere hinterher.

Nachdem 1990 die irische Fußballmannschaft unter dem englischen Trainer Jack Charlton bis ins Viertelfinale der Weltmeisterschaft vorgedrungen war, wird *Soccer* immer beliebter unter den jungen Iren, mitunter auch Irinnen. Das war nicht immer so, denn auch im Sport bestand die unvermeidliche religiöse Trennlinie *Hurling* und *Caelic Football* (gälischer Fußball) für die Katholiken, *Soccer*, Rugby, Kricket und Hockey vorwiegend für die Protestanten. Während die einheimische Landbevölkerung sich traditionsgemäß den gälischen Spielen widmete, hatten mit der englischen Armee die *Garrison Games* (Garnisonsspiele) Einzug gehalten. Die scharfe Unterscheidung zwischen den Ausübenden der Sportarten wurde vor allem durch strenge Vorschriften der *Gaelic Athletic Association* (GAA) zementiert.

Diese im Jahre 1884 gegründete Sportorganisation war im Zuge der Wiederbelebung nationaler Sitten und Bräuche entstanden. Sie setzte sich seinerzeit zum Ziel, traditionelle gälische Spiele vor dem Aussterben zu bewahren, um damit das irische Nationalbewusstsein zu stärken und die von Anglo-Iren praktizierten Sportarten zu blockieren. Bis nach 1980 untersagte die GAA ihren Mitgliedern die Teilnahme an nicht gälischen Spielen, ein Verbot, das immer wieder zu der Vermutung Anlass gab, dass das Training in dieser Organisation nicht nur der sportlichen Ertüchtigung diente.

In ihren Anfängen unterstand die GAA dem Patronat Dr. Crokes, Erzbischof von Thurles, nach dem das ausschließlich für gälische Spiele bestimmte Stadion auf der Nordseite Dublins benannt wurde. Später übernahm der protestantische Politiker Charles Stewart Parnell die Schirmherrschaft dieser stark national orientierten Institution, nachdem er seine Führungsfähigkeit in seiner Jugend als begeisterter Kricketcaptain in der Grafschaft Wicklow erprobt und dann einen Gesinnungswandel vollzogen hatte.

In enger Zusammenarbeit mit der allerorts straff durchorganisierten katholischen Kirche gelang es bis in die kleinste Gemeinde, Begeisterung für gälische Spiele auszulösen oder im Zweifelsfall auch anzuordnen. Der Erfolg blieb nicht aus, hatten die jungen Leute doch endlich ein anderes Betätigungsfeld als ihre Arbeit, Familie oder Kirche! Von nun an konnte man sich sonntags als Spieler oder auch nur als Zuschauer, zu denen sich natürlich auch die Schönen des Dorfes gesellten, auf dem Sportplatz tummeln und der drückenden häuslichen Enge entkommen. Zudem reicht die Geschichte des *Hurling* bis in die mystische Vergangenheit Irlands zurück. Schon der große Sagenheld Cuchulainn soll es nicht nur gespielt, sondern in jungen Jahren als Kampftechnik angewandt haben. Und in dem Liebesepos *Grainne und Diarmud* wird erzählt, dass Grainne den magischen Liebesfleck an Diarmud ausgerechnet während eines Hurlingspiels entdeckt hatte, woraufhin sie seinem Liebeszauber nie mehr hat widerstehen können.

Während die schier unerschöpflichen Kräfte der Mitspieler eines Hurlingspiels in fernen Zeiten über viele Tage reichten, beschränkt man sich heute bei diesem Mannschaftssports auf nur wenige, dafür garantiert aufregende Stunden. Dabei stehen sich jeweils 15 Spieler gegenüber und versuchen, einen harten Ball (*slitter*) von der Größe eines Tennisballs, innen Kork, außen Leder, in das nicht bewachte gegnerische Tor zu treiben, während alle Spieler der Gegenpartei als Torwarte agieren.

Dabei dient ihnen als wichtigstes Hilfsmittel ein etwa ein Meter langer Schläger (*hurley*) aus hartem Eschenholz, der eben nicht immer nur den Ball trifft! An Verletzungen und blauen Flecken mangelt es nicht während der zwei Halbzeiten von je 35 Minuten. Nichtsdestoweniger gibt es auch eine Hurling-Version für Frauen, die mit etwas milderen Regeln und einer

GÄLISCHER FUSSBALL IRISCHE VARIANTE DES ENGLISCHEN RUGBY

NUR RUGBY UND KRICKET MIT GESAMTIRISCHER MANNSCHAFT

MANNSCHAFTSBILD GLEICH NEBEN PAPSTBILD

Halbzeit von je 25 Minuten unter dem Namen *Camogie* sehr beliebt ist.

Auch beim *Gaelic Football* (gälischer Fußball), einer irischen Variante des englischen Rugby, stehen sich jeweils 15 Teilnehmer auf einem Hurling-Spielfeld gegenüber und versuchen, mit Händen und Füßen den Ball ins gegnerische Tor (hier mit Torwart) zu schleudern. Seit Jahrzehnten gewinnen die Mannschaften aus Kerry den Meisterschaftspokal in diesem knochenbrecherischen Sport. Sie haben sich dadurch den berechtigten Beinamen *tough boys* (harte Kerle) erworben.

Zur genauen Unterscheidung der drei sehr ähnlichen Ballspiele kann man sich folgende Definition merken: Rugby ist ein Spiel für Raufbolde, das von Gentlemen gespielt wird. *Soccer* ist ein Spiel für Gentlemen, das von Raufbolden gespielt wird. Gälischer Fußball aber ist ein Spiel, das für Raufbolde von Raufbolden gespielt wird.

Schon während der Schulzeit wurden die Weichen für künftige Spieler gestellt. Ging man auf eine katholische Schule, standen vorwiegend Hurling, Camogie und gälischer Fußball auf dem Stundenplan; ging man auf eine protestantische Schule, dominierten Rugby, Hockey, Kricket und Tennis. Vor allem in den kleineren Städten und Dörfern hielt man sich an die strikte Trennung der Sportarten, in Dublin dagegen zeigten manche Schulen mehr Offenheit, vermutlich gepaart mit gesellschaftlichem Ehrgeiz.

So erkannten zum Beispiel die Schulen der *Holy Ghost Fathers* sowie die Jesuiten- und Zisterzienserschulen früh genug, dass man sich mit nur national orientierten Spielen zu stark absonderte und ohne Austausch untereinander erst recht nicht den Anschluss an die führende Oberschicht erreichen konnte.

Dennoch spielt der Einfluss der GAA auch heute noch eine bedeutende Rolle, denn es geht nicht nur um Sport, sondern nach wie vor um die Erhaltung nationaler Identität und Tradition sowie um «das Heranbilden disziplinierter, selbständiger, national gesonnener Männlichkeit», wie es im Vorwort des *Official Guide* aus dem Jahre 1991 nachzulesen ist. Da diese Organisation besonders auf dem Lande eine wichtige Rolle spielt und meist ehrenamtlich verwaltet wird, überrascht es nicht, dass GAA-Spieler und ihre Anhänger später ihre organisatorischen Erfahrungen und Kontakte auf eine politische Laufbahn übertragen.

So sind bei Neuwahlen im Allgemeinen über ein Drittel der Abgeordneten im irischen Parlament aktive Mitglieder in der GAA gewesen. Besonders aus den hartgesottenen Nationalmannschaften gingen bedeutende Führungskräfte der Politik und Wirtschaft hervor, die wiederum ihre Mitarbeiter aus den Reihen früherer Sportkumpane rekrutierten.

Der ausgezeichnete Fußballer und Hurler Jack Lynch aus Cork, der nicht weniger als sechs Medaillen für Gesamtirland gewonnen hatte, wurde zweimal zum Premierminister (1966-73 und 77-79) ernannt, während sich der millionenschwere Geschäftsmann Tony O'Reilly in seiner Jugend als tüchtiger Rugby- und Kricketspieler ausgezeichnet hatte. Letzterer besuchte die Dubliner Jesuitenschule Belvedere, die sich, genau wie die von Kricket begeisterte jesuitische Eliteschule Clongowes, von den kategorischen Bestimmungen der GAA distanzierte.

Bemerkenswert ist auch, dass Rugby und Kricket die einzigen Sportarten sind, die mit einer gesamtirischen Mannschaft, das heißt mit Spielern aus Nord und Süd antreten. Mit Ausnahme des Berufsboxens bietet sich hier die seltene Gelegenheit, miteinander statt gegeneinander zu kämpfen. Weit entfernt vom Croke Park, der auf der ärmeren Nordseite Dublins liegt, befindet sich das Rugby-Stadion auf der besser situierten Südseite der Stadt, nicht weit vom Trinity College, wo Irlands ältester Rugby-Club, übrigens der zweitälteste der Welt, seinen Ursprung hatte.

Mehrmals haben berühmte irische Rugby-Mannschaften die begehrte *Triple Crown* im internationalen Wettkampf Gesamtirlands, das heißt unter Beteiligung aller 32 Grafschaften, gegen England, Schottland und Wales gewonnen. Eine seltsame Ironie liegt in der Tatsache, dass damit ausgerechnet die «fremden Garnisonsspiele» bedeutend zum gesamtirischen Nationalstolz beitrugen, während die sogenannten nationalen Spiele bis heute vor allem den Lokalpatriotismus der einzelnen Grafschaften fördern.

Gälische Hochburgen sind in Cork, Galway, Kerry, Tipperary und Kilkenny. Allein die gemeinsamen Fahrten zu den jeweiligen Spielen sind abenteuerliche Unternehmungen, denn zur Sportbegeisterung gehört auch Trinkfestigkeit, und es liegen viele Kneipen am Weg! Betritt man ein Haus in einer sportbegeisterten Ortschaft, so erkennt man die jeweilige Parteinahme seiner Bewohner und die Bedeutung der einzelnen Spieler daran, dass ihr Mannschaftsbild gleich neben dem des Papstes und den zahlreichen Familienfotos plaziert ist.

Bei besonderen Anlässen schmücken zusätzlich Vereinsfahnen die Häuser und verkünden unverkennbar, auf welcher Seite die Sympathien ihrer Bewohner liegen. Wie «irisch» die Rugby-Nationalmannschaft um die Jahrhundertwende war, veranschaulicht eine Unterhaltung zwischen einem Dubliner Droschkenkutscher und einem der Spieler, dem später berühmten, jüdischen Gynäkologen Bethel Solomons. Auf der Fahrt kam das Gespräch auf das bevorstehende Länderspiel und die einzelnen Teilnehmer der irischen Nationalmannschaft, bis schließlich der Droschkenfahrer gereizt ausrief: «Von wegen irisch! Keine Spur! Wo die ganze Mannschaft doch nur aus 14 Protestanten und einem elenden Juden besteht!»

Die zweifellos große Sportbegeisterung in Irland ist nicht nur früher Gewohnheit in der Schule und der gezielten Organisation während der Freizeit zu verdanken, sondern sie ist auch in dem verhältnismäßig leichten Zugang zu Sportfeldern und -plätzen begründet. Im gemäßigten irischen Klima kann man praktisch das ganze Jahr

MEHRHEIT DER BEVÖLKERUNG KANN NICHT SCHWIMMEN

LEHNSTUHLSPORTLER AUCH IN IRLAND BELIEBT

CRACK IST TRINKEN, REDEN, MUSIK, KLATSCH, SPOTT UND SPORT

über sämtliche Mannschaftsspiele draußen üben und spielen. Die ideale Insellage sowie die Wochenenden und langen Sommerabende, an denen es bis 22 Uhr hell bleibt, begünstigen zudem die Ausübung sämtlicher Wassersportarten, auch wenn die Mehrheit der Bevölkerung nicht schwimmen kann.

Vom Segeln und Surfen bis zum Tauchen und Kanufahren lassen sich fast alle Hobbys das gesamte Jahr hindurch betreiben. Einige Unverdrießliche schwimmen jedes Wochenende ungeachtet der Wetterverhältnisse in der Irischen See, und ganz Verwegene erfrischen sich traditionsgemäß nach durchzechter Nacht am Neujahrstag – zum Gaudi des Publikums – in den kühlen Meeresfluten, und zwar just unterhalb des James-Joyce-Turms im Dubliner Vorort Sandycove.

Wer zu den Ausnahmen gehört und sich wenig oder nie an sportlichen Aktivitäten beteiligt, wird zumindest als *armchair sportsman* (Lehnstuhl-Sportler) die Ereignisse am Bildschirm verfolgen, am liebsten im Kreise von Gleichgesinnten. Tut er solches allein zu Hause und nicht vor dem Großbildschirm im Pub, so entgeht ihm *the crack* vorher, mehr noch während des Spiels und ganz besonders hinterher. *Crack* ist ein Sammelbegriff für Trinken, Reden, Lachen, Musik, Lärm, Spaß, Klatsch, Spott und Sport und wird gesteigert durch den Vorsatz *great* (groß). «It was great crack» ist das höchste Lob für ein gesellschaftliches Zusammensein.

Ziemlich eindrucksvoll erhebt sich bei Sligo der Tafelberg Benbulben

Pfeilschnelle Vögel und Vierbeiner

Elche und Hirsche, Hyänen und sogar Rhinozerosse durchstreiften die irischen Wälder, als Irland und England noch durch eine Landbrücke verbunden waren. Erst bei der Eisschmelze hob sich der Meeresspiegel, so dass individuelle Inseln entstanden und dem Umherwandern der Tiere ein Ende bereitet war. Als der Mensch vor etwa 8000 Jahren auf dieser Insel auftauchte, zähmte er einige der Tiere, die er in den Wäldern vorfand; er hielt sich Wölfe und Schweine, Rinder und Rehe. In den Flüssen fand er Lachse, auf hohen Felsen nisteten Adler und Falken, auf den Seen schwammen Wildenten.

Die Normannen brachten Kaninchen mit, die sich im Laufe der Jahrhunderte zu typisch irischen Hasen entwickelten, mit einem Fell, das im Winter nicht mehr weiß wird, weil es in Irland kaum schneit. Im Mittelalter kamen auf den Schiffen die Hausratten und mit ihren Flöhen die Pest, während die Wanderratten erst im 18. Jahrhundert nachrückten.

Der letzte gewaltige Riesenalk starb in Irland im Jahre 1834. Mit dem zunehmenden Eingriff des Menschen in die Natur verringerte sich das Habitat vieler Tiere und es besteht heute wie im übrigen Europa die Gefahr, den Naturkreislauf zu einseitig zu belasten und letzten Endes zu unterbrechen.

Wenn Düngemittel und Silage die Flüsse und Seen erreichen und ins Grundwasser sickern, wenn chemische Konzerne die Luft verpesten und auch die Meere ringsum Unmengen von Abfall schlucken müssen, dann zeigen sich als erste Folgen Veränderungen in der Tier- und Pflanzenwelt. Die warnenden Stimmen von Umweltschützern werden zunehmend lauter in dem ernsthaften Bemühen, das irische «Naturparadies» zu retten.

Denn nicht nur die einheimischen Tiere sind durch menschliche Eingriffe bedroht. Längst hat es sich innerhalb Europas herumgezwitschert, wie gut es sich als Vogel in Irland überwintern lässt. Neben etwa 200 einheimischen Vogelarten gibt es noch einmal so viele, die vorübergehend im Sommer, mehr noch im Winter auf der irischen Insel Zwischenstation machen. Sie finden ideale Nistplätze in diesem wasser- und moorreichen Land und optimale Lebensbedingungen, solange der Mensch ihr Habitat nicht zerstört.

Eine drohende Gefahr stellen die in hohem Maße benutzten chemischen Düngemittel dar, die in die Nahrungskette gelangen: von den Pflanzen zu den Kriechtieren, durch sie zu den Klein- und Raubvögeln. Immer häufiger kommt es vor, dass zu viele Chemikalien die Fortpflanzung stören und die Vögel nur taube Eier hervorbringen. Das letzte Paar goldener Adler starb in den Fünfzigerjahren. Habichte und Falken werden erbarmungslos von Jägern und solchen, die sich dafür halten, abgeschossen.

Zu fürstlichen Preisen werden an Wochenenden *Shooting Parties* für gewichtige Geschäftsleute vom europäischen Festland organisiert, die sich eigentlich zur Befriedigung ihrer Schießleidenschaft, mit eigens dafür gezüchteten und im gegebenen Moment frei gelassenen Fasanen begnügen sollten, doch fallen immer wieder andere, seltene Vögel diesem als Sport deklarierten Massaker zum Opfer.

Noch aber kann man in Irland Graureiher in freier Natur entdecken und auch den überaus bunt schillernden Eisvogel, der wegen seines blaugrünen Rückens und des gelbroten Bauches den Beinamen «fliegender Edelstein» erhielt. Stundenlang kann der Naturfreund seine raffinierten Tauchkünste und geübten Fangtechniken an einem entlegenen Bach oder See beobachten.

Umstellungen in der Landwirtschaft, wie zum Beispiel der Wechsel von Heufutter zu Silage, gefährden das Überleben solcher Vögel, die auf Wiesen nisten, denn früher als sonst mähen die Bauern heutzutage ihre Felder und zerstören dabei die Vogelnester mit ihrer jungen Brut. So ist der geheimnisvolle Ruf der Wiesenknarre, der früher in lauen Sommernächten über Felder und Wiesen ertönte, nur noch in einem kleinen Gebiet im Nordwesten und in den Feuchtgebieten am Shannon zu hören.

Noch besitzt Irland den größten Otterbestand in Europa. Doch leider werden auch diese Tiere von Anglern und Fischern rücksichtslos ausgerottet, weil sie mitunter Reusen zerreißen und den zweibeinigen Fängern zu viele Fische wegfressen. Ein ähnliches Argument wird bei der Vernichtung von Seehunden angeführt. Seit die Fischer von Achill Island 1982 auf der vorgelagerten Robbeninsel Inshkea ein wahres Blutbad anrichteten und hunderte der ahnungslosen Tiere erschlugen, halten diese sich fern von Menschen und sind Tag und Nacht auf der Hut.

Auch auf Dachsjagd begibt man sich in ähnlich grausamer Weise. Als Vorwand dient die Mutmaßung, das Wildtier sei für die Ausbreitung der Rindertuberkolose verantwortlich. Zwar ist der Dachs gesetzlich geschützt, dennoch lauert man dem Tier auf, räuchert es in seinem Bau aus und knüppelt es dann auf der Flucht nieder. Oder man lockt es in eine Grube, in der man aufgehetzte Hunde loslässt.

Badger Batting ist zu einer Art Sport ausgeartet und scheint besonders brutale Instinkte im Menschen zu reizen. Immer öfter sieht man nachts Wildtiere durch die Gärten der Vororte schleichen, denn paradoxerweise scheinen sich Dachse und Füchse in Stadtnähe sicherer zu fühlen als auf dem Lande!

Innerhalb der Stadt müssen Tiere dem Menschen auf andere Weise dienen: So entscheidet sich am jeweils ersten Sonntag im Monat das Schicksal all der Pferde, die nicht das Glück haben, zu den Stars der alljährlichen Pferdeschau im Monat August zu gehören. Auf dem Smithfield-Platz nördlich des Liffey-Flusses versammeln sich vornehmlich Jugendliche aus den ärmeren Randgebieten der Stadt sowie umherziehende Pferdehändler und fahrendes Volk.

Hier geht es, ähnlich wie bei der *Horse Show*, vor allem um den Spaß am Handeln und Feilschen sowie um Prestige. Während im Hintergrund bereits Lastkraftwagen mit ausländischen Nummernschildern warten, um am Ende alles aufzuladen, was übrig bleibt, und zu den Schlachthöfen auf dem Festland zu karren, verhandeln Kauflustige um Niedrigstpreise für die ausgedienten Vierbeiner. Das Los, das die aufgekauften Tiere erwartet, ist oft ebenso schlimm wie der Abtransport zum Schlachthof.

Zunächst schwingt sich der neue, zumeist junge Besitzer unter dem Jubelgeschrei seiner Artgenossen auf sein frisch erworbenes, ungesatteltes Pferd und galoppiert davon, gefolgt von einer grölenden Kinderschar. Wohin? Entweder lebt er in einem Wohnwagen und gehört zu dem Wandervolk der *Trinker*, die an Straßenrändern oder auf freien Plätzen kampieren, oder er bringt seinen Erwerb als Zeichen seiner Macht und Unabhängigkeit zu einem Wohnblock, in dem sich große Familien in kleinen Wohnungen drängen. Dort lässt er sich mit seiner lebenden Trophäe erst einmal von Jung und Alt bewundern.

Mit zusammengebundenen Vorderfüßen darf das Tier später auf abgetretenen Grünflächen, am Straßenrand oder in Vorgärten grasen. Es dient als Spielzeug, als Statussymbol, als Objekt für Wetten und als Transportmittel für Ausritte. Über Nacht wird es mit einem Strick an einen Laternenpfahl gebunden.

Ist die erste Euphorie vorbei, gerät es in Vergessenheit und bleibt oft ungeschützt eisigen Winden oder praller Sonne ausgesetzt. Selbst das abgehärtetste Connemara-Pony ist solcher Behandlung nicht gewachsen, auch wenn diese Tiere für ihre Anspruchslosigkeit weltberühmt sind. Wissen die neuen Besitzer, dass ein Pferd pro Tag acht Gallonen Wasser braucht und dass ein Seil im Maul unweigerlich schwere Entzündungen verursacht? Ein unerfahrener, junger Besitzer wollte lieber ein Zebra statt ein Pferd haben und verfiel auf die Idee, es mit schwarzen und weißen Streifen zu bemalen. Erschüttert musste er dann zusehen, wie das Pferd langsam vor ihm verendete.

Aber es gibt auch andere Besitzer, die ein wenig mehr Erfahrung mitbringen im Umgang mit Tieren. Sie bemühen sich zumindest, Geld für das Futter aufzutreiben, einen Schuppen zu finden, Freunde bei der Betreuung mit einzubeziehen. Überwiegt die Mühe den Nutzen, so lässt man das Pferd einfach laufen. Dem ahnungslosen Autofahrer begegnen solche umherwandernden Tiere auf Landstraßen oder zwischen Wohnblocks. Nicht selten verursachen sie Unfälle oder verunglücken selbst. Wenn es Tierschützern gelingt, sie

«Greyhound Racing»: Das Windhundrennen ist zweifellos der beliebteste Wettsport der Iren

HABEN IRLANDS TIERE KEINE GEFÜHLE?

BELIEBTESTE, TEUERSTE UND CHAOTISCH WIRKENDE SCHAU

PFERDEMARKT TREFFPUNKT VON GELDLIEBHABERN

aufzugreifen, weisen sie oft Spuren großer Vernachlässigung und Misshandlung auf. Schon lange bemüht sich der irische Tierschutzverein um eine Registratur dieser Pferde, damit verantwortungslose Besitzer zur Rechenschaft gezogen werden können. Oft kommt die Rettung zu spät, häufig auch wird den Helfern jedes Eingreifen gewaltsam verwehrt. Bei vielen Iren hat sich der Gedanke festgesetzt, Tiere hätten keine Seele und deshalb auch keine Gefühle, sie dienten vornehmlich als Nutzobjekte. Die Arbeit des Tierschutzvereins, der *Dublin Society for the Prevention of Cruelty to Animals*, erhält wenig staatliche Unterstützung.

Sie ist eine der vielen Organisationen, die allein durch Privatinitiative entstanden sind und ihre umfangreiche, uferlose Arbeit mühselig aus Spenden, Sammlungen, dem Erlös von Basaren und gelegentlicher Staatsbeihilfe finanzieren. Abgesehen von dem Unterhalt eines Heims für verwahrloste Tiere und einer Wiese für misshandelte Pferde, Esel, Ziegen und Schafe werden Helfer und Tierärzte zu etwa 4000 Rettungsaktionen pro Jahr gerufen. Vom Schwan, der mutwillig mit Farbe übergossen wurde, über verstümmelte Katzen und lahm geprügelte Hunde bis zu verhungerten Großtieren ist die Liste der von Menschen verübten Grausamkeiten erschreckend lang.

Weniger bekannt, aber doch häufig praktiziert, sind die zur Unterhaltung Einheimischer und gut zahlender Touristen veranstalteten, jedoch strikt geheim gehaltenen Kämpfe zwischen eigens dafür abgerichteten Hunden. Sie finden in alten Fabrikhallen statt, ebenso wie auch Hahnenkämpfe organisiert und allen offiziellen Verboten zum Trotz mit grenzenloser Brutalität durchgeführt werden. Bis zu zwei Stunden können diese mit großem Wetteinsatz dotierten Kämpfe dauern, bis die Tiere zum Gaudi der Zuschauer an ihren mörderischen Verletzungen verbluten und elend verenden.

Besser behandelt werden die etwa 200 Arbeitspferde, die in Dublin noch Dienst tun. Sie ziehen Kutschen für Touristen durch den Autoverkehr oder arbeiten als Zugtiere für Händler und das fahrende Volk. Wer Irland im gemächlichen Tempo von einem PS erleben möchte, kann sich einen modernisierten Zigeunerwagen samt Pferd mieten und Land und Leute vom Kutschbock aus kennen lernen.

Ebenfalls um Pferde geht es, wenn auch in anderem Stil, auf der internationalen *Dublin Horse Show*, wo das Hindernisrennen um den Gewinn der Aga-Khan-Trophäe den Höhepunkt bildet. Um diese Stiftung des Ismaeliten an seinen ehemaligen irischen Hauslehrer, Mr. Kenny, dreht sich die *Horse Show Week* heute mehr als um die ursprünglichen Ziele dieser Institution. Bei ihrer Gründung im Jahre 1731 war es vor allem um die Förderung von Landwirtschaftsausstellungen irischer Farmer gegangen. Aus diesem Unternehmen entwickelte sich 1820 unter der Schirmherrschaft von König George IV. die berühmte *Royal Dublin Society*, die im Jahre 1864 erstmals eine Schau für Pferde veranstaltete, um auf die Prachtexemplare irischer Pferdezucht aufmerksam zu machen.

Seither findet alljährlich in der ersten Augustwoche diese beliebteste, teuerste, am besten organisierte und doch chaotisch wirkende Schau des Landes statt. Ein gesellschaftliches Großereignis für alle, die sehen und gesehen werden wollen. Wettspringen, Reitvorführungen, Pferdeankäufe und -verkäufe sind die Kernereignisse an fünf thematisierten Tagen. Mittwoch zum Beispiel ist der Tag der hier versammelten Jagdreiter, die im Herbst auf ihren Landgütern nach altem Ritual Fuchs- und Hirschjagden veranstalten. Bei der *Horse Show* müssen die Pferde in halsbrecherischem Galopp über Zäune und Mauern, Hecken und Wassergräben jagen, um die begehrte Trophäe zu erlangen.

Donnerstag ist *Ladies Day*, der gesellschaftliche Höhepunkt der Show, da nunmehr die Damen statt die Pferde um den ersten Preis wetteifern. Gekürt wird der exzentrischste Hut und die eleganteste Aufmachung. Als Preise locken Autos, Einkaufsgutscheine, phantastische Reisen und ein Foto in der Tagespresse. Mitten im Getümmel von Menschen und Tieren duftet eine Blumen- und Gemüseschau als Rahmenveranstaltung in einer der Ausstellungshallen. Auch hier erhalten stolze Züchter Preise und Auszeichnungen. Andere Hallen zeigen Neuheiten im Bereich von Landwirtschaftsgerät, Futterbeigaben und Pferdegeschirr.

Doch der echte Handel nach althergebrachtem Ritual ist bei den wirklichen Pferde-Experten zu beobachten, wenn auch nicht alle der 7000 Pferdezüchter Irlands zur Stelle sind. Nach tagelangem Begutachten und Feilschen wechseln schließlich Tausendpfundnoten den Besitzer und wandern von der einen Hosentasche in die andere; ein Händedruck besiegelt den Handel. Aus aller Welt kommen die Käufer, um hier Geschäfte zu machen: aus den USA, der Schweiz, aus Deutschland, Japan, Belgien und Saudi-Arabien.

Traditionsgemäß rücken die irischen Farmer und Händler mit ihren Familien und Pferden in Wohnwagen und Pferdeboxen an, um an diesem finanziell und gesellschaftlich aufregenden Anlaß teilzunehmen. Man trifft alte Freunde, macht Geschäfte, sieht spannende Wettkämpfe und genießt rundum die ereignisreiche Woche. Tee- und Whiskeymengen fließen ebenso wie die Unterhaltung.

Und da dieser irische Pferdemarkt ein internationaler Treffpunkt von Pferde- und Geldliebhabern geworden ist, gestaltet sich das Abendprogramm entsprechend vielseitig: mit Reiterbällen, aufwendigen Festessen und exklusiven Partys in der ganzen Stadt.

Eindeutiger Höhepunkt der Woche ist der Freitag; seit dem Jahre 1926 streiten fünf bis sechs Nationen um die berühmte Aga-Khan-Trophäe! Kein einziger Platz ist dann frei auf den zwei Zuschauertribünen, wo beim Einmarsch der Fahnenträger und Musikkapellen die Unterhaltungen verstummen und die Spannung wächst.

Geht es doch beim Publikum um gewaltige Wettsummen und für die Reiter um den

STÄLLE DER HENGSTE MIT DACHFENSTER FÜR MONDEINFLUSS

PFERDERENNEN ALS SPORT DER KÖNIGE

WINDHUNDRENNEN DER SPORT IHRER KUTSCHER

stattlichen Preis von 20000 irischen Pfund sowie um das unbezahlbare Prestige, bei diesem Springreiten Bester zu werden! Trotz der hohen Geldsummen, die hier den Besitzer wechseln, war die Organisation der *Royal Dublin Society* in erhebliche Geldschwierigkeiten geraten, bevor der wohlhabende Milchkonzern aus Kerry bei der finanziellen Sanierung half, und zwar so wesentlich, dass die alljährliche internationale Veranstaltung das Wort «Kerrygold» vor ihren Namen gesetzt hat.

Der edle Pferdenachwuchs auf der *Horse Show* stammt vor allem aus Irlands berühmtem Nationalgestüt in der Grafschaft Kildare. Der vulkanische Kalkstein unter den weiten Grasflächen liefert nicht nur das für den Knochenbau wichtige Kalzium, sondern bietet auch das richtige Maß an Elastizität und Härte für die Hufe.

Mit Kennerblick erwarb der Schotte William Hall-Walker im Jahre 1900 einen Gutshof in dieser günstigen Gegend und verfiel auf die Idee, seine Hengste und Stuten nach ihrem jeweiligen Sternzeichen zu paaren. Auch für jedes Fohlen ließ der exzentrische, aber äußerst erfolgreiche Brauereibesitzer ein Horoskop erstellen, und bis heute haben die zehn Ställe der Hengste Dachfenster, damit der günstige Einfluss von Sonne und Mond gewährleistet ist. 1915 schenkte Willy Walker sein berühmt gewordenes Gestüt der britischen Krone, die ihn dafür mit dem Titel Lord Wavertree belohnte und es weiter auf- und ausbaute, bis es schließlich 1943 in den Besitz des irischen Staates überging.

Millionenschwere Zuchthengste und gepflegte Stuten mit ihren Fohlen lassen sich dort auf der ewig grünen Weide bewundern. In einem neu eingerichteten Pferdemuseum ist die Geschichte des Pferdes von der Bronzezeit bis zur Gegenwart dokumentiert; sogar das Skelett von «Arkle», einem der bekanntesten irischen Rennpferde, hat einen Ehrenplatz.

Die Vorherrschaft von Jagd- und Springpferden aus Irland ist auf den Rennplätzen Europas unbestritten. Sie werden nicht nur auf vorzüglichen Gestüten gezüchtet, sondern auch äußerst erfolgreich trainiert. In der Aufzucht von Vollblütern steht Irland seit 1985 an erster Stelle in Europa. Der Aufschwung der irischen Pferdezucht ist nicht zuletzt der Steuerbefreiung von Deckgebühren zu verdanken. Stolz bezeichnen Trainer die millionenschweren Hengste als den «größten natürlichen Reichtum des Landes».

Östlich des Gestüts liegt die ebenfalls weltberühmte Pferderennbahn *The Curragh* auf der gleichnamigen, 2400 Hektar weiten hügeligen Hochebene. Dort wird jedes Jahr das irische Derby ausgetragen, das mit seinen exklusiven Veranstaltungen auf dem Lande quasi eine Vorstufe zur internationalen *Horse-Show*-Woche in der Hauptstadt bildet.

Nicht weniger als 25 bekannte Strecken für Hindernis- und Galopprennen, eine sogar an einem Strand entlang, lassen sich in Irland finden. In früheren Zeiten verliefen die ungemein beliebten Rennen weitaus ungestümer und rücksichtsloser, und Pferd und Reiter konnten froh sein, dabei überhaupt am Leben zu bleiben. Die Veranstaltungen können heutzutage einen Tag oder bis zu eine Woche dauern, wobei jedes einzelne Rennen auf seine regelmäßigen Besucher zählt und auf eigene Besonderheiten Wert legt.

Gelten Pferderennen als Sport der Könige, so ist das Windhundrennen der «Sport ihrer Kutscher», spottete einmal ein irischer Journalist. Seit dem Jahre 1927 ist die legendäre Wettleidenschaft der Iren nicht mehr nur auf die mondänen Pferderennen beschränkt, sondern ihr kann nun im kleineren, aber deshalb nicht weniger spannenden Rahmen das ganze Jahr über gefrönt werden. Die Windhundrennen unter Flutlicht im Shelbourne Park führen Wettfreudige aller Art zusammen: Yuppies drängeln sich neben Arbeitern vor den Wettbüros oder scharen sich in Trauben um die Buchmacher, die sich mit seltsam anmutenden Zeichen und Ausdrücken verständigen, bevor das Rennen beginnt und die aufgehetzten Hunde hinter einem elektrischen Hasen herjagen. Das Ganze flitzt in weniger als einer halben Minute vorbei, wichtig sind nur die Ergebnisse der automatischen Zielkamera und die Ankündigung des Siegers. Und schon gilt es, sich auf das nächste Rennen vorzubereiten, um Verluste wettzumachen oder Gewinne zu verspielen.

Das weitere Schicksal der rasch ausgedienten oder verletzten, stets mager und damit renntüchtig gehaltenen Windhunde steht auf einem anderen Blatt. Wichtig ist einzig der jährliche Wettumsatz von 20 Millionen Pfund; und noch wichtiger ist, man hat «a lot of fun», das heißt Spaß und Freude beim Anblick der vorbeihetzenden Tiere. Kein anderes Land in Europa hat so viele Hunde pro Einwohner wie Irland. Allerdings ist es schwierig, eine genaue Zahl festzulegen, da die Besitzer nur ungern der Pflicht zur Zahlung der Hundesteuer nachkommen.

Schon in der irischen Mythologie spielten Hunde eine wichtige Rolle. Sowohl um den Jäger Fionn MacCumhail als auch um den starken Kämpfer Cuchulainn ranken sich abenteuerliche Legenden mit diesem Thema. Cuchulainn gelang es in Notwehr, den mächtigen Wachhund des Königs von Ulster zu töten, dessen Wachfunktion er dann selbst übernahm. Jahre später erfüllte sich jedoch die Weissagung, wonach er durch den unwissentlichen Verzehr von Hundefleisch seine Kräfte verlieren und somit im Kampf unterliegen würde.

Als unentbehrlich im irischen Farmalltag gelten die speziell für Schafherden trainierten Wachhunde, die in bewundernswerter Weise auf die leisesten Anweisungen ihrer Besitzer reagieren und die weit über Berghänge verstreuten Schafe mit großem Geschick und Eifer zusammentreiben. Besonders auf dem Lande, wo die Tiere grundsätzlich frei herumlaufen, vertrauen die Menschen noch auf den gesunden Hunde-Instinkt, der ja letzten Endes doch von den geheimnisvollen *Fairies* gelenkt wird. Ein unerwartetes, lautes Aufheulen der treuen Tiere wird auch heute noch als Omen für einen bevorstehenden Tod gedeutet.

Nordirland: Mussenden Temple, der erhalten gebliebene Rest des Downhill Castle

nächste Doppelseite: *Nordirland: Die mystische Ruine von Dunluce Castle an der Causeway Coast*

übernächste Doppelseite: *Causeway Coast in Nordirland: Die Carrick-a-rede Rope Bridge bei Larrybane. Wer schwindelfrei ist, erreicht schwankend über diese 80 Fuß hohe Hängebrücke eine kleine Insel. Bitte erst nachher einen Whiskey!*

Die Stadt auf dem Schlammbett: Belfast

Die Stadt Belfast verdankt ihre solide Bauweise an der, schwammigen glitschigen Mündung des Lagan-Flusses einem blinden Ingenieur namens Alexander Mitchell. Mit seiner genialen Erfindung von Schraubpfählen als Unterbau für feste Gebäude und Fabrikanlagen setzte Mitchell zugleich die Pfeiler für den Wohlstand einer aufblühenden Siedlung. Bis heute gleicht die mit etwa 400 000 Einwohnern größte Stadt Nordirlands einer permanenten Baustelle.

Ist Dublins Innenstadt weitgehend vom georgianischen Baustil geprägt, so kann man Belfast, irisch *Beal feirste* (Sandfurt) als Vertreterin viktorianischer Baukunst betrachten. Die Befürchtung des Reisenden, einen weitgehend demolierten Ort vorzufinden, wird angenehm widerlegt: Wohlhabend und überlegen wirkt diese Stadt mit ihren stattlichen Gebäuden und breit angelegten Straßen.

Vor allem der Bauboom im 19. Jahrhundert hat die Stadt geprägt, nachdem Belfast damals erstaunlich schnell zu Reichtum gekommen war. In rascher Folge hatten sich die Leinen-, Schiffs- und Tabakindustrien etabliert, so dass sich die Einwohnerzahl alle zehn Jahre verdoppelte und immer neue Arbeitsplätze Großfamilien aus dem verarmten Süden Irlands anlockten. Den großen wirtschaftlichen Aufschwung in der viktorianischen Epoche bezeugen noch heute prunkvolle Warenhäuser, elegante Banken und stattliche öffentliche Gebäude. Sie tragen Verzierungen, Schnörkel und mythologische Figuren; vor ihnen wachsen Statuen, plätschern Springbrunnen, breiten sich Blumenrabatten aus.

Einen makabren Gegensatz zu dieser architektonischen Glanzzeit bilden tiefe Krater von Anschlägen, verursacht durch gewaltsame Aktivitäten von Terroristen seit den Sechzigerjahren des 20. Jahrhunderts. Ein großer Teil der Innenstadt ist deshalb heute Fußgängerzone. Sie ist durch 18 Absperrungen mit Stahldrehtüren abgesichert, so dass sich leicht stichprobenweise Taschen und Kleidungsstücke der ein und aus gehenden Passanten durchsuchen lassen.

Zwar kann man dann ohne Angst Besorgungen machen oder auch nur in Ruhe die noch unbeschädigten Fassaden und Geschäfte betrachten, aber dennoch wird man ständig an die gegenwärtige Krise erinnert: Aufgetürmte Sandsäcke liegen vor ausgebrannten Autos, Soldaten mit Maschinengewehren patrouillieren durch die Straßen, Verbotsschilder und hohe Bauzäune, Gitter und Absperrungen verstellen den Weg. Die drei berüchtigten B der Stadt – Barrikaden, Bomben und Bigotterie – würden die Einwohner wahrhaft lieber durch Freiheit, Verständnis und Frieden ersetzen.

Alle Voraussetzungen für ein friedliches Miteinander waren einmal gegeben. Aus der «Furt an der Sandbank» hatte sich bis zum 17. Jahrhundert eine wichtige Handelsstadt entwickelt. Mit dem unermüdlichen Fleiß der angesiedelten Presbyterianer verband sich das handwerkliche Geschick der aus Frankreich geflüchteten Hugenotten, die die Stadt auf kulturellem und industriellem Gebiet stark bereicherten. Die Schiffe im Hafen brachten Wein und Obst aus Frankreich und Spanien und nahmen dafür irisches Getreide, Wolle und Fleisch mit. Später kamen Erzeugnisse der florierenden Leinenindustrie hinzu, die in ihren geräumigen Fabrikhallen vor allem Frauen und Kinder beschäftigte.

Die Männer dagegen fanden Arbeit auf der Flussinsel Queen's Island, wo sich die im Jahre 1859 gegründete Schiffswerft «Harland and Wolff» mit ihren weithin sichtbaren Wahrzeichen, den hohen, gelben Kränen, genannt «Samson» und «Goliath», befindet. Dort lief im Jahre 1912 das tragische Paradestück aller Schiffe, die «Titanic» vom Stapel.

Als einst stabilste Macht- und Wirtschaftsbasis der Stadt bot die Werft in ihrer Blütezeit über 10 000 Menschen einen Arbeitsplatz. Bei der ungemein rasch anwachsenden Arbeiterbevölkerung entstanden auch damals schon Slums und konfessionell getrennte Wohnviertel. Als dann die weltweite Rezession zwischen den Weltkriegen auch in Irland ihren Tribut forderte, breiteten sich vor allem in den übervölkerten Arbeitervierteln Epidemien, Alkoholismus und Gewalt aus, denn damals wie heute war die nordirische Industrie weitgehend von importierten Rohstoffen abhängig und brach zusammen, sobald diese ausfielen. Während des Zweiten Weltkriegs wurde die Innenstadt vor allem wegen ihrer Werften, in denen seetüchtige Kriegsschiffe entstanden, im April und Mai 1941 in zwei deutschen Luftangriffen weitgehend zerstört. Nordirland konnte durch seine politische Zugehörigkeit zu England nicht den neutralen Status des Südens beanspruchen.

Trotz der Bomben gibt es heute noch neben modernen Zweckgebäuden Häuser aus der Gründerzeit zu bewundern, zum Beispiel das imposante, wenn auch etwas zu groß geratene Rathaus oder die faszinierende Linenhall Library (Leinenhallen-Bibliothek) im ehemaligen Verwaltungsgebäude des Betriebs. Dort befinden sich umfangreiche Werke zur irischen Geschichte sowie eine fast vollständige

Bilder nächste Doppelseite:
Belfast:
• Das um die Jahrhundertwende errichtete Opernhaus: 1980 renoviert, ist die Oper nicht nur von außen ein Blickfang. (Außenansicht kleines Bild unten.)
• England lässt grüßen: Typisch britische Taxis sind auch aus den Straßen von Belfast nicht wegzudenken

übernächste Doppelseite:
Belfast:
• Wer für alte Backsteinarchitektur etwas übrig hat, der ist in Belfast am richtigen Ort
• Spielmannszug anlässlich einer Parade durch die Straßen der Innenstadt
• Das älteste Traditionspub: «The Crowns»

Werksammlung des schottischen Dichters Robert Burns.
Man staunt über prachtvolle Bankgebäude, wovon eines im Innern an einen venezianischen Palast erinnert und ein anderes in seiner architektonischen Umgestaltung kaum die frühere Markthalle erkennen lässt. Auch eine Art Big Ben besitzt Belfast mit seinem Albert Memorial Clock Tower (Uhrenturm), der sich allerdings aufgrund von Verschiebungen im schlammigen Untergrund langsam aber sicher zu Seite neigt. Zu den Prunkstücken des wichtigsten Architekten im 19. Jahrhundert, Sir Charles Lanyon, gehört das mit Skulpturen reich verzierte Custom House, während von den Kirchen der Stadt St. Anne's Cathedral ein Beispiel irischer Neoromanik darstellt.
Den größeren Weltruhm jedoch erreichte eine einzigartige, seit dem Tag ihrer Eröffnung im Jahre 1885 ständig gut besuchte Kneipe. Mit der Innenausstattung des «Crown Liquor Store» hat der weit gereiste Architekturstudent Patrick Flanagan sein fachliches Können mit genialer Phantasie gepaart und einen wahren Trinkpalast geschaffen: mit holzgeschnitzten Vertäfelungen, fein bemalten Fliesen, palmenförmigen Säulen, Verglasungen in vielen Farben, Gaslampenlicht und einer Theke aus rosa und schwarzem Marmor.
Hat man sich in solch illustrer Umgebung gestärkt und ein weiteres Backsteinjuwel, nämlich die im Tudorstil erbaute Queen's University aus dem Jahre 1845 sowie das feudale Villenviertel dieser Gegend bewundert, so fragt man sich, ob dieses das Belfast ist, dessen heißumkämpfte Straßen aus den Medien bekannt sind. Im besseren Universitätsviertel wohnen protestantische und katholische Familien einträchtig nebeneinander. Nicht weit entfernt liegen die bekannten Botanischen Gärten mit dem ältesten Palmenhaus (1839) Europas sowie dem Ulster-Museum mit einer sehenswerten Kunstabteilung.
Allgegenwärtig bleibt dennoch das regelmäßige Rattern ständig patrouillierender Hubschrauber, die über die so grundsätzlich verschiedenartigen Stadtteile wachen. Es gibt sie leider, diese «anderen» Stadtviertel und Ereignisse. Man kann *Living History Tours* buchen, das heißt Touren lebendiger Geschichte mitten durch Arbeiterviertel wie Ardoyne, Andersontown oder Sandy Row. Wie einst die Berliner Mauer sind die Schauplätze häufiger Straßenschlachten und hinterhältiger Überfälle, die Barrikaden mit Wandmalereien und Propaganda zum Nervenkitzel für Schaulustige und eine Einnahmequelle für die Einwohner geworden. Verdächtige Gegenstände, unbesetzte Autos, camouflierte Warnungen können plötzlich ein blitzschnelles Auftauchen von Sicherheitskräften und Absperrungen auslösen, auch wenn ein paar Straßen weiter das Leben normal weitergeht.
Auch neu errichtete Glaspaläste können nicht über leer stehende Fabrikgebäude und einen damit verbundenen Rückgang von Arbeitsplätzen hinwegtäuschen. In West-Belfast ist die Hälfte der erwachsenen männlichen Bevölkerung permanent erwerbslos. Aussichtslosigkeit und gähnende Langeweile sind Brutstätten gewaltsamer Manifestationen von Unzufriedenheit und Frustration. Wenn im Fernsehen die Bilder zu flimmern beginnen, wissen die Anwohner, dass dies wieder einmal die störenden Funkgeräte der häufigen Polizei- oder Armeepatrouillen sind.
Die seit einer Generation schwelenden, gegenseitigen Beschuldigungen und Attacken festigen den Wunsch der Einwohner, in ihren ghettoartigen, strikt voneinander getrennten Stadtvierteln zu leben. Dort, wo diese aufeinander stoßen, trennt eine massive Mauer mit aufgesetztem Stacheldraht die protestantische Shankill Road von der katholischen Falls Road, und ironischerweise hat man ihr den Namen *Peace Line* (Friedenslinie) gegeben! Mit dieser Wand ist jeder soziale Kontakt unterbunden. Kinder wachsen mit einer «Feindvorstellung» von der anderen Seite auf. Von klein auf werden sie benutzt zu Botengängen, mitunter auch als Deckung bei Angriffen auf «die Anderen». Nach wie vor gibt es fast nur Bekenntnisschulen, wo auf beiden Seiten oft noch Vorurteile, Hassgefühle und Schmählieder eingetrichtert werden. Nach dem Fall der Berliner Mauer ergab eine Umfrage, dass die angst- und zornerfüllte Belfaster Arbeiterbevölkerung unbedingt an der «Friedenslinie» als Schutz und Trennung festhalten möchte, während in anderen Teilen der Stadt Wohngebiete und Schulen der Mittelklasse religiös gemischt sind und man problemlos miteinander auskommt.
Sogenannte *Black Taxis* flitzen durch die Stadt, um die häufigen Unterbrechungen des Busverkehrs aufzufangen. Sie halten auf Wunsch überall, um möglichst viele Fahrgäste mitzunehmen beziehungsweise abzusetzen und damit die Preise niedrig zu halten. Bei jeglichem Kontakt mit den Menschen dieser an Gegensätzen reichen Stadt wundert sich jeder Neuankömmling über die ausgesprochene Herzlichkeit, besonders Fremden gegenüber, sobald man sich ein bisschen beschnüffelt hat. Solange die Themen Religion und Politik vermieden werden, findet man im Alltag aufgeschlossene, gastfreundliche Menschen und fragt sich, ob die gewalttätigen *troubles* weitgehend dem bornierten Sendungsbewusstsein von machthungrigen extremen Fanatikern zuzuschreiben sind.
Bittet man eine Gruppe Iren, dem unvoreingenommenen Fremden das Nordirlandproblem zu erklären, so entwickeln sich aus dem Gespräch innerhalb weniger Minuten größte Unstimmigkeiten untereinander. Jeder hat «seine» Version, geprägt durch Familienverhältnisse, die Art der Ausbildung, Herkunft und Redegewandtheit und durch die Macht der Medien. Die Wurzeln der anhaltenden Krise liegen, wie immer in Irland, in der wechselvollen Geschichte der Insel, wobei inzwischen alle Seiten so hartnäckig auf ihren eigenen Standpunkten beharren, dass angebahnte Kompromisse immer wieder in weite Ferne rücken.
Mit unerschütterlicher Überzeugung geht jeder davon aus, dass er und er allein im

GRAND OPERA HOUSE
ARTS

CITY CENTRE CARPETS
NORTH STREET
PUBLIC HIRE TAXI
170
MYJ 197P
DYN 469V

BONDERS OF OLD
HIGH CLASS
STRANGFORD OYSTERS

SIEDLERN AUS ENGLAND UND SCHOTTLAND PLATZ GEMACHT

Recht sei und dass die anderen das nun endlich einsehen müssten. Tatsache ist, dass sich zwei durch ihre Herkunft grundverschieden geprägte Volksstämme mit sehr alten, unveränderten Traditionen und Kulturbegriffen gegenüberstehen.
Etwa zwei Drittel von ihnen sind Nachkommen der aus England und Schottland umgesiedelten Presbyterianer oder Mitglieder der anglikanischen Kirche, die mit viel Fleiß und strenger Lebensweise in den ihnen angewiesenen fruchtbaren Gebieten reiche Ernten erwirtschaftet und später eine florierende Industrie auf- und ausgebaut hatten.
Ihnen gegenüber steht die zahlenmäßig kleinere Gruppe der katholischen Bevölkerung, die sich aus vormals Einheimischen und Zugewanderten aus Südirland zusammensetzt. Mit einem ebenso ausgeprägten wie wieder belebten Geschichtsbewusstsein weisen sie auf Geschehnisse im 17. Jahrhundert zurück, als die damals gegen Eindringlinge rebellierenden Einheimischen mit Gewalt von ihren Ländereien vertrieben worden waren, um neuen Siedlern aus England und Schottland Platz zu machen. Durch die «Flucht der Grafen» im Jahre 1607 hatten sie ihre wichtigsten Anführer verloren, waren selbst heimatlos geworden und mussten in landwirtschaftlich kargen Gebieten ein kümmerliches Dasein fristen. Jegliches Mitspracherecht im politischen oder kulturellen Geschehen ihres Landes hatten sie eingebüßt. Das änderte sich erst langsam, zu langsam, als sie an Zahl zunahmen und wiederholt versuchten, mit allen Rechten gleichberechtigter Staatsbürger in das politische System integriert zu werden.
Die große Arbeitslosigkeit unter der katholischen Bevölkerung ist und bleibt ein schwerwiegendes Trauma. Die Gründe suchen manche weniger in Nordirlands Gesamtwirtschaftslage als vielmehr in einer geschichtlich bedingten ungerechten Behandlung und angeblich fortwährenden Diskriminierung, insbesondere bei der Beschaffung von Wohnungen und Arbeitsplätzen.

ARBEITSLOSIGKEIT BRICHT ZU STEINWURF AUS

Armut und Arbeitslosigkeit ohne Aussicht auf Besserung erzeugen Ressentiments und bilden einen ungesunden Nährboden für politische Ideologien. Frustriert, überflüssig und gelangweilt warten die Menschen auf eine Gelegenheit, diese in die Tat umzusetzen, wenn es sein muss, auch mit Gewalt. Hier finden die IRA und ihr politischer Flügel Sinn Féin ihre Mitglieder. Der Dichter Seamus Deane formulierte eine solch explosive Situation in zwei Zeilen:

«The unemployment in our bones
Erupting on our hands in stones.»

Die Arbeitslosigkeit tagein, tagaus
Bricht in unseren Händen zu Steinwurf aus

Solange Gewalt anwendende Organisationen über Nachwuchskräfte verfügen und materielle Unterstützung erhalten, werden die Politiker eine schier unlösbar scheinende Aufgabe vor sich haben, diesen nach wie vor bedrohlich schwelenden Konflikt beizulegen.
In der südirischen Republik fluktuiert das Interesse an Nordirland je nach den Schlagzeilen jenseits der Grenze, die doch nur 80 Kilometer von Dublin entfernt liegt. Zu lange schon schwelen die Unruhen, zu verwirrend sind die Einzelheiten, zu widersprüchlich die Aussagen von friedlichen und militanten Politikern.
Die Ursache für diese bemerkenswerte Apathie lässt sich allenfalls mit Resignation und Ratlosigkeit angesichts so vieler gescheiterter Lösungsbemühungen erklären. Jede noch so sorgfältig strukturierte Initiative von politischer, privater oder kirchlicher Seite ist an Starrsinn und wiederholten Terror-Aktionen gescheitert, an Menschen also, die Differenzen mit nackter Gewalt statt politischen Mitteln lösen wollen. Ihr unverfrorener Anspruch, im Namen des Volkes zu handeln, steht im krassen Widerspruch zu stets wiederholten Massendemonstrationen eben dieses Volkes, sowohl in Nord- als auch Südirland, für ein gewaltfreies Leben in Frieden.

NORDIRLANDS MEISTBESUNGENER SCHATZ

Im Belfaster Alltag suchen die Menschen Zuflucht in großzügig angelegten Parks und Freizeitzentren oder, sofern sie können, in der friedlichen Umgebung der Stadt. Die blauen Ulsterbusse fahren aufs Land und verbinden Belfast mit anderen nordirischen Städten. Nach nur kurzer Fahrzeit gelangt man erleichtert in die bewaldete Landschaft umliegender Hügel und an verträumte Seen mit kleinen Ortschaften, die sich mehr und mehr zu «Schlafstädten» der neuen Mittelklasse entwickeln. Etwa 100 000 Einwohner haben sich in den letzten Jahren auf diese Weise aus dem politisch unberechenbaren Belfast zurückgezogen. Dafür schnellen an der «Goldküste» mit Meeresblick die Grundstückspreise in die Höhe. Hier besteht der Zeitvertreib aus Golf, Segeln und Reiten, eine Vorstellung, die man weniger mit der Schlagzeilen machenden Stadt Belfast verbindet.
Die eindeutig sehenswerteste Strecke in ganz Irland ist die wechselvolle Coast Road of Antrim, die Küstenstraße von Antrim, in die nicht weniger als neun verschiedenartige Bergtäler einmünden. Jedes dieser Täler birgt besondere landschaftliche Reize, die vielfach in Liedern und Legenden beschrieben und mehr noch besungen sind. Dieses Märchenland aus Seen, Wäldern und Wasserfällen kontrastiert mit einer kurvenreichen Küstenstraße. An Burgruinen, Buchten und Felsriffen vorbei führt sie zu Nordirlands meistbesungenem Schatz, der Causeway Coast, von der an einer Stelle eine 20 Meter lange Hängebrücke über einer Meeresschlucht verwegene Besucher zu einer Mutprobe herausfordert. Ein Fluss oder besser: eine quirlige Lachsstraße windet sich hier aus den Bergen zum Meer, wo man an der engsten Stelle die laichfreudigen Lachse abfängt, ehe sie eine Chance haben, den mühsamen Weg zu ihrem Geburts-, Laich- und Sterbeort zurückzulegen.
Als «Königin der Glens» bezeichnet man den Ort Glenariff, wo die zahlreichen Wasserfälle inmitten der bewaldeten Berglandschaft den Dichter Thackeray

Unterwegs im Grenzgebiet zwischen Nordirland und der Republik, zwischen Castle Wellan und Newry

nächste Doppelseite: *Impressionen aus Nordirland:*
• Greyabbey am Strangford Lough
• Legananny-Dolmen
• im Grenzgebiet

übernächste Doppelseite: *Nordirland: Ist es ein ehemaliger Lavasee, der sich vor 55 Millionen Jahren abgekühlt hat, oder etwa ein Damm (Causeway), der einer Legende nach vom Riesen Finn McCool gebaut wurde, um zu seiner Geliebten zu gelangen, die auf der Hebrideninsel Staffa lebte? Beeindruckend sind diese 40 000, nahezu gleichmäßig geformten Basaltsäulen allemal. Bei Antrim*

veranlassten, von der «Schweiz en miniature» zu sprechen.

Als achtes Weltwunder bestaunt und von vielen Dichtern schwärmerisch besungen, präsentiert sich in unveränderter Wucht der Giant's Causeway. Diese seltsamen polygonalen, symmetrischen Basaltsäulen haben immer schon Reisende und Forscher fasziniert und einen unauslöschlichen Eindruck hinterlassen. Bereits vor 200 Jahren hatte man zwar den weltklugen Besuchern erzählt, dass der Causeway eine geologische Laune sei, nämlich das Ergebnis vulkanischer Tätigkeit.

Jedoch die Alten wussten etwas anderes zu berichten: Der Legende nach handelt es sich hier nämlich um das Werk von Riesen, genauer gesagt um eine Schöpfung des Riesen Finn McCool. Bei einem Streit mit einem schottischen Rivalen hatte er im Zorn einen enormen Erdklumpen ergriffen und hinter ihm hergeschleudert. Dieser Erdklumpen fiel in die Irische See und wurde zur Isle of Man. Das zurückgebliebene Loch füllte sich mit Wasser und bildete den Lough Neagh.

Mit seinen 396 Quadratkilometern ist er der größte Binnensee der Britischen Inseln. Er ist ein Naturparadies geblieben, da seine Ufer kaum zugänglich sind. Lough Neagh hat nicht weniger als zehn Zuflüsse, ist nur maximal zwölf Meter tief und beherbergt die größte Aalbank Europas. Die

RIESE VERLIEBTE SICH IN RIESIN

Fische laichen weit entfernt in der Sargassosee, und von dort benötigen die winzigen Aale, etwa 20 Millionen im Jahr, drei Jahre, um den Atlantik zu durchschwimmen und ihren Weg durch den Bann-Fluss bis Lough Neagh zurückzulegen. Versteckt an den Ufern des Sees wachsen seltene Orchideenarten, im dichten Schilf leben Haubentaucher und Reiher. Auch Wildschwäne und Graugänse legen hier Rastpausen ein oder bleiben mitunter den ganzen Winter.

Das alles hatte der Riese in der Entstehungszeit des Sees nicht ahnen können. Doch er war nicht nur ein jähzorniger, sondern auch ein romantischer Riese, denn er verliebte sich in eine Riesin auf der Hebrideninsel Staffa und baute den berühmten Causeway, um sie nach Ulster zu bringen. Diese Straße im Meer besteht aus einer Masse eng aneinander liegender Basaltsäulen, deren Oberseiten Trittsteine bilden.

Sie beginnen am Fuß der Klippe und verschwinden am anderen Ende im Wasser. Über den gesamten Causeway verstreut gibt es etwa 40 000 dieser meist sechskantigen Steinsäulen. Die größten sind ungefähr zwölf Meter hoch, und die erstarrte Lava in den Felswänden ist an manchen Stellen bis zu 27 Meter stark. Ein herrlicher Rundgang führt an majestätischen Amphitheatern aus symmetrischen Säulen vorbei, und, oben angekommen, wandert man, am besten in der Abenddämmerung, einen wunderschönen Klippenweg am Meer entlang.

Nur vier Kilometer südlich des Giant's Causeway befindet sich die älteste (legale) Brennerei der Welt:«Bushmills» braut hier seit dem Jahre 1608 mit dem Wasser torfiger Bergquellen und einem besonderen Mälzverfahren sein weltberühmtes «Lebenswasser». Seit 1975 reift zur Jahrtausendwende in 500 Fässern ein Jubiläumswhiskey heran, aber auch die drei Sorten «Bushmills Malt», ein reiner Malzwhiskey, «Old Bushmills», ein Verschnitt aus reinem Malzwhiskey, und ganz besonders «Black Bush», ein reiner Kornwhiskey, haben es in sich! In der «Pot-Still»-Bar kann man die verschiedenen Sorten probieren und dabei eine Ausstellung von Dokumenten und Bildern der Brennerei aus früheren Zeiten begutachten.

MYSTERIÖSE STEINFIGUR MIT ZWEI KÖPFEN

Auf Schritt und Tritt steht auf einer Reise durch Nordirland die landschaftliche Schönheit im Widerspruch zur politisch gewichteten Mediendarstellung des Landes, dessen Gesamtfläche nicht größer als Schleswig-Holstein ist und im Laufe seiner Geschichte so viele Menschenopfer gefordert hat. Für eine verständnisvolle Entdeckungsreise brauchte man trotz geringer Entfernungen mehr als einen Urlaub. Allein die drei Städte Belfast, Armagh und Derry beziehungsweise Londonderry (die Verwendung dieses oder jenes Namens spiegelt die politische Gesinnung!) sind jede für sich historische und kulturelle Fundgruben.

Den Wanderer und Naturfreund dagegen werden die viel besungenen Mourne Mountains begeistern, während wohl die meisten Besucher die Fahrt entlang der Antrimküste als den unbestrittenen Höhepunkt ihrer Reise ansehen. Für den Freund von Binnenseen bietet der 80 Kilometer lange Lough Erne mit unzähligen Inseln und Inselchen, auf denen sich seltene Vögel und Pflanzen ansiedeln, ideale Möglichkeiten; beansprucht er doch für sich, Europas am wenigsten verstopfte Wasserstraße und ein einmaliges Anglerparadies zu sein. Auf seinen Inseln überdauern uralte Klostermauern und zerbröckelnde Rundtürme.

Aus dem 1. Jahrhundert stammt eine mysteriöse Steinfigur mit zwei Köpfen; mag dieses Doppelwesen ein Idol gewesen sein oder eine Kultfigur aus vorchristlicher Zeit? Das Janus-Motiv könnte sogar nach Etrurien verweisen und von wandernden Kelten aus der La-Tène-Periode stammen. Eine Theorie verweist auf Analogien zur Kunst Altamerikas und zum «weißen Gott» der Mexikaner. Jedenfalls sehen uns heute stumm und abweisend zwei Gesichter an, deren Geheimnis wir wohl nie erfahren werden.

DAS GELD DER MELLONS

Die Sperrin Mountains mit ihren Wiesen und Wäldern sowie das Gebiet der historischen Grafschaft Tyrone bieten ebenfalls ungezählte Ruinen und weite menschenleere Hügel und Täler mit reicher Fauna und von eigentümlicher Schönheit. Den einsamen Berg Tullaghoge hatten die mächtigen O'Neills als Krönungsort erwählt, konnte man doch von dort das alte Königreich weithin überblicken. Die prunkvollen Krönungen sollen unter der lauten Begleitmusik klirrender Schilde und hunderter Harfen stattgefunden haben.

Eine Ehrung aus neuerer Zeit manifestiert der Ulster-American Folk Park in Omagh, der rund um das *Cottage* von Thomas Mellon entstand. Im Jahre 1813 hatte er hier das Licht der Welt erblickt, bevor er als Fünfjähriger mit seiner Familie nach Pennsylvania verfrachtet wurde. Dort avancierte er nach einer brillanten Schulzeit zum Professor für Jura und wurde Richter, Bankier und Millionär. Sein Sohn Andrew stieg zum Sekretär des amerikanischen Schatzamtes auf, wurde Botschafter in London, Chefarchitekt der Stahlstadt Pittsburgh und wahrscheinlich der reichste Mann der Welt. Das Geld der Mellons half beim Bau der Waldorf-Astoria-Hotels, der Golden Gate Bridge in San Francisco, der Schleusen des Panamakanals und nicht zuletzt des Volksparks bei Omagh.

So kann man dort heute *Cottages*, ein rekonstruiertes Auswandererschiff und frühere Bauernhäuser von Ulster besichtigen. Während großer Krisenzeiten wanderten, wie oft heute noch, die «Besten» in ein ungewisses Schicksal aus, und ihre Spuren verloren sich irgendwo in der Neuen Welt. Manchen gelingt mit viel Geduld eine lückenlose Ahnenforschung; so können nicht weniger als elf US-Präsidenten ihren Stammbaum bis nach Nordirland zurückverfolgen! Jedes Jahr kommen wissbegierige Ahnenforscher von verschiedenen Kontinenten nach Irland, um die Herkunftsorte ihrer Vorfahren ausfindig zu machen. Der umstrittene Unterschied zwischen dem Norden und Süden der Insel spielt dabei keine Rolle.

Ringe und Münzen im Kohleintopf

Wir sind in Tara, etwa im 4. Jahrhundert, zu Gast bei den Hochkönigen im längst verschwundenen Festsaal:
«Nach dem Protokoll speisten die königliche Familie und die Adligen am Kopf der Tafel Rinderbrust, die Druiden, Wahrsager und Schachspieler Rinderhachse und die Geschichtsschreiber die Lenden. Die Musiker bekamen Schweineschulter, während die armen Hofnarren das Schulterfett aßen.»

Wir sind im Kloster Tallaght in der Nähe von Dublin um das Jahr 800:
«Da physisches Vergnügen am Essen als sündhaft galt, beschäftigte es das Denken der Mönche umso mehr. Wasser und Molke waren als Getränke allgemein erlaubt, wenn auch in kleinen Mengen, Milch hingegen nur selten, und sie durfte auf keinen Fall frisch sein. Die wichtigsten Speisen waren Brot und Haferbrei, dem der Abt zum Wohl seiner Mönche gelegentlich heimlich etwas mehr Butter als üblich zusetzte. Vorratswirtschaft wurde nicht betrieben; die Überreste des täglichen Mahls wurden an Arme verteilt.»

Wir sind um 1100 auf der Insel Inishbofin, im Westen Irlands:
«Ob am Meer oder im Landinneren, die Mönche haben überall eifrig Fischfang getrieben. Da die irischen Klosterregeln den Genuss von Fleisch nur in seltenen Ausnahmefällen erlaubten, wird Fisch im Allgemeinen die kräftigste Nahrung gewesen sein. Auch war sie fast überall leicht und in Menge zu haben. Noch eines Zuges muss hier gedacht werden, und zwar eines ihrer menschlich anziehendsten: der Gastlichkeit. Es ist eine mönchische und eine irische Tugend, die da in den irischen Klöstern zusammentreffen.»

Wir erfahren über den Bürgermeister von Dublin im Jahre 1554:
«Patrick Sarsfield hielt sein Haus von 5 bis 22 Uhr für jeden Durstigen offen. In besagtem Jahr soll er außer spanischem Muskateller und Malvasierwein zusätzlich 5000 Gallonen Rotwein ausgeschenkt haben.»

Wir sind in Connacht im Jahre 1699 zu Gast beim Fürsten O'Flaherty:
«Zum Abendessen wurde ein ganzes Rind sowie eine Menge Schinken aufgetischt und drei Fuß hohe Berge von Haferkuchen. Außer Bier und Quellwasser gab es zwei große Gefäße mit *troander*, einem Getränk aus Molke, das mit Buttermilch und süßer Milch zubereitet war; etwa zwei Tage alt, war es in der heißen Tageszeit wunderbar kalt und wohlschmeckend.»

Im Jahre 1828 berichtet Fürst von Pückler-Muskau aus einem Landhaus in Bantry Bay:
«Schon um sieben Uhr saß ich zu Pferde, um mich zum Frühstück auf Capt. S.' Landhaus zu begeben, wo das Jagdrendezvous für die heutige Hasenhetze bestimmt war. Nachdem wir die heterogensten Dinge, Kaffee, Tee, Whiskey, Wein, Eier, Beefsteaks, Honig, rognons de mouton, Kuchen und Butterbrot, alles untereinander, hatten einnehmen müssen, setzte sich die Gesellschaft in Bewegung.»

Der neue Schulmeister Patrick McKye schreibt über Gweedore, ein Dorf in der Hochmoorlandschaft Donegals, 1837:
«Kaum eines der Häuser hatte verglaste Fenster, die meisten bestanden nur aus einem Raum, nur sechs von ihnen besaßen einen abgetrennten Kuhstall, und viele hatten den Misthaufen im Haus. Außer Kartoffeln und Kohl wurde keinerlei Gemüse angebaut und nicht eine einzige Obstsorte.»

Wir lesen über Pächter und Tagelöhner Mitte des 19. Jahrhunderts:
«Die Pächter, die nicht nur sich, sondern auch die Zwischenpächter, Bedienten und Schlossverwalter und die Landlord-Familie selbst ernähren mussten, lebten ausschließlich von Kartoffeln und magerer Milch. Mit dem Schwein, das sie fütterten, oder dem Rind bezahlten sie die Pacht.»

Wir sind bei einem Geistlichen auf dem Lande im Jahre 1894:
«Pater Horgan war die Gastfreundschaft in Person, und um seine Tafel gruppierten

Bild nächste Doppelseite: *Beim Whiskeybrennen gibt's keine Gegensätze zwischen Nord und Süd. Die nordirische Whiskey-Destillerie Bushmills ist die älteste legale Brennerei der Welt.(Die älteste illegale steht bestimmt auch in Irland)*

übernächste Doppelseite: *Nordirland:*
• Seine Pferde ersteigert Billy McGimpsey in Ballycastle (Grafschaft Antrim in Ulster). Dort findet seit 1605 der älteste und populärste Pferdemarkt des Landes statt
• Das Gesicht Irlands, ob Nord oder Süd: rote Haare und Sommersprossen, ein direktes Erbe der Wikinger und Normannen
• Mit dem Pferdewagen unterwegs zu sein, das ist auch noch heute nichts Ungewöhnliches in Irland, erzählt uns Billy McGimpsey aus Newtownards

NO 2 HOT
WATER TANK
SAFE No 5-No 3 LOW WINES No 5-No 3

"OLDBUSHMILLS"DIS

THE OLD BUSHMILLS DISTILLERY CO. LTD
LICENSED TO DISTIL IN 1608
OLD BUS
POTSTILL BAR

sich Männer aller Schichten: am oberen Ende Kirchen- und Edelleute aus der Nachbarschaft, am unteren Ende die Bauern aus der Umgebung. Die Speisen, Hühnerfleisch und Speck, waren für alle Gäste gleich, anders die Getränke. Am oberen Tischende wurde Wein gereicht und am unteren Ende Whiskey, den die Bauern ohnehin bevorzugten.»

Liam O'Flaherty erzählt von seiner Heimatinsel Inishmaan im Jahre 1914:

«Der Hochsommer kam. Er war für die armen Leute im Dorf stets eine Zeit der Fülle. Die neuen Kartoffeln wurden aus dem Boden geholt. Die jungen Zwiebeln in den Gärtchen waren frisch und saftig. In den Häusern war reichlich Milch und Butter vorhanden, jeden Tag wurden große Körbe voll Kabeljau und Pollack und Brassen und Makrelen vom Meer heraufgebracht.
Die Hühner legten wieder, und die überschüssigen Hähnchen von der Frühlingsbrut ergaben eine Brühe für die Schwächlichen. Beim Abendessen stopften sich die Leute mit ihrem Lieblingsessen voll: mit Kartoffelbrei, Butter, Schalotten und gekochtem Fisch. In der Mitte des dampfenden Gerichts wurde noch ein großer Klumpen gelbe Butter gedrückt. Der Tisch wurde draußen vor der Haustür gedeckt, so dass sie, während sie aßen, die Vögel im einschläfernden Zwielicht singen hören und die rote Pracht des Sonnenuntergangs über dem Meer sehen konnten.»

Livemusik in einem «Singing Pub» (Dublin)

Gäste erzählen von der Pension «The Sugan» in Killarney im Jahre 1975:
«Natürlich bekommt man ein *Irish Stew*, aber auch Rindfleisch in der Kasserolle mit Karotten im starken *Irish Stout*, mariniert mit Lorbeerblättern und einem bisschen Honig. Weiter geht's mit Steak vom frei laufenden Schwein in einer hausgemachten Apfelsauce. Für alle, die es lieber vegetarisch mögen, steht ein Risotto aus Gemüse, Pilzen, Bohnensprossen und Kohl auf der Speisekarte.»

Das Gebäude stammt aus dem 17. Jahrhundert, das Essen aber von Ende des 20. Jahrhunderts. Die Rede ist vom Drimcong House am Lough Corrib, in Moycullen, Grafschaft Galway:
«Die Gemüse und Kräuter sind aus dem eigenen Garten und Gewächshaus, und wer je die zart gebratene Taubenbrust auf Salat als Vorspeise und den Hauptgang mit drei verschiedenen Fischen auf einer nicht zu kräftigen Lobster-Sauce genossen hat, fragt sich, was Gourmets in Frankreich finden.»

So äußern sich vor allem Besucher, die offensichtlich nicht so viel Finesse aus der irischen Küche erwartet hatten. Die Skala der möglichen und unmöglichen Mahlzeiten ist größer geworden. Vom internationalen Fast-food-Angebot über traditionelle Gerichte und Alltagskost bis zu exquisiten Dinners für höchste Ansprüche ist alles zu haben, man muss es nur zu finden wissen. Denn nur durch Mundpropaganda werden

SCHWARZER WEIN ALS MUSIK FÜR DEN KOPF

TRADITIONELLE GERICHTE ALS KULINARISCHER GENUSS

WASSER DES LEBENS HÄLT ALTERUNGSPROZESS AUF

Bilder nächste Doppelseite: Dublin:
• Der «Long Room» in der Bibliothek des Trinity College: Der Bestand umfasst mehr als zwei Millionen Titel, darunter auch das berühmte «Book of Kells»
• Ein bunter Markt in der Moore Street
• Allein in Dublin gibt es über 1000 Pubs!

übernächste Doppelseite: Dublin: Abendstimmung am River Liffey. Die runde Kuppel im Hintergrund gehört zum Four Courts, dem 1796 fertig gestellten Obersten Gerichtshof

die besten Tipps weitergereicht. Restaurants schießen wie Pilze aus dem Boden, oft an unvermuteten Orten und innen ebenso geschmackvoll wie gemütlich ausgestattet.

Beim Eintreten steuert man nicht zielbewusst auf einen Tisch zu, sondern wartet auf den Kellner, der sich erst einmal erkundigt, ob man in der *Lounge*, einem mit Sesseln ausgestatteten Vorraum, einen Sherry trinken möchte. Dort kann man dann in aller Ruhe sein Essen aussuchen und bestellen. Danach weist der Ober den Gästen ihren Tisch im *Diningroom* zu.

Das Feinschmeckerdorf Kinsale in der Grafschaft Cork verspricht dem anspruchsvollen Gast in ausgezeichneten und exklusiven Restaurants besondere Gaumenfreuden: Jedes Jahr im Oktober findet dort ein Gourmet-Festival statt, wenn alle Köche um die Gunst und das beste Urteil ihrer Gäste wetteifern. Draußen im Hafen schaukeln hunderte von Jachten, die auf Wohlstand und regen Fischfang deuten. Hochseeangler gelangen schnell in tiefe Gewässer, wo sie mit Begeisterung Blauhaie fangen, diese an Bord ziehen, markieren und wieder ins Wasser werfen, um dann abends in einem der vielen neuen Weinlokale mit ihren reichen Fängen zu prahlen.

Als «schwarzen Wein» des Landes bezeichnet der Schriftsteller Bryan McMahon das dunkle, irische Starkbier Guinness, das «herb auf der Zunge, samtig in der Kehle und für den Kopf Musik sein soll». Beim Ausschank von Guinness muss es einen dicken, sahneartigen Schaum geben, der lange hält und jedesmal, wenn man aus dem Glas trinkt, einen Ring zurücklässt, so dass der Konsument am Ende sehen kann, in wie vielen Zügen er das Glas geleert hat. Die Bierbrauerei braut nach dem gleichen Rezept seit dem Jahre 1759 und nimmt heute einen ganzen Stadtteil Dublins ein. Im alten Hopfenlagerhaus haben die Besitzer ein Museum zur Entwicklungsgeschichte sowie geräumige Hallen für wechselnde Kunstausstellungen eingerichtet.

Die beste Mahlzeit ist und bleibt das ebenso umfangreiche wie variable irische Frühstück, vorzugsweise in einem empfohlenen Farmhaus. Frisch gepresster Saft, Cornflakes, Müsli oder *Porridge* (eine Art Haferbrei) mit einem Schuss frischer Sahne, gegrillte Speckseiten, Würstchen, warme Tomaten und ein Spiegelei, Toast oder Sodabrot, das mit Buttermilch und Natron natürlich selbst gebacken ist, hausgemachte Marmeladen (*Jams*), Butter, unbegrenzte Mengen Tee oder Kaffee bilden die Grundlage. Oft steht eine große Auswahl bereit, mitunter auch kleine Räucherheringe (*Kippers*) oder andere Räucherfische – kurz, man kann sich sein Frühstück im munteren Gespräch mit der geduldigen Wirtin zusammenstellen und auf eine ausgezeichnete Ausführung vertrauen.

Eine hohe Qualität der Zutaten ist in fast allen Farmhäusern garantiert. Eigenes Gemüse und eigene Milchprodukte sind die Norm, Hühner und Gänse laufen frei herum, die Eier haben ein gelbes Dotter und schmecken hervorragend! Vorbei sind die Zeiten zerkochter Gemüse, dicker Bratensaucen und übersüßer Nachspeisen. Eine dringend nötige Veränderung und Verbesserung der Kochkünste hat sich energisch durchgesetzt.

Kochschulen, Wettbewerbsveranstaltungen, Expertentipps für Anbau und Ernte sowie Kochrezepte haben dröge Hausfrauen zum Experimentieren ermuntert. Die Teilnehmerinnen der *Housewife of the Year* (Hausfrau des Jahres) Veranstaltung erzielen Spitzen-Ergebnisse, und doch wächst die Zahl der Bewerberinnen mit jedem Jahr. Einfallsreichtum und hohe Qualität der Zutaten verwandeln selbst einfache, traditionelle Gerichte in einen kulinarischen Genuss.

Colcannon besteht aus Kartoffeln, Zwiebeln, Grünkohl und Butter und wird traditionsgemäß zu Allerheiligen gegessen. Ein Ring, eine Münze, ein Fingerhut oder ein Knopf können darin versteckt sein: Wer den Ring findet, wird innerhalb eines Jahres heiraten. Die Münze bedeutet Reichtum, während der Knopf einem ewigen Junggesellen, der Fingerhut natürlich einer «Jungfer» zugedacht war.

Champ ist ein köstliches Kartoffelpüree mit Butter und Schnittlauch. Hinter dem Namen *Coddle* verbirgt sich ein Eintopfgericht aus Kartoffeln mit Speck und Zwiebeln. Solche einfachen Gerichte findet man nicht auf Touristen-Speisekarten, wenig auch in Farmhäusern, die einem das Beste bieten möchten: frische Fische und köstliche Krustentiere, erstklassige Qualitäten von Lamm-, Rind- oder Schweinefleisch, unübertroffene Molkereiprodukte inklusive ausgezeichneter, oft selbst hergestellter Käsesorten und nicht selten das reinste Quellwasser aus dem eigenen tiefen Brunnen.

Überhaupt ist das Wasser das Geheimnis des immer gut schmeckenden Tees, was paradoxerweise nicht auf den Kaffee zutrifft. Es erklärt auch die Brauerei-Erfolge von *Stout*, dunkel und schwer; *Porter*, fast genauso dunkel, aber leichter; *Ale*, hell und mit wenig Alkohol; *Lager*, mit dem deutschen Exportbier vergleichbar, sowie neuerdings auch von einer Vielzahl von Biersorten aus Privatbrauereien.

Whiskey, der in Irland mit «e» geschrieben wird, heist nicht umsonst *Uisce Beathad*, Wasser des Lebens. Erst nach sieben Jahren Lagerung in hölzernen Fässern gelangt er in den Handel, milder und würziger jedoch als Scotch oder Bourbon. Die älteste Whiskey-Brennerei «Bushmills» in Nordirland hat einige ihrer Geheimnisse gelüftet und ein aufschlussreiches Informationszentrum eingerichtet. Auch das Besucherzentrum Whiskey Corner in Dublin, das auf dem Gelände einer ehemaligen Brauerei in der Innenstadt Filme zeigt und Proben anbietet, hat großen Zulauf.

Eine Chronik aus dem 17. Jahrhundert weiß zu berichten, dass guter Whiskey als Medikament unerlässlich ist gegen Ausschlag, Phlegma und Melancholie – wichtiger noch: Er hält den Alterungsprozess auf und tötet Fleischwürmer. Man konnte also gar nicht genug haben von dem guten

FRESH FLOWERS £1 BUNCH
Hanlon
FRESH FOOD
TO LET SHOP
ENZOS CAFE
Coca-Cola
NEWSAGENT
SANDWICH BAR
GREETING CARDS MAGAZINES
Elizabeth
BAKERY & SANDWICH BAR
SHEILS
OF MOORE STREET

EXIT

HOTEL
ORMOND HOTEL
THE TEMPLE OF SOUND
TO LET
PHELAN
Bank of Ireland

EIGENER WHISKEY NOCH IMMER AM BESTEN

Saft, braute ihn deshalb gern selbst und nannte dieses hochprozentige Destillat *Poiteen*, abgeleitet von dem irischen Wort *poitin* (*little pot*, kleiner Topf). Dabei wurden allerdings nicht immer alle Giftstoffe herausgefiltert, so dass ein Zuviel des Selbstgebrauten Bewusstlosigkeit und Kopfschmerzen verursachte und manchmal sogar zur Erblindung führte. Doch bis heute kümmert sich niemand so recht um das Verbot der Schwarzbrennerei aus dem Jahre 1760, da der eigene Whiskey doch immer noch am besten schmeckt.

Der irische Autor Frank O'Connor hat in einer seiner Short Storys recht humorvoll beschrieben, wie einem entdeckten Schwarzbrenner der Haftbefehl übermittelt wurde:

«Versuchen Sie das mal, Sergeant!», sagte er.

«Er sieht gut aus!», urteilte er.

«Das soll er auch.»

«Und er schmeckt ausgezeichnet!»

«Whiskey», sagte der alte Mann, «ist ein Stoff, der seine Zeit braucht. Gut Ding will Weile haben! Jede Kunst hat ihre Geheimnisse, und die geheimen Rezepte für Whiskeybrennen gehen genauso verloren, wie die alten Lieder verlorengingen.»

«Dan, manchmal denk' ich, es war ein großer Fehler vom Gesetz, dagegen einzuschreiten.»

«Vielleicht, vielleicht auch nicht», erwiderte er sachlich.

«Doch bestimmt, Dan! Was bleibt den armen Leuten denn sonst noch?»

«Die Gesetzesmacher werden schon ihre guten Gründe haben.»

«Trotzdem Dan, trotzdem's ein hartes Gesetz!»

«Sie haben wohl nicht im Sinn, die kleine Buße zu zahlen, was Dan?»

«So, wie ich nunmal bin, Sergeant», erwiderte Dan gleichmütig, «hab' ich's nicht im Sinn.»

«Sie haben mir den Haftbefehl mitgegeben», sagte er endlich in einem Ton, der ihn von jeder Beziehung zu dem Schriftstück freisprach. «Wenn es gelegentlich passen würde ...»

EIN DRITTEL WHISKEY, ZWEI DRITTEL KAFFEE UND SAHNEHAUBE

Am nächsten Freitag spannte Dan den Esel vor sein Wägelchen und brach auf. Unterwegs sammelte er eine Anzahl Nachbarn auf, die ihm gerne das Geleit geben wollten. Auf der Anhöhe oben hielt er an, um sie wieder heimzuschicken. Nachdem Dan all seinen Freunden die Hand geschüttelt hatte, gab er dem alten Esel einen Hieb, rief hü! und begab sich allein auf den Weg zum Gefängnis.

Ein Drittel Whiskey, zwei Drittel Kaffee, brauner Zucker und eine Sahnehaube, die sich mit dem köstlichen Nass nicht mischen darf, das ergibt moorbraunen, duftenden *Irish Coffee*, den man in besonders markierten Gläsern serviert und der süchtig macht, weil er so umwerfend gut schmeckt!

Elevenses nennt man eine Tasse Kaffee um elf Uhr vormittags. Sie wird zu Hause, im Büro oder bei Freunden getrunken und ist weitaus wichtiger als der kaum übliche Nachmittagskaffee. Jede gute Sekretärin behauptet zur Zeit des *Elevenses*, ihr Boss sei in einer wichtigen Besprechung und erst wieder in einer halben Stunde frei!

Schlag ein Uhr geht man zum Lunch, egal, ob alle Lokale überfüllt sind oder nicht, egal auch, ob man nur ein Sandwich oder einen Imbiss im Pub einnimmt oder eine sechsgängige Mahlzeit im Restaurant.

Am Abend gibt es verschiedene Möglichkeiten: *High Tea* gegen 18 Uhr für Familien mit vielen Kindern oder Leute mit geringerem Appetit; *Dinner* als das große Abendessen ab 20 Uhr und *Supper* als leichteres Mahl zu später Stunde. Für einen Großteil der Bevölkerung sind Brot und Marmelade, Fish and Chips, Kartoffeln und Hamburger Grundnahrungsmittel. Geldmangel, Bequemlichkeit und Zeitnot bestimmen oft die Art der Mahlzeiten. Für Notleidende und Obdachlose gibt es karitative Gemeinschaftsküchen sowie die bewundernswert unermüdliche Hilfsbereitschaft der Heilsarmee.

Im Jahre 1995 gedachte man nach 150 Jahren der großen Hungerkatastrophe, die unsagbares Leid ausgelöst und das Land einschneidend verändert hatte. Eine Mil-

ETWAS HUNGERGESCHICHTE

lion Menschen, so schätzt man, verhungerte in ihren Hütten, am Straßenrand, in den Armenhäusern. Noch höher war die Zahl der Auswanderer, ein Exodus, der nie wieder aufhören sollte.

Mit acht Millionen Einwohnern gehörte Irland damals zu den bevölkerungsreichsten Ländern Europas. Die große Tragödie, über die bisher mehr geschwiegen als gesprochen wurde, dokumentiert ein neu eingerichtetes Museum in Strokestown in Westirland. Paradoxerweise ist es auf dem Besitz eines der *Big Houses* untergebracht, die in ihrer Blütezeit als Inbegriff der Unterdrückung und damit auch Schuld an so viel menschlichem Elend galten. Zusammen mit dem Museum, das in den ehemaligen Stallungen des Anwesens eingerichtet wurde, entstand eine Ausstellung, die damalige Opfer und Täter gegenüberstellt und Geschehenes mit beziehungsreichen Querverweisen belegt.

Der Journalist Alexander Somerville war im Auftrag des «Manchester Examiner» im Januar 1847 in Irland unterwegs, um als Augenzeuge über diese unvorstellbare Katastrophe zu berichten. Seine ersten Eindrücke im Hotel sprechen für sich: «Sobald die Männer, allesamt reisende Geschäftsleute, ihre Mäntel auszogen, zeigte sich, dass sie darunter schwer bewaffnet waren. Kein Kleidungsstück, in dem nicht mehrere Pistolen steckten.»

Als Somerville mit den Männern ins Gespräch kam, rieten sie ihm dringend, sich auf gleiche Weise zu rüsten, wenn er denn schon gezwungen sei, in diesen heillosen Zeiten im Land herumzureisen. Der erfahrene Journalist aber wappnete sich auf eigene Art. Er kaufte ein paar Brote und verstaute sie in seiner Reisetasche. Diesen Proviant und nicht etwa eine Pistole wollte er Angreifern entgegenhalten, falls er attackiert werden sollte. Denn Somerville, obwohl erst seit kurzem in Irland, wusste nur zu gut, wie der Feind aussah, der unter den ehrbaren Bürgern solch übertriebene Furcht hervorrief.

Es waren zehntausende zerlumpte Männer, Frauen und Kinder, die – nur noch Haut

HEIMATLOS RICHTUNG DUBLIN WANDERNDE ...

... HUNGERNDE WIRKTEN BEDROHLICH

DOCH EARL BAUTE GRÖSSTES FERNROHR

und Knochen – heimatlos im Land umherirrten und bettelten. Sie hausten in Erdlöchern und Grassodenhütten entlang den Landstraßen, und bei vielen der zu Skeletten Abgemagerten, die regungslos am Wegrand lagen, wusste man nicht, ob sie noch lebten oder schon tot waren. Andere wieder hatten sich den wandernden Menschenpulks angeschlossen, die in Richtung Dublin unterwegs waren, auf den Beinen gehalten nur von der vagen Hoffnung, mit einem Schiff die englische Hafenstadt Liverpool zu erreichen. Die Allgegenwart dieser Elenden wirkte auf viele Zeitgenossen eher abschreckend und bedrohlich, als dass sie ihr Mitgefühl erregt hätte.

Was Somerville im 19. Jahrhundert dokumentierte, sehen wir heute auf dem Bildschirm, nur haben die Länder andere Namen. Hungersnöte solcher und größerer Ausmaße gibt es noch immer, und damals wie heute kann man nicht nur Missernten dafür verantwortlich machen.

Während der Hungerjahre ließ der dritte Earl of Rosse von Birr Castle, in der Grafschaft Offaly, in seinem von großen Mauern eingefassten Schlosspark das von ihm selbst konstruierte, größte Fernrohr der Welt errichten.

Kilkenny am River Nore

Eine streitsüchtige, lebensfrohe Dame: Dublin

Sonntagmorgens, wenn alles schläft, der Verkehr ruht und nur die letzten Nachtbummler nach Hause wanken, ist die beste Zeit, Dublin in Ruhe anzusehen. Will man aber die Stadt «erleben», so ist ein Kneipenbummel am Abend ratsam, wenn man im Gespräch an der Theke so viele Ratschläge für die nächsten Wochen erhält, wie es Sehenswürdigkeiten gibt.

Dublin wurde nicht mit der Absicht erbaut, die Hauptstadt Irlands zu sein, sondern im Gegenteil: Die ersten Befestigungen der einfallenden Wikinger am Liffey-Fluss hatten ursprünglich als Verteidigung gegen Überfälle aus dem Landesinneren gedient. Erst als aus dem feindlichen Nebeneinander von Einheimischen und Eindringlingen durch eine allmähliche Vermischung ein friedfertiges Miteinander geworden war, entstanden dauerhafte Wohnquartiere, Märkte und auch starke Befestigungen – gegen neue Eindringlinge!

Sechs Jahrhunderte lang scharten sich sämtliche Gebäude und Wege um die Christ Church Cathedral und eine große Schutzmauer umgab das Stadtgebiet. Steigt man hinab im Pulverturm des wuchtigen Dublin Castle, so stößt man auf Fundamente aus der Wikingerzeit. Hier plätschert der in den Untergrund verbannte Poddle-Fluss durch einen alten Torbogen, der einst die Einfahrt für die vielen Versorgungsboote der Schlossbewohner bildete. Wo Poddle und Liffey einst zusammenflossen, befand sich ein schwarzer Pfuhl (*black pool = dubh linn*), von dem sich der Name der Stadt ableitete.

Lange schon vor der eigentlichen Gründung der Stadt hatte Ptolemäus ein *Eblana* an dieser Stelle erwähnt, während die keltische Bewohner für die Siedlung am Liffey den wohlklingenden Namen *Drom-Col-Coille* (Hügel der Haselnussstauden) gefunden hatten. Ein anderer Name lautete *Bally-Ath-Cliath-Dublinne*, was so viel wie «Stadt der Hürdenfurt am schwarzen Wasser» bedeutet.

Die Normannen erbauten nicht nur das Schloss, sondern befestigten Häuser und Anlagen durch solide Steinbauten. Je nach Kriegs- und Handelslage entwickelte sich die Stadt in unregelmäßigen Wachstumsschüben. Während der Regentschaft Heinrichs II. (1154-1189) wurde Dublin Regierungssitz. Es herrschte über ein ausgedehntes Gebiet im Osten der Insel, das The Pale (das Umpfählte) genannt wurde wegen seiner Palisadenzäune, die das Gelände und die Burgen der anglo-normannischen Ritter umgaben.

Eine typische Herrenhof-Anlage von etwa 3000 Morgen umfasste eine Burg innerhalb eines Hofs, der wiederum von einer Mauer und einem Graben umgeben war; im Hofgelände befanden sich außer dem Wohnturm Scheunen, Stallungen, ein Dreschhaus und ein Taubenschlag.

Mit dem Einzug der Engländer dehnte sich Dublin zunächst auf die Nordseite des Flusses aus, im folgenden Jahrhundert auch auf die Südseite, bis das Industriezeitalter Fabriken und Geschäfte in allen Teilen der Stadt entstehen ließ und die Bevölkerung zunehmend neue Wohngebiete am Stadtrand bevorzugte.

Seine architektonische Blütezeit erlebte Dublin in der Zeit der vier hintereinander regierenden George-Könige. Ihre Regierungszeit umspannt über ein Jahrhundert (1714-1830), wonach der Ausdruck *Georgian Dublin* geprägt wurde. Während ein George nach dem anderen im fernen England regierte, entwickelte sich die Stadt zu einer strahlenden Metropole mit einem eigenen Parlament und lebhaftem Kulturleben. Im 18. Jahrhundert galt sie als zweitgrößte und schönste Stadt des British Empire. Wie im übrigen Europa wurde diese aufblühende politische und geistige Entwicklung fast ausschließlich von einer gesellschaftlichen Oberschicht getragen, die es verstand, die Augen vor den Lebensumständen der übrigen Bevölkerung zu schließen. Umso mehr pflegte sie die eigene Prunk- und Prachtentfaltung, wobei man ihr zugute halten muss, dass es ihr in der Hauptstadt weder an Geschmack noch Weitsicht mangelte.

Als erste Stadt im 18. Jahrhundert profitierte Dublin ab 1758 von einer Kommission für Stadtplanung und wurde es zu einem Vorbild städtischer Baukunst. Gesetzliche Bestimmungen regelten die Breite der Straßen und Fußwege, die Höhe von Fassaden und Torbögen, die Anlagen von Grünflächen und Plätzen. Große Architekten wie Gandon, Cassels (aus Kassel in Deutschland) und Johnson entwarfen und errichteten palastähnliche Gebäude wie das Custom House (Zollgebäude), The King's Inns (Advokatenkammer), das Parlamentsgebäude (heute Bank of Ireland), die Fassade des Trinity College, The Four Courts (Gerichtshof) und das Rotunda-Hospital, das zur Zeit seiner Entstehung Europas erste und größte Entbindungsanstalt war.

Darüber hinaus ließen sich Politiker, der Klerus und gehobene Berufsstände stattliche Privathäuser errichten, deren Innenräume von weltberühmten Stuckkünstlern so kunstvoll verziert wurden, dass sie heute wieder uneingeschränkte Bewunderung ernten und inzwischen eher renoviert statt abgerissen werden.

Eine weitere segensreiche Einrichtung trug bis zum heutigen Tag auf kulturellem und wissenschaftlichem Gebiet zum Wohlstand und Ruhm der Stadt bei: die *Royal Dublin Society* (RDS). Sie wurde im Jahre 1731 von 14 anglo-irischen *Gentlemen* gegründet, die ebenso über Einfluss und Ansehen wie über reichliche Geldmittel verfügt haben müssen, denn es gelang ihnen, jede gute und mitunter geniale Idee ihrer Mitglieder in die Tat umzusetzen.

So sind zunächst ein Botanischer Garten und eine Veterinärschule entstanden, gefolgt von einer einflussreichen Akademie der bildenden Künste. Weiterhin trugen sie eine bedeutende Bibliothek zusammen, die spätere National Library, und sie legten den Grundstein zu dem auch äußerlich sehenswerten Gebäude des Nationalmuseums. Es birgt eine Fundgrube sorgfältig zusammengetragener Schätze aus Irlands reicher Vergangenheit und ist inzwischen so umfangreich, dass ein Umzug in größere Räumlichkeiten geplant ist. Darüber hinaus verteilte die unermüdliche *Royal*

Im zentralen Westen: Birr Castle ist von einem sehenswerten Park umgeben

Dublin Society Prämien für das Anpflanzen von Bäumen und die Ausrottung der Ratten; sie schickte junge Künstler zum weiteren Studium nach Rom und förderte ihre Ausbildung; sie war an zeitgenössischer Kammermusik ebenso interessiert wie an frühen Handschriften und preisgekrönten Zuchttieren. Eigentlich sollte die von ihnen ins Leben gerufene und heute weltweit berühmte *Horse Show* nur den irischen Pferdezüchtern zu Ruhm verhelfen; inzwischen aber hat sich die alljährlich stattfindende Veranstaltung zum größten Pferdemarkt und Ereignis der Hauptstadt entwickelt.

Dublin bildete das Einfallstor für alles, was aus dem Ausland nach Irland gelangte, und wirkte als Filter für die Weitergabe von Konsum- und Kulturgütern ins Landesinnere. Die Verbindung der Hauptstadt zu anderen Teilen des Landes wurde durch den Bau zweier Kanäle wesentlich erleichtert. Hinzu kam ein von dem Italiener Bianconi aufgebautes Postkutschennetz. Dieser hatte als eingewanderter Händler Irland jahrelang mit schwerem Gepäck zu Fuß durchwandert, bis er auf die Idee verfiel, die ausgedienten Pferde der beendeten napoleonischen Kriege aufzukaufen. 1832 besaß er 300 Zugtiere und beschäftigte 120 Angestellte; drei Jahrzehnte später gab es 28 Bianconi-Agenten im Land. Seine Kutschen fuhren zu billigen Preisen, auch auf Nebenstraßen, was für Tourismus und Handel viele neue Gebiete der Insel erschloss. Um die gleiche Zeit begann man mit dem Ausbau des Dubliner Hafens. Im Jahre 1791 fuhr die erste Dampfmaschine am Meer entlang, und das gesamte Transportwesen des Landes begann sich grundlegend zu verändern.

In der zweiten Hälfte des 18. Jahrhunderts gehörte Dublin mit einer Bevölkerung von 150000 Menschen zu einer der größten Städte Europas. Doch politische Intrigen, vermutlich auch Neid in London, bereiteten ihrer Blütezeit ein jähes Ende. Mit dem auf dubiose Weise zustande gekommenen Unionsvertrag im Jahre 1800 wurde die Selbständigkeit des irischen Parlaments aufgelöst und die politische Verwaltung der gesamten Insel nach London verlegt. Dies veränderte das Stadtbild in kurzer Zeit, denn die meisten Abgeordneten zogen in die englische Hauptstadt oder begaben sich auf ihre nicht weniger feudalen Landgüter. Damit wurden viele Häuser in der Innenstadt frei und zunächst an reichere Berufsstände wie Ärzte, Rechtsanwälte und Unternehmer verpachtet. Doch mit der

Im Park des Birr Castle (zentraler Westen) stehen noch die Relikte des für damalige Verhältnisse größten Teleskops der Welt! Schon Mitte des 19. Jahrhunderts gelang es damit erstmals, Spiralnebel im Universum zu entdecken

GERUCH UND ELEND, HADER, KRANKHEIT UND VERZWEIFLUNG

PEG PLUNKETTS VIEL BESUCHTES FREUDENHAUS

STADTKERN DUBLINS VON WIKINGERN GEGRÜNDET

Zeit erwiesen sich die großen Prachtbauten als unpraktisch. Als die neue Eisenbahnlinie am Meer entlang die Entfernungen verkürzte, siedelten sich die wohlhabenden Bürger in Vororten an, und die nicht mehr instand gehaltenen Häuser der Innenstadt verwandelten sich nach und nach in Mietskasernen für die rasch anwachsende ärmere Bevölkerung.
Während sich im Süden der Stadt eine bessere Mieterschaft noch etwas länger hielt, war die Übernahme durch kinderreiche Großfamilien im ehemals weit vornehmeren Norden nicht mehr aufzuhalten. Von nun ab lebte eine ganze Familie in einem einzigen großen, stuckverzierten Raum; im Keller befand sich eine Gemeinschaftsküche und die hygienischen Verhältnisse waren katastrophal. Der Lärm, die Enge, der Geruch und das Elend in diesen sogenannten *Tenement Houses* (Mietskasernen) schufen neben echter Hilfsbereitschaft und einem festen Gemeinschaftsgefühl auch unendlich viel Hader, Krankheit und Verzweiflung.
In seinen sozialkritischen Schauspielstücken brachte der Dramatiker Sean O'Casey Szenen aus diesem Milieu auf die Bühne und verärgerte damit nicht nur die verantwortlichen Stadtväter, sondern auch die Anhänger des neu propagierten Nationalbewusstseins. Ihnen schwebte ein genau umgekehrtes Ideal des Durchschnittsiren vor, und die auf der Bühne dargestellte Realität passte keineswegs in dieses Konzept. Doch Aufstände und Protestaktionen verhalfen den Stücken erst recht zum wohlverdienten Ruhm!
Als viele wehrpflichtige Männer in den Ersten Weltkrieg zogen und ihre Familien in diesen Elendsquartieren zurücklassen mussten, sah sich die Regierung gezwungen, die Mieten in der Innenstadt einzufrieren. Damit wollte sie die Sorgen um die daheim gebliebenen Familien zerstreuen und eine Revolte der Frontsoldaten vermeiden. Zwar wurde dieser Beschluss im Jahr der Unabhängigkeit (1922) wieder aufgehoben, doch das Schicksal vieler einstiger Prachtbauten war nun endgültig besiegelt, da aus den geringen Mieten schon lange weder Instandhaltungskosten noch Renovierungen finanziert werden konnten.
Die Häuser wurden immer baufälliger, die Besitzverhältnisse zunehmend unklarer. Manche wurden zwangsgeräumt oder dem allmählichen Verfall überlassen. Profitgierige Immobilienspekulanten zerstörten in den Sechzigerjahren des 20. Jahrhunderts durch voreiligen Abriss und unpassende Neubauten ganze Straßenzüge aus der georgianischen Blütezeit, wie zum Beispiel zwischen Merrion Square und Leeson Street, wo ein Betonklotz der Elektrizitätswerke eine ganze Reihe von *Georgian Houses* ersetzte.
Als Ausgleich haben die Verantwortlichen ein typisches Stadthaus aus damaliger Zeit vom Keller bis zum Dachboden mit Möbeln und Erinnerungsstücken einer wohlhabenden Weinhändlerwitwe und ihrer Familie zeitgemäß ausgestattet. Während damals der Gouvernante ein Raum neben den Kinderzimmern zugestanden wurde und der Köchin einer im Keller zugewiesen war, mussten Laufbusche, Kutscher und Zimmermädchen abends in ihre armseligen Quartiere zurücklaufen und im täglichen Pendelverkehr den Gegensatz zwischen Arm und Reich als selbstverständlich hinnehmen.
Nur wenigen gelang es, aus ihrem angeborenen Stand herauszukommen; nicht alle hatten das Durchsetzungsvermögen einer Madam of the Pitt St. Nunnery, geborene Peg Plunkett. Sie stammte vom Lande, war in früher Jugend verführt und missbraucht und damit an den Rand des Ruins getrieben worden. Daraufhin drehte sie den Spieß um und verbrachte den Rest ihres Lebens damit, die ihren Reizen stets willig ergebenen Männer auszunutzen.
Nach einigen Jahren «auf der Straße» eröffnete sie dort, wo heute das angesehene Westbury-Hotel steht, ein elegantes und viel besuchtes Freudenhaus: mit Dienern in Livree, kundigen Hausangestellten und einem eigenen Kutscher für ihre vornehme Equipage. Sie konnte es sich erlauben, ihre begehrten Liebesdienste nur persönlich Auserwählten zu erweisen, und soll sogar einmal ein Pferd als Gegenleistung für einen einzigen Abend ausgeschlagen haben. Zweimal war sie verheiratet, zehn Kinder brachte sie zur Welt, welche sie jedoch im Alter weder vor Krankheit noch dem Schuldgefängnis bewahren konnten.
Das Ambiente des 18. Jahrhunderts, insbesondere der Sinn für die in dieser Zeit entstandene Architektur, ist weitgehend aus Ressentiment und Unkenntnis späterer Generationen ignoriert worden und untergegangen. Erst als Schriftsteller begannen, das Leben in diesen Bauwerken literarisch darzustellen, als Maler noch Verbliebenes zeichneten, beschrieben und veröffentlichten und als Bürgerinitiativen zur Bewahrung alter Prachtbauten demonstrierten und Häuser besetzten, riefen endlich verantwortungsbewusste Architekten zu vernünftiger Planung auf und verhinderten weitere Zerstörungen.
Allerdings gelang es ihnen nicht, den Bau zweier riesiger Büroblöcke der Stadtverwaltung zu verhindern, die ausgerechnet dort errichtet wurden, wo man eine der bedeutendsten und wichtigsten Wikingersiedlungen der Welt entdeckt hatte: unmittelbar neben der ehrwürdigen Christ Church Cathedral. Einige rekonstruierte Bauten und Ausgrabungsfunde kann man in einem seither eingerichteten Wikingermuseum bestaunen. Demnach hatten die Wikinger den Stadtkern Dublins etwa im 9. Jahrhundert gegründet und waren durch Handel, Überfälle und Kriege verhältnismäßig rasch zu Wohlstand gekommen.
Von den Einheimischen übernahmen sie die Sprache und die jungen Frauen und damit auch irische Sitten; sie gewöhnten sich sogar an die Oberhoheit der gälischen Fürsten. Im 12. Jahrhundert, als die Normannen eintrafen, hatte sich Dublin als Handelsknotenpunkt zwischen dem Landesinnern und Übersee bereits zu einer mächtigen Stadt am Meer entwickelt.
Weit vor den Toren dieser Stadt lag unbebautes Gelände, auf dem man zu Ehren des heiligen Stephan ein Heim für die

EINST SUMPF, HEUTE PARK MIT HOCHBETRIEB

NORNENBRUNNEN VON JOSEF WACKERLE ALS DANK ...

FÜR IRLANDS NACHKRIEGSHILFE AN DEUTSCHLAND

Aussätzigen und Pestkranken errichtete. Jahre später fasste man dieses Gebiet mit einer Mauer ein, das Aussätzigenspital verschwand, und stattdessen ließ der Bürgermeister sein Vieh auf dem sumpfigen Wiesengelände weiden. Große Scheiterhaufen türmten sich für Hexenverbrennungen, säumige Boten wurden mit der Peitsche im Kreis gejagt, um ihnen «Beine zu machen», ein Galgen wartete auf Verurteilte.

Im 17. Jahrhundert wurde der Platz vom Militär beschlagnahmt, und ein General aus Cromwells Armee benutzte die Grünfläche für seine Pferde. Die Stadt dehnte sich indessen aus, das Gelände dagegen schrumpfte und rückte vom Vorstadtposten weiter in den Mittelpunkt. Die Mauerstücke bröckelten mit der Zeit ab, und der große Graben rundherum füllte sich mit dem Unrat der Stadt, bis man ihn schließlich ganz zuschüttete. Grundstück um Grundstück fand einen zahlungsfreudigen Käufer. Mit Hilfe guter Architekten und italienischer Stuckateure ließ man die prachtvollen georgianischen Häuser bauen, die noch heute zu bewundern sind.

Dank der umsichtigen Stadtplaner erhielt dieser vielseitig genutzte Platz seine endgültige quadratische Form und einen schmiedeeisernen Zaun, dieses Mal, um die Tiere nicht drinnen einzusperren, sondern um ihr Eindringen von außen zu verhindern. Denn im Jahre 1880 lies Lord Ardilaun, seines Zeichen Besitzer der Guinness-Brauerei und somit reichster Mann der Stadt, auf dem einst sumpfigen Gelände den heutigen Park anlegen, der seinen Namen aus der Vergangenheit beibehalten hat und noch heute Stephen's Green heißt.

Als Oase im Großstadtverkehr bietet der Park heute Besuchern und Einwohnern zu jeder Jahreszeit Erholung und Unterhaltung. Besonders um die Mittagszeit herrscht hier Hochbetrieb, wenn aus den umliegenden Geschäftshäusern, Banken, Büros und Clubs die Menschen zur Lunchpause oder zu einer Verabredung in den Park strömen. Sie lagern auf dem Rasen, zwischen den Blumenbeeten und am Ufer des Sees, auf dem Enten und Schwäne auf Brotkrumen warten. Je wärmer der Tag, desto mehr Hüllen fallen und desto ungezwungener ist auch das Verhalten von Jung und Alt. Weiß auch nur einer von ihnen, welche Tragödien sich auf diesem Gelände einst abgespielt haben?

Heute schmücken üppige Blumenrabatten, ein besonders ausgestatteter Spielplatz für blinde Kinder, Brunnen und Denkmäler den Park. Eine Stiftung aus Deutschland, der Nornenbrunnen von Josef Wackerle, gilt als Dank all jenen Iren, die nach dem Zweiten Weltkrieg die enorme Summe von 12 Millionen DM zusammengebracht hatten. Pro Kopf gerechnet ist das die größte Spendensumme aller Länder, die zugunsten der deutschen Nachkriegshilfe geleistet wurde. Viele Kinder, besonders Waisen aus Deutschland, fanden darüber hinaus ein neues Zuhause in irischen Familien und sind für immer in dem gastfreundlichen Land geblieben.

Die Spendenbereitschaft der Iren ist ohne Zweifel ihre bewundernswerteste Eigenschaft, wie sich auch während der vergangenen Jahre in aller Stärke gezeigt hat. Beispielsweise in der gewaltigen Hilfsaktion «Brot für die Welt», die von dem Popmusiker Bob Geldof und seiner englischen Frau Paula Yates ins Leben gerufen wurde und Millionen Irische Pfund zusammenbrachte, sowie in unzähligen anderen Sammelaktionen, die das ganze Jahr über in Irland stattfinden. Das geschieht in Form von *Bring and Buy Sales*, zu denen jeder etwas Entbehrliches von zu Hause zum Verkauf mitbringt und umgekehrt Schnäppchen an einem der Stände finden kann.

An Einfällen zum Geldauftreiben mangelt es nicht: Es gibt *Coffeemornings* (Kaffeevormittage), bei denen Eintritt erhoben wird, Tennisturniere mit Teilnahmegebühren, Wettspiele mit hohem Einsatz, teure Dinnerpartys, Fernsehtombolas und Sammlungen auf der Straße. Fast jede Woche hat eine karitative Institution ihren offiziell registrierten Sammeltag und bittet durch freiwillige Helfer um eine milde Gabe. Ob für Zwecke im eigenen Land, wie etwa für den Seenotrettungsdienst, den Tierschutz oder Kinderschutz, für Behinderte oder den Blindenverein – der säuberlich nach «katholischen» und «Blinden aller Konfessionen» getrennt ist –, oder ob für Hungernde oder Unterdrückte in der Welt, das irische Mitleid für den *underdog* kommt von Herzen und bewirkt immer wieder wahre Wunder.

Oft sind es nur wenige couragierte Personen, die eine solche privat getragene, karitative Einrichtung ins Leben rufen und sich über Jahrzehnte ehrenamtlich engagieren. So ist zum Beispiel die frühere Kriegskrankenschwester Brenda Clark die langjährige, energische Vorsitzende der lebenswichtigen *Lifeboat*-Organisation. Sie bringt durch unermüdliche Sammeltätigkeit das ganze Jahr über die dringend notwendigen Gelder zusammen, während Valerie Lady Goulding es mit Umsicht, Entschlossenheit und Ausdauer fertig brachte, die finanziellen Mittel zum Aufbau einer dringend benötigten Klinik für Behinderte aufzutreiben.

Ebenfalls aus privaten Spenden wurde eines der schönsten, aber auch baufälligsten Häuser aus dem 18. Jahrhundert auf der berüchtigten Nordseite der Stadt renoviert: Das heutige James-Joyce-Kulturzentrum mit der Hausnummer 35 in der North Great George's Street ist sowohl wegen seiner hervorragend restaurierten Architektur als auch seiner Geschichte und Innenausstattung ein lebendiger Beweis des alten Dublin und dokumentiert den weit reichenden Einfluss von James Joyce und Sean O'Casey. Es illustriert darüber hinaus die beispielhafte Initiative des Senators und Englischprofessors David Norris, dessen Tatkraft und Begeisterung die Rettung eines abbruchreifen *Georgian House* und die Einrichtung eines mittlerweile florierenden und bedeutenden Joyce-Zentrums zu verdanken ist.

Aber auch wenn ein Haus kein Museum ist, kann man einen Blick in sein Inneres werfen, sofern es sich um eines der un-

Gledalough, St. Kevin's Church, Teil der Klosteranlage in den Wicklow Mountains. Wegen seines Türmchens in Kaminform wird das Kirchlein auch «St. Kevin's Kitchen» genannt

nächste Doppelseite: *Das Ganggrab von Newgrange (Grafschaft Meath), mit 4500 Jahren eines der ältesten Bauwerke der Menschheit und somit so alt wie die ältesten Pyramiden Ägyptens. Die Stützmauer wurde vor einigen Jahren rekonstruiert*

übernächste Doppelseite: *Powerscourt Gardens, eine schmucke Gartenanlage, angelegt im 18. Jahrhundert am Rande der Wicklow Mountains*

95 PROZENT LEBEN IN EINFAMILIENHÄUSERN

zähligen Gebäude handelt, die das ganze Jahr über zum Verkauf *(For Sale)* oder zur Versteigerung *(For Auction)* angeboten werden. Hunderte von Häusern aller Art, vom kleinsten Mietshaus im Stadtzentrum bis zur feudalen Villa am Meer, stehen für jeden möglichen Käufer zur Besichtigung frei, bis sie auf einer Auktion unter den Hammer kommen. Will man Wohnkultur und Einrichtungsstil der Iren kennen lernen, so lohnt die Besichtigung der noch bewohnten, voll möblierten, zum Teil alten Häuser, die mancherlei Überraschungen bergen.

In keinem Land Europas leben so viele Familien wie in Irland, nämlich 95 Prozent der Bevölkerung, in Einfamilienhäusern. Wohnungen gibt es entweder nur vom Sozialamt mit subventionierten Mieten, oder aber es sind Luxuswohnungen an einer besonders schönen Lage, die man kaufen kann. Eine neue Entwicklung tendiert zu Kleinwohnungen für allein stehende Berufstätige im Stadtzentrum, welche vorwiegend gekauft statt gemietet werden. Im Allgemeinen nimmt ein junges Paar beim Einzug in «sein» gemeinsames Haus einen Bankkredit auf und zahlt statt Miete die fälligen Raten an die Bank zurück, bis es endlich, oft nach Jahrzehnten, zum wirklichen Eigentum wird.

Was aber macht man mit einem großen, ausgedienten Stadtbahnhof? In seinen hohen Kellergewölben befindet sich neben einem Nachtclub Dublins größtes Weinlager. Die gleichbleibenden Temperaturen hier sind ideal für die Weine der Experten Alex Findlater und David Millar, die beide aus alteingesessenen Dubliner Geschäftsfamilien stammen und mit Erfahrung und fundiertem Wissen für die Getränkebelieferung ihrer Mitbürger sorgen. Als Kuriosum haben sie ein Museum mit Erinnerungstücken aus ihren fünf Generationen umspannenden Kaufmannsfamilien eingerichtet, durch die sich die merkantile Entwicklung Dublins verfolgen lässt.

Wie die Gebäude und ihre Bewohner sind fast alle Eindrücke in Dublin voller Geschichte und Widersprüche. Hinter glänzenden Fassaden und grellen Neonreklamen liegen oft schäbige Cafés, monotone Kaufhäuser, unbedeutende Krämerläden, obskure Kinos und billige Hotels. Auf den Nebenstraßen, besonders auf der Nordseite der Stadt, kann man unversehens in ein Straßengewirr mit verwohnten Bauten und heruntergekommenen Wohngegenden gelangen. Andererseits birgt mitunter eine unscheinbare, fast schäbige Fassade erstaunliche innenarchitektonische Meisterwerke: modern eingerichtete Wohnungen, umgebaute alte Gemäuer und immer wieder unerwartet mitten in der Stadt idyllische Hintergärten.

STEUER-SONDERANGEBOTE FÜR AUSLÄNDER BIS 2005

Nördlich des Liffey liegen hinter Gandons Custom House (das Zollhaus), einem Schmuckstück aus dem 18. Jahrhundert, moderne Neubauten und Glaspaläste, denen allen gemeinsam ist, dass sie gegen den Willen der Bevölkerung errichtet, wenig später aber als städtebauliche Prunkstücke akzeptiert und allgemein bewundert wurden. Dazu gehört ein Finanzzentrum aus Glas und Beton; es beherbergt Handelsfirmen und Banken aus aller Welt, denn die Umgestaltung Dublins zu einer der modernen europäischen Hauptstädte wird von der Regierung und Stadtverwaltung durch Steuerbegünstigungen stark gefördert.

So ist in der verödeten Hafengegend ein neuer Bauboom ausgebrochen. An den Ufern des Liffey entstehen vornehme Büros aus Glas und rotem Ziegel, deren Mieten doppelt so hoch sind wie in der Innenstadt. Luxuriöse Appartments umschließen die alten Hafenbecken, und viele ehemalige Lagerhäuser reizen zum Um- und Ausbau. Bis zum Jahr 2005 darf Irland mit Steuer-Sonderangeboten Kapital auf die Insel locken, um den in Jahrhunderten gewachsenen ökonomischen Rückstand gegenüber Zentraleuropa abzubauen.

Ebenfalls in der weitläufigen Hafengegend Dublins liegt ganz nah am Liffey-Fluss ein unerwartet erfolgreicher Umbau, dessen Innenraum sich bereits durch einige Eurovisionsveranstaltungen auf sämtlichen Bildschirmen Europas präsentiert hat. Aus

STATT STADTKERN VIELE ORIENTIERUNGS- UND TREFFPUNKTE

einem ehemaligen Eisenbahnschuppen ist das Point Depot, ein riesiger Veranstaltungsraum geworden. Das Gebäude kann mehrere tausend Besucher fassen und ist fortwährend Schauplatz Aufsehen erregender Großveranstaltungen.
Für die große Eiskunstlaufschau von Jayne Torville und Christopher Dean entstand in der Mitte des Raumes eine riesige Eisfläche; für die Opernsängerin Kiri Te Kanawa oder den Sänger Pavarotti eine große Bühne mit Orchester; für verschiedene Faustkämpfer ein Boxring, kurz: die Verwandlungsfähigkeit der Halle und ihr Fassungsvermögen sind nahezu unerschöpflich, und sie ist weiterhin auf Jahre ausgebucht.
Statt eines eigentlichen Stadtkerns hat Dublin viele verschiedene Orientierungs- und Treffpunkte, wie zum Beispiel das Eingangstor des Trinity College, das Bewley's Café, den Eingang zum Stephen's Green Centre, Clerys Uhr oder natürlich eines der über 500 Pubs in der Stadtmitte. Bei dieser großen Zahl der Kneipen ist man versucht, Dublin kurzerhand in «Pup-lin» umzutaufen! Und weil man sich in den meisten so gern aufhält, ist Pünktlichkeit wirklich keine irische Tugend, schon gar nicht in Dublin.
Doch wenn man einmal warten muss und die Blicke umherschweifen lässt, wird man zur eigenen Überraschung an vielen Stellen mit dem Anblick ornamentaler Fassaden und eigenwilliger Fensterformen reichlich belohnt. Selten allerdings bleibt einem Zeit für forschende Blicke, weil man unweigerlich ins Gespräch kommt mit anderen, die auch warten oder vorüberbummeln. Dabei erfährt man dann vielleicht, dass das Wetter heute besser ist als es gestern war und es morgen bestimmt wieder schöner wird, aber vielleicht auch, dass der Liffey nicht immer ein von Kaimauern gebändigter Fluss war, sondern sich früher bis zum heutigen Gelände des Trinity College ausgebreitet hatte. (Unter den Regeln für Studenten im 17. Jahrhundert gab es unter anderem das Verbot, vom Collegegelände in den Fluss zu springen!)

KÜNSTLERVIERTEL TEMPLE BAR

Die Unterhaltungen beginnen meist mit einem unmittelbaren persönlichen Erlebnis und ufern bald aus zu allgemeineren Themen, vielleicht bis hin zur Politik. Da wiederum redet man von Politikern oder Politikerinnen wie von alten Bekannten, nennt sie beim Vornamen, sofern man ihnen wohlgesonnen ist, und bringt ihre Familiengeschichte in enge Verbindung mit ihrem politischen Handeln.
Unweigerlich kommt die Frage an den Fremden:«Haben Sie schon Temple Bar gesehen?» Dieses neue alte Künstlerviertel Dublins zwischen Christ Church Cathedral, Liffey, Dame Street und dem modernen Pilzbau einer Bank hatte einst das geschäftige Handelszentrum der Stadt beherbergt: mit Handwerksstätten, Lagerhäusern und Kontoren. Als sich das Hafengelände weiter zur breiten Mündung des Flusses verlagerte, siedelten sich kleinere Unternehmen an, aber die engen Gassen wurden unpraktisch, die Häuser verfielen allmählich, und schließlich sollte hier am Liffey ein riesiger Busbahnhof entstehen. Doch in der Übergangszeit lockten die Niedrigmieten Vertreter der alternativen Kunstszene in die alten Gemäuer, die den Bezirk in kurzer Zeit in einen der einfallsreichsten Kulturkomplexe Europas verwandelten.
Beträchtliche Finanzzuschüsse der damals noch EG genannten EU unterstützten die Wiederbelebung des fast abbruchreifen Viertels, und so entstanden seit Mitte der Achzigerjahre eigenwillige Galerien, Cafés, kleine Kuriositätenläden, Musikstudios, ein aufwendiges Filmzentrum und ein kühn gestaltetes Freilichttheater. Sonnengeheizte Wohnungen konkurrieren mit schrägen Altbauten, Restaurants verschiedener Nationalitäten wetteifern mit Kneipen und Bistros. Seit dem internationalen Erfolg des Dubliner Kultfilms *The Commitments* suchen hier junge Leute aus aller Welt improvisierte Stätten für Rock- und Soulmusik und finden die angeblich besten Tonstudios Europas vor.
Überhaupt fällt im Dubliner Straßenbild die vorwiegend junge Bevölkerung auf,

MODERNE KONZERTHALLE EINST GEFÜRCHTETER EXAMENSRAUM

die mehr als je zuvor Einflüssen aus aller Welt ausgesetzt ist und diese, wie gewohnt, in irische Lebensart mit einbezieht. Am Wochenende strömen sie aus den verschiedenen Vororten, von denen jeder für sich sein eigenes Zentrum und charakteristische Merkmale hat, in der Innenstadt zusammen. Die jungen Menschen mischen sich unter die vielen Zugereisten, die begeisterungsfähigen Sportfans und erlebnishungrigen Touristen.
Diese wiederum kommen aus dem Staunen nicht heraus: Nicht etwa ein Marktplatz, auch nicht ein Bahnhof, sondern das Hauptpostamt (GPO – General Post Office) dient als Mittelpunkt der Stadt bei öffentlichen Kundgebungen oder Paraden. Die vielen Theater dagegen liegen weit verstreut. Sie befinden sich zum Teil in ehrwürdigen alten stuckverzierten Hallen mit Plüschmöbeln und Samttapeten, zum Teil aber auch in Kirchen, Bibliotheken, Cafés oder gar im Keller eines großen Busbahnhofs.
Die moderne Konzerthalle wiederum war einst der gefürchtete Examensraum einer Universität. In Buchläden kann man Kaffee trinken und in Cafés Bücher lesen; während den Schuheinkauf klassische Musik begleitet, läuft in anderen Läden lautstark das vormittägliche Rundfunkprogramm. Bettler sitzen vor den Clubs und Einkaufszentren, deren schönstes der umgebaute Innenhof des Powerscourt House ist mit Boutiquen und Cafés, Handwerksständen und Antiquitäten, Restaurants und Modeschauen, begleitet vom Klavierspiel junger Musikstudenten.
Der endgültige Beweis, dass Dublin fortan in die Zukunft statt Vergangenheit blicken wird, ist die Installierung einer spektakulären Uhr mitten im Liffey-Fluss, unmittelbar unterhalb jener Brücke Europas, die sich rühmt, breiter als lang zu sein: der O'Connel-Brücke. Die geniale Wasseruhr zählt die noch verbleibenden Stunden bis zur Jahrtausendwende! Nie wieder wird man den Vorwurf erheben können, die Iren blickten nur in die Vergangenheit! (Was wird die Uhr nach 2000 zählen?)

Monasterboice im Nordosten: Muireadach's Cross, ein keltisches Hochkreuz, auf dessen prächtigen Reliefs biblische Szenen dargestellt sind, geht auf das 10. Jahrhundert zurück. Es zählt zu den schönsten Exemplaren Irlands

Der Knockeen-Dolmen von Waterford

Auswege und Auswanderer

Es gibt wohl kaum ein Land auf der Welt, in dem man keine Iren trifft, zumindest in der zweiten oder dritten Generation, denn sie haben über die Jahrhunderte zu tausenden die irische Insel verlassen. Aristokraten, Tagelöhner, Mönche, Abenteurer, politische Flüchtlinge, Häftlinge, Schriftsteller, Komponisten, Bauern und Großgrundbesitzer machten sich auf den Weg ins Ungewisse. Manche «brachten es zu etwas» im neuen Land, andere überlebten nur mühsam oder gingen jämmerlich zugrunde. Unter den Erfolgreichen waren amerikanische Präsidenten, Premierminister in England und Frankreich, ein argentinischer Diktator, ein Vizekönig in Peru, ein chilenischer Freiheitskämpfer, der zum Diktator wurde und sogar ein späterer Radscha. Über den Lebensweg der berühmt gewordenen Persönlichkeiten weiß man heute gut Bescheid.

Wenig aber ist bekannt über die Einzelschicksale der Teilnehmer notgedrungener Massenauswanderungen. Viele unter ihnen verheimlichten im neuen Land ihre Herkunft, andere wurden sofort von der Bevölkerung des Gastlandes absorbiert. Von den meisten gibt es höchstens noch die Namen auf Einwanderungsregistern, dazu ihr Alter und den Ausgangshafen, aber dann verliert sich ihre Spur, und es bleiben nur Mutmaßungen übrig.

Lange bevor Statistiken Auskunft gaben, hatten zwei große Impulse irische Namen auf dem Kontinent verbreitet. Der Erste wurde durch die Religion ausgelöst, als Mönche und Scholaren auszogen und Gottes Wort auf dem Kontinent verkündeten. In nicht weniger als 40 europäischen Städten errichteten sie Kirchen und Klöster, von Kiew in Russland über Lucca in Italien bis nach Iona in Schottland. Sie wirkten als Missionare, Reformatoren und Lehrer.

Eigentliche Auswanderer waren sie nicht, denn weder lockte sie ein besseres Leben, noch zwang sie Armut zu der äußerst gefährlichen Reise in den winzigen Booten. Vielmehr wurde ihr Fortgang aus der heimischen Klosterstätte als eine Art Buße im Dienste Gottes angesehen. Ihre blühenden Niederlassungen und Erfolge brachten Irland in den Ruf, ein Land der Heiligen und Gelehrten zu sein.

Die zweite frühe Auswanderungswelle nahm im 16. Jahrhundert ihren Anfang, als die Tudor-Monarchen die gälischen und anglo-normannischen Stammesfürsten besiegten. Damit verschwanden die Kleinfürstentümer des mittelalterlichen Irland. Die ehemalige Aristokratie und ihre Anhänger wurden ins Exil getrieben und durch eine neue Wirtschaftselite ersetzt. Weiden wichen Anbauflächen, Fürstentümer verwandelten sich in Pachtland. Die Bevölkerung wuchs, die Machtpositionen aber gingen über auf Mitglieder der protestantischen Oberschicht, die unter dem Namen *Ascendancy* bekannt wurde.

Genau wird man es nie wissen, aber man schätzt, dass zwischen der «Flucht der Grafen» (1607) und dem Ende des 18. Jahrhunderts etwa 400 000 irische Soldaten mit ihren Familien die Heimat verließen, um im Ausland ihre Dienste anzubieten. Dort versuchten sie, sich mit katholischen Großmächten zu verbünden, um gegen die englischen Eroberer in Irland vorzugehen.

An manchen europäischen Höfen wurden die Aristokraten mit Freude empfangen und mit Ehren und Reichtum überschüttet, während die braven Fußsoldaten sich mit einem regelmäßigen Sold und im Todesfall mit einer Pension für ihre Familien bescheiden mussten. Die Iren waren bei weitem nicht die einzigen Soldaten, die in fremden Diensten kämpften. Söldner aus der Picardie, aus Korsika, Sardinien, Wales und auch aus der Schweiz unterstützten die französischen und spanischen Monarchien im Kampf um die ewig umstrittene Machtverteilung in Europa.

Im spanischen Bürgerkrieg hatten sich irische Soldaten auf beiden Seiten verdingt. Eine frisch aus Irland eingetroffene Kompanie schwärmte am Abend ihrer Ankunft vom Schiff in die verlockenden Gassen der fremden Hafenstadt aus, wo sie mit offenen Armen in Empfang genommen wurden. Die Soldaten bezahlten für erwiesene Dienste auf besondere Art und ahnten nicht, dass sich die Damen der Nacht am folgenden Morgen erzürnt vor dem Schiff aufbauen und laut lamentieren würden: Anklagend hielten sie die heiligen Medaillen hoch, die ihnen die irischen Soldaten überreicht hatten mit der Versicherung, dass es sich um gültiges Bargeld handelte! Dem irischen Reporter, der Zeuge dieser peinlichen Szene war, wurde allen Ernstes mit der Todesstrafe gedroht, falls er auch nur andeutungsweise etwas von diesem peinlichen Vorfall in der Presse berichten würde.

Zu Friedenszeiten bildeten ausgewanderte irische Militärangehörige kleine Kolonien in spanischen, holländischen und französischen Küstenstädten, zwischen denen sich ein florierendes Handelsnetz entwickelte. Von Rotterdam bis Cadiz gab es gut gehende Kaufmannshäuser; in Bordeaux weiß man zum Beispiel von 20 solcher Niederlassungen mit katholischen Familien aus Limerick und Galway. Sie stellten Wechsel aus, boten Kredite an und förderten den Handelsaustausch zwischen Dublin und London, aber auch zwischen dem Kontinent und der Neuen Welt.

Im 18. Jahrhundert zogen wohlhabende katholische Iren, denen die neuen Gesetze den Zugang zum Staatsdienst und zu freien Berufen im eigenen Land versagten, an französische, deutsche und spanische Universitäten und siedelten sich als Wissenschaftler und Handelsleute in diesen Ländern an.

Nach Amerika gelangten neben Abenteurern mehr verarmte, enteignete Opfer von Kriegen und Hungersnöten. Wer noch Geld hatte retten können, kaufte Land in der neuen Heimat, insbesondere in Virginia. Erfolgsgerüchte drangen dann zurück nach Irland, woraufhin sich zahlreiche mittellose Jugendliche im Voraus als Landarbeiter verdingten, um überhaupt die Schiffspassage finanzieren zu können.

Andere vertriebene Landbesitzer entkamen noch rechtzeitig den neu verordneten Strafgesetzen in Irland; sie kauften Land

Abendstimmung über Drogheda am River Boyne

IRISCHE HEERFÜHRER STANDEN ALS FEINDE IM AUSLAND GEGENÜBER

in Westindien und errichteten dort ausgedehnte Zuckerplantagen. Montserrat und Antigua waren fast ganz in irischer Hand, bis die Abschaffung des Sklavenhandels dem Luxusleben dort ein Ende setzte und nur noch wenige Iren im Lande blieben.
Auch auf indischen Schlachtfeldern waren irische Truppen für rivalisierende europäische Staaten im Einsatz, meistens gegen England. Doch kam es auch vor, dass sich zwei irische Heerführer als Feinde im Ausland gegenüberstanden; Thomas Lally aus der Grafschaft Galway kämpfte für Frankreich und stand nach vielen militärischen Erfolgen auf dem Schlachtfeld in Wandiwash dem irischen General Eyre-Coote aus der Grafschaft Limerick gegenüber, der auf der Seite der Engländer kämpfte.
Das beste Los aber zog ein Tagelöhner namens George Thompson aus der Grafschaft Tipperary, der sein Glück in Indien fand, wohin ihn das Schicksal als Schiffsjunge verschlagen hatte. Durch eine Kombination von Glück, militärischem Erfolg und einer guten Portion Dreistigkeit wurde er Herrscher von Harina, wo er in Glanz und Reichtum bis ans Ende seiner Tage regierte.
In London gewannen irische Namen wie Fitzgerald, Kirwan, Lynch, Hussey und Burke nicht nur im Bankwesen an Bedeutung, sondern die englische Hauptstadt wurde auch das Kulturzentrum für irische Dichter, Schauspieler und Dramatiker. Reichtum und Bevölkerungszahl garantierten ein großes Publikum, mehr Mäzene, mehr Kritiker, kurz: größeres Ansehen und Einkommen.
Neben den großen Namen wie Congreve, Farquhar, Steele, Sheridan und Goldsmith existierten Dutzende weniger bekannte Autoren, wie zum Beispiel Thomas Southerne, der das erste Theaterstück gegen den Sklavenhandel schrieb, oder Charles Coffey, dessen traditionelle irische Musik das Londoner Publikum begeisterte. Die meisten stammten von den in Irland lebenden Engländern ab, doch tauchten auch gälische Namen auf wie Arthur

UNABHÄNGIGKEITSERKLÄRUNG AMERIKAS: 12 IRISCHE UNTERSCHRIFTEN

Murphy, Hugh Kelly, John O'Keefe und Patrick Delaney.
Aussichtslosigkeit, Abenteuerlust und ungeahnte Möglichkeiten an fernen Ufern veranlassten in der Zeitspanne von 1720 bis 1820 nicht weniger als 600 000 Iren, von denen rund 80 Prozent Protestanten waren, nach Übersee auszuwandern. Von Ulster in Nordirland zogen vor allem Presbyterianer nach Amerika aus, denn schlechte Ernten, niedrige Leinenpreise und religiöse Unterdrückung hatten ihnen zu Hause das Leben unmöglich gemacht. Viele von ihnen bildeten eine starke Lobby bei den Loslösungsbestrebungen Nordamerikas von England.
Als im Jahre 1776 die Unabhängigkeitserklärung Amerikas schließlich unterzeichnet wurde, stammten nicht weniger als vier Unterschriften von irischen Einwanderern, weitere acht waren irischer Abstammung, selbst der Drucker war irischer Herkunft sowie auch der Sekretär des Kongresses, der die Deklaration akzeptierte. Amerika lockte nun noch stärker als ein Ort der großzügigen Land-Angebote und unbegrenzten Möglichkeiten.
Später boten bessere Verkehrsbedingungen auf Dampfschiffen tausenden von arbeitslosen Iren die Möglichkeit, in das nicht so weit entfernte Großbritannien zu übersiedeln. Als Saisonarbeiter pendelten sie auf den Kohleschiffen zwischen Irland und Wales hin und her, brachten ihre Ersparnisse nach Hause oder holten ihre Familien nach, wenn sie gesicherte Jobs finden und sich für immer in England niederlassen konnten.
In vielen englischen Industriestädten entwickelten sich auf diese Art große irische Kolonien. Oft hausten die Arbeiter in armseligen Unterkünften, wo sie mit ihren Familien zusammengepfercht lebten. Sie brachten Gewohnheiten vom Lande mit, die ganz und gar nicht ins Stadtleben passten: Hühner, Hunde und Schweine lebten oft mit ihren Besitzern auf engstem Raum, aber auch nachgetragene Feindseligkeiten untereinander waren mitgereist und flammten wieder auf.

IRONIE: BÜRGERKRIEG ALS WIRTSCHAFTLICHE RETTUNG

Die tage- und nächtelangen Totenwachen ganzer irischer Familien stießen bei den neuen Arbeitgebern auf Unverständnis. Kein Wunder, dass es in solch brodelnden Stadtteilen zu politisch radikalen Ideen und Einstellungen kam, die im Grunde eine Fortsetzung der Unzufriedenheit im Heimatland manifestierten.
Besonders in Glasgow und Liverpool verschärften sich die Gegensätze zwischen Einheimischen und Einwanderern und eskalierten zu beschuldigungsreichen, religiös zugespitzten Differenzen. Die oft handgreiflichen, wilden und erbitterten Kämpfe von Arbeitern und Tagelöhnern untereinander wurden in der englischen Öffentlichkeit zur Zielscheibe vieler Satiren und Karikaturen.
Der größte Exodus aus Irland erfolgte Mitte des 19. Jahrhunderts, als die anhaltende Hungersnot etwa eine Million Menschen in ihrer Verzweiflung auf die Auswandererschiffe trieb. Wie schon andernorts geschildert, kamen die Überlebenden dieser «schwimmenden Särge» krank und elend in Großbritannien oder Amerika und später in Kanada an. Dort landeten dann viele von ihnen als billige Arbeitskräfte in Schlachthöfen oder Fabriken, wo sie unter nahezu unmenschlichen Bedingungen jahrelang Schulden abtragen oder sparen mussten, um einen weiteren Transport ins Landesinnere finanzieren zu können.
Ironischerweise erwies sich für manch einen der Bürgerkrieg als wirtschaftliche Rettung. Irische Brigaden kämpften sowohl auf der Seite der Konföderation als auch auf der Seite der Union, und Überlebende sahen in der anschließenden Nachkriegszeit ihre Chance, rasch zu Ansehen und Wohlstand zu kommen.
Abgesehen von der Kriegs- und Nachkriegszeit verhalfen auch andere Quellen einigen zu erstaunlichem Reichtum: John Doherty spezialisierte sich auf die Erschließung von Ölquellen, James Flood auf Silberminen. Thomas F. Ryan befasste sich mit dem Bau von Eisenbahnen, Diamantenabbau, Tabak und Lebensversicherungen. Joseph P. Kennedy legte mit sei-

AUSTRALIEN IRISCHSTES LAND DER WELT

nen Spekulationen im Landkauf den Grundstein zu einer wohlhabenden Politiker-Dynastie. Peter McDonnell besaß bei seiner Ankunft keinen Pfennig und wurde der legendäre Millionär an der Börse, während Thomas E. Murray als Partner von Edison aufgrund seiner Erfindungen zu großem Wohlstand kam. Solche und auch bescheidenere Erfolgsgeschichten sprachen sich in der Heimat herum, und so brachte nicht nur bittere Armut, sondern auch Abenteuerlust und Erfolgssucht große Einwanderungswellen aus ganz Europa in die Neue Welt.

Kanada, Australien und Neuseeland erwiesen sich in ihrer Weite und Einsamkeit für die gemeinschaftsliebenden Iren als weniger attraktiv, doch diejenigen, die doch dort landeten, waren voll des Lobes über die Gastfreundschaft der Einheimischen. Von Australien behauptet man, es sei das irischste Land der Welt, wenn auch viele der Einwanderer recht unfreiwillig, nämlich als Strafgefangene dort gelandet waren. Gerade aus ihrer Mitte gingen erstaunlich viele Persönlichkeiten mit verantwortungsvollen Positionen hervor. Abgesehen von der Besetzung vieler akademischer Berufe hatten zwischen 1929 und 1949 sechs von sieben Premierministern in Australien irische Vorfahren.

Auch Fußball, bis heute der Lieblingssport der Australier, hat sich ohne Zweifel aus gälischem Fußball entwickelt. Eine Reihe illustrer Kricket-Spieler irischer Abstammung zeigten sich als besonders erfolgreich bei Länderspielen Australien gegen England. Einer von ihnen namens Bill O'Reilly hatte dafür eine plausible Erklärung: Er brauchte sich beim Spiel nur vorzustellen, jeder Engländer sei ein Cromwell'scher Soldat!

Wenn es weniger um Sport und mehr um Arbeit ging, erreichten irische Auswanderer selbst in England absolute Spitzenpositionen. Zu ihnen zählen Michael Rochford mit einem Großmarktunternehmen; Thomas Lipton mit seinem berühmten Tee-Einzelhandel und Hugh McCalmont an der Börse.

40 MILLIONEN AMERIKANER MIT IRISCHEN VORFAHREN

Besonders in der Welt der Medien machen Iren nach wie vor Karriere, auch wenn sich das Wissen um ihre Herkunft langsam verliert. Wer weiß heute noch, dass hinter dem «Morning Star» ein William O'Malley aus Irland als Gründer stand und dass der Ire und spätere Lord Northcliffe den «Daily Mail» ins Leben rief?

Wegen der damals noch hohen Geburtenzahl in Irland wurde die Emigration zum vorausbestimmten und unvermeidbaren Schicksal. Acht Millionen Iren haben zwischen den Jahren 1800 und 1922 ihre Heimat verlassen und im Ausland wiederum sehr große Familien gegründet. In Amerika allein berufen sich 40 Millionen Einwohner auf irische Vorfahren. In Kanada sind es 20 Prozent der Gesamtbevölkerung, in Australien 30 und in Neuseeland 15 Prozent. Auch in Lateinamerika haben insbesondere militärische Anführer irischer Herkunft entscheidende Positionen innegehabt.

Nach der Jahrhundertwende wanderten die meisten Iren vorwiegend nach England aus. Die Zahl verringerte sich erst, als es in Irland neue Gesetze zum Erwerb von eigenem Landbesitz gab, woraufhin viele Bauern versuchten, ihren Lebensunterhalt in der Heimat zu bestreiten. Zudem verschärften sich die politischen Auseinandersetzungen zwischen den beiden Inseln wieder in dem Versuch, Irlands politische Unabhängigkeit durchzusetzen: wegen ihren gegensätzlichen Auffassungen entwickelten sich die beiden Länder wieder auseinander.

England wurde in den Augen der Iren finsterstes Ausland und verlor den Reiz eines Landes, das Hoffnung auf ein besseres Leben bot. Wieder war es ein Krieg, der neue Arbeitsplätze schuf. Im Zweiten Weltkrieg ersetzten irische Landarbeiter fehlende Arbeitskräfte in England; zudem wurden nach dem Krieg zum Wiederaufbau überall kräftige Menschen gebraucht, die sich allmählich in der neuen Wahlheimat integrierten. Junge Mädchen fanden Anstellungen insbesondere in Pflegeberufen und ließen sich in England nieder.

ZUR WEIHNACHTSZEIT KOMMT JEDER IRE NACH HAUSE

In manchen Vororten von London hörte man in den Kirchen, Tanzhallen und Kneipen fast nur den irischen Akzent, der bis heute eine deutliche Sprachgrenze zwischen England und Irland bildet. Vielfach heirateten die Iren untereinander, gründeten Hausstände und fuhren alle zusammen zu Familienfesten, besonders aber zu Weihnachten in die Heimat.

Bei den heutigen besseren Verkehrsbedingungen lässt es sich kaum ein Ire nehmen, zur Weihnachtszeit nach Hause zurückzukehren. Im Monat Dezember verwandelt sich der Dubliner Flughafen in eine weihnachtlich geschmückte Festhalle, in der rund um die Uhr eine wogende Party in vollem Gange ist. Die Wartenden verkürzen sich die Zeit mit Unterhaltung und Getränken, und die Stimmung ist ebenso ansteckend wie vergnügt, wenn eine neue Flugzeugladung die lang erwarteten, mit Geschenken beladenen Familienmitglieder von Übersee heimbringt. Mit großem Jubel und Musik werden sie von ihrem zahlreich erschienenen Clan freudig in Empfang genommen. Die Großfamilie ist über die Festtage wieder einmal vereint.

Waren die Auswanderer und Auswanderinnen bis in die Sechzigerjahre des 20. Jahrhunderts aus wirtschaftlich schwachen Regionen gekommen und meist ungelernte Arbeitskräfte, so bieten seit den Achzigerjahren vor allem Facharbeiter und Akademiker ihre Fähigkeiten im Ausland an. Um die Auswanderungsquote auf nur 15 000 Emigranten einzufrieren, müsste die Regierung ein Wunder vollbringen und jährlich an die 20 000 neue Arbeitsplätze schaffen. Etwa 70 Prozent der Auswanderer sind zwischen 15 und 25 Jahre alt, aber auch die Altersgruppe der 25- bis 35-Jährigen hat starken Anteil an der Emigration aus dem Land, in dem fast 50 Prozent der Bevölkerung unter 25 Jahre jung sind.

Da aber auch im Ausland der Arbeitsmarkt längst nicht mehr so günstig ist wie noch bis anfangs der Neunzigerjahre, lässt sich seither ein bedeutender Rückgang in der Auswanderungsstatistik verzeichnen. Be-

AUSWANDERUNG ALS FLUCHTWEG KAUM NOCH BEGEHBAR

sonders Fabrik- und Gelegenheitsarbeiter, Menschen ohne berufliche Ausbildung, finden im In- oder Ausland nur noch schwer Beschäftigung. Aussichtslosigkeit und Frustration treiben sie stattdessen oft in die heimatliche Drogenszene, was aus Geldnot unweigerlich ein Abgleiten in die Kriminalität zur Folge hat.

Als einstiges Sicherheitsventil und Lösung des Problems der Arbeitslosigkeit scheint der Fluchtweg durch Auswanderung kaum noch begehbar zu sein. Folglich wird das zwar wesentlich verbesserte, aber bereits überstrapazierte Netz der Sozialfürsorge bis zur Zerreißprobe belastet, und es bleibt vielen freiwilligen Hilfsorganisationen überlassen, gegen Armut und Hilflosigkeit, Verwahrlosung und Depression anzugehen.

Der krasse Gegensatz zwischen Arm und Reich manifestiert sich rein äußerlich im Straßenbild der Städte sowie auch in den sehr unterschiedlichen Wohnvierteln und Verkehrsmitteln; man bemerkt ihn an den Inhalten von Einkaufstaschen, in Schlangen vor den Ämtern, in Schulen, vor Gericht, in Radio- und Fernsehinterviews und in Berichten über Einzelschicksale.

HEIMAT OFT ENG UND STEREOTYP

Wer heute auswandert, ist meist gut ausgebildet und fähig, sich im internationalen Wettbewerb zu behaupten. Diese Emigranten haben es sich auch abgewöhnt, im Ausland ein irisches Ghetto-Dasein zu fristen, und suchen in Frankfurt, New York oder Oslo nicht mehr wie früher ausschließlich die irischen Pubs auf; vielmehr erlernen sie die Landessprache, um sich so schnell wie möglich verständigen und integrieren zu können.

Bei ihren Besuchen in der Heimat wird ihnen dann oft bewusst, wie eng und stereotyp so manches zu Hause geblieben ist. Die Gewohnheiten der Eltern erscheinen ihnen altmodisch, bei den Gesprächen im Pub über interne Themen können sie nicht mehr mithalten; Freunde und Bekannte haben neue Kreise gefunden. Oft fühlen sich die mit viel Optimismus ausgezogenen Pendler und Auswanderer sowohl zu Hause als auch in der Fremde gesellschaftlich in eine Außenseiterrolle gedrängt.

Kein anderes Land in Europa hatte während der letzten beiden Jahrhunderte eine so hohe Auswanderungsrate wie Irland. Ungewöhnlich dabei ist, dass ebenso viele Frauen wie Männer ihre Heimat verlassen haben.

Bild nächste Doppelseite: *Sanddünen-Landschaft bei Kilmuckridge an der Südostküste*

übernächste Doppelseite: *Unwirklich wie ein Bühnenbild: Der Rock of Cashel in der Grafschaft Tipperary war von 370 bis 1101 die historische Feste der Könige von Munster und später eine berühmte Klostersiedlung*

IRLAND ÄLTESTE ZIVILISATION EUROPAS, ABER IMMER NOCH TEENAGER

In einem alten Trinkspruch wünschten die Iren einander «das Glück, in Irland zu sterben». Verhältnismäßig wenige jedoch haben es vermocht, in die Heimat zurückzukehren. Hingegen gibt es heute zunehmend Rückwanderer aller Altersgruppen, die in ihrer Heimat arbeiten und leben wollen, zumal der früher absorbierende Arbeitsmarkt anderer Länder weniger Chancen bietet, Irland dagegen innerhalb der UN zu den 30 reichsten Staaten der Welt gehört.

Sean O'Casey hatte in den Fünfzigerjahren festgestellt, Irland habe zwar die älteste Zivilisation Europas, aber sei immer noch ein Teenager. Aus diesem Teenager ist inzwischen ein Yuppie geworden. Gut ausgebildete, junge, dynamische Geschäftsleute, Handwerker, Unternehmer und Künstler sind fest entschlossen, Irland am europäischen Wirtschaftsgeschehen zu beteiligen und umgekehrt ausländische Partner in ihr in so vieler Hinsicht attraktives Land zu holen, um Gemeinsames aufzubauen. Im Gegensatz zu früher verlassen Menschen mit Initiative und Know-how nur vorübergehend, doch nicht für immer ihr Land. Gemeinsam mit den zahlreichen Irland-Besuchern gehen sie mit der festen Absicht, so bald wie möglich zurückzukommen.

Ein beachtlicher Aufschwung in der Wirtschaft, eine klare, konstruktive Selbstkritik, wachsende Aufgeschlossenheit und internationale Verbindungen der jungen Bevölkerung zählen zu den derzeit bedeutenden Veränderungen in Irland. Sie finden Ausdruck in der Kunst, besonders in der Musik, und spiegeln sich in einer überproportional umfangreichen Literatur, wo Schriftsteller das rasche Anderswerden ihrer Umwelt aus allen Blickwinkeln beschreiben, kritisieren, begrüßen oder auch verwerfen. Ihre Darstellungen können voller Überraschungen, scharfsinnig, informativ, traurig, irritierend, erfreulich, unberechenbar, geistreich oder unterhaltend sein – wie die Iren selbst!

Zeittafel

Um 6000 v. Chr.	Erste Siedler aus Schottland lassen sich als Jäger und Fischer an der Nordküste Irlands nieder
um 3000 v. Chr.	Weitere einwandernde Bauernvölker, vermutlich aus Spanien und der Bretagne, beginnen mit Rodungen, Ackerbau und Viehzucht. Sie hinterlassen Menhire, Dolmen, Steinkreise und Ganggräber
um 1500 v. Chr.	Metallgewinnung und -verarbeitung, Herstellung von Bronzeäxten, Stabdolchen und Schwertern sowie von großen Kesseln und Schildern
um 900 v. Chr.	Weitere Besiedlungswellen aus dem Mittelmeerraum, doch keine Eroberung durch die Römer
500-300 v. Chr.	Ankunft erster keltischer Stämme, darunter Gälen, die das Druiden-Volk Tuatha De Danann unterwerfen. Errichtung von Festungsanlagen
ca. 150 v. Chr.	Besiedlung durch Kelten der hochentwickelten La-Tène-Kultur: Übergang zu Eisenwaffen. Patriarchalische Krieger-Aristokratie. Viehreichtum
Zeitwende	Einteilung des Landes in vier Provinzen. Zusammenschluss mehrerer Kleinkönigreiche mit Königssitz in Tara; Oghamschrift auf Steinen
ca. 400-1170	Ausbreitung des Christentums. Klosterstadtstaaten. Abwehr zahlreicher Wikinger-Überfälle
432	Ankunft des heiligen Patrick und Missionierung der Kelten
ca. 400-800	Zahlreiche Klostergründungen in Irland sowie Missionstätigkeit in Schottland und England
um 800	Weitere Wikingereinfälle. Niederlassungen an Flussmündungen und Gründung von Seehafenstädten. Intensivierung von Handel und Schiffsbau
1014	Entscheidender Sieg des irischen Hochkönigs Brian Boru über die Wikinger in der Schlacht von Clontarf
1152	Synode von Kells: Aufteilung Irlands in 4 Erzbistümer und 36 Bistümer nach Anweisungen aus Rom
1154	Papst Hadrian V. erteilt Heinrich II. die Vollmacht, in Irland das römische Kirchenrecht zu etablieren
1167	Der exilierte irische König Dermot MacMurrough bittet den englischen König Heinrich II. um militärische Unterstützung bei Stammesfehden
1169	Eintreffen des angeforderten normannischen Heeres unter Führung des Earl of Pembroke, genannt Strongbow
ab 1170	Eroberungszüge von Normannen in Irland. Errichtung mächtiger Burgen und Abteien. Aufbau einer zentralen Verwaltung. Ackerbau, Getreidewirtschaft und Obstanbau. Zahlreiche Klostergründungen eingewanderter Orden vom Festland: Zisterzienser, Benediktiner, Franziskaner u.a.
1172	Auf der Synode von Cashel Anerkennung Heinrich II. als Herrscher über Irland
1210-1261	Normannische Lehnsherren beherrschen weite Gebiete Irlands; dabei allmähliche Anpassung an irische Sitten
1315-1318	Machtbereich der anglo-normannischen Vorherrschaft nimmt ab. Edward Bruce aus Schottland ist Hochkönig von Irland
1366	Die Statuten von Kilkenny verbieten Mischehen sowie Übernahme irischer Sitten und der Sprache (zu spät)
1494	*Poyning's Law* verfügt, das Parlament der Anglo-Iren soll nur aufgrund englischer Gesetze handeln
15. Jahrhundert	Die Herrschaft der Normannen geht allmählich über auf die irischen Geraldine- und Butler-Clans
1533	Heinrich VIII. von England verweigert die Anerkennung des Papstes von Rom, wird durch die Suprematsakte des Parlaments Oberhaupt der englischen Kirche
1534	Aufstand und Niederlage des Geraldine-Clans und Hinrichtung ihres Anführers Silken Thomas
1541	Heinrich VIII. König und Kirchenoberhaupt von Irland. Daraufhin Auflösung von ca. 400 Klöstern und Konfiszierung von Kirchenbesitz
1549-1567	Besiedlung angeeigneter Besitztümer von Engländern in den Grafschaften Laois und Offaly. Unterdrückung von Aufstandsversuchen
1565-1567	Aufstand und Niederlage des Iren Shane O'Neill
1568	Besiedlung von Munster durch Aufteilung des Landes an englische Unternehmer
1593	Erfolgreiche Erhebung des Earl of Tyrone, Hugh O'Neill, gegen die Herrschaft Englands unter Elisabeth I. Zerstörung von Siedlungen, Kirchen, Ländereien und Bauernhöfen
1601-1603	Sieg Englands über irisch-spanische Streitkräfte bei Kinsale
1607	Flucht der Grafen aus Ulster: O'Neill, O'Donnell und Maguire. Besiedlung der konfiszierten Ländereien durch schottische Einwanderer mit fremden Bräuchen, Traditionen und Arbeitsmethoden

1641-1649 «Abenteurergesetz» in England verabschiedet, das Auswanderer nach Irland locken soll, um die rebellischen Iren zu unterdrücken

1642 Gründung der katholischen Konföderation von Kilkenny; Verschiedene Abkommen zwischen Iren und Anglo-Iren, Royalisten und Parlamentariern, Katholiken und Protestanten. In Ulster Aufstand der Katholiken und Überfall auf etwa 12 000 protestantische Siedler («The Night of Fear»)

1649-1652 Daraufhin Einmarsch Oliver Cromwells und seiner gefürchteten *Ironsides* aus England. Sie schlagen die Aufstände der Iren nieder, verwüsten das Land und vertreiben die Überlebenden in den Westen der Insel. Neue Landenteignungen und anschließende Besiedlung durch Protestanten

1660 Karl II. befürwortet die Landkonfiszierungen in Irland

1685-1688 Jakob II. kämpft vergeblich erst in England, dann in Nordirland um seine katholische Vormachtstellung. Er ernennt Richard Talbot zum ersten katholischen Vizekönig Irlands

1689 Einberufung eines katholischen Parlaments. Gescheiterte Belagerung der protestantischen Stadt Derry

Unterwegs mit Pferd und Wagen: Aussteigerleben in der Tradition der «Tinkers», heute Alternativ-Urlaub für Touristen

nächste Doppelseite: *Clonmacnoise über dem Mäanderband des Shannon-Flusses: Nur in der zweiten Hälfte des ersten Jahrtausends blühte Irlands berühmteste Mönchssiedlung. Dann kamen als Plünderer die Dänen und Anglonormannen*

übernächste Doppelseite: *Melancholie am Meer: Ebbe in einer der Lagunen des Cork Harbour bei Cobh*

1690	Schlacht am River Boyne. Wilhelm III. von Oranien für England besiegt mit Unterstützung des Papstes und Spaniens den katholischen Jakob II.
1691	Politische Macht und das Recht auf Landbesitz geht vorwiegend auf die *Protestant Ascendancy* über
1695-1725	Die *Penal Laws* (Strafgesetze) verbieten die Ausübung des katholischen Glaubens. Katholiken sind von politischen, juristischen und militärischen Ämtern ausgeschlossen. Sie dürfen Land nur 30 Jahre lang pachten, aber nicht kaufen. Erste Auswanderungswelle
1699	Exportverbot irischer Wollwaren und Rinder; dadurch großes Handelsdefizit und Verdrängung Irlands vom Weltmarkt. Keine Erlaubnis zu Industrie-Unternehmen. Irland bleibt Agrarland. Leinenindustrie ist nur in Nordirland erlaubt
1710-1795	Gründung zahlreicher Widerstandsbewegungen
1776	Katholiken aus Irland verdingen sich als Soldaten im Amerikanischen Unabhängigkeitskrieg
1779	Verbot des Viehexports nach England und zum Festland aufgehoben
1782-1800	Autonomie-Anerkennung des protestantisch irischen Parlaments unter Henry Grattan durch England. Gründung einer protestantischen Freiwilligen-Bewegung, dem *Volunteer's Movement* für handelspolitische und verfassungsrechtliche Verbesserungen
1791	Gründung der revolutionären *Society of United Irishmen*
1793	Aktives Wahlrecht für Katholiken
1795	Gründung der reaktionären protestantischen *Orange Order*
1798	Niederlage der irischen Rebellion unter Father Murphy in Wexford. Wolfe Tones Ankunft mit einer französischen Flotte. Forderung nach einer Republik in Irland scheitert
1800	Selbstauflösung des bestochenen irischen Parlaments und Gesetz zur Vereinigung Irlands mit England: *Act of Union. «Vereinigtes Königreich von Großbritannien und Irland»*
1801	100 Abgeordnete verlassen Irland und lösen eine politische und ökonomische Krise aus
1803	Von Robert Emmet organisierter Aufstand scheitert
1823	Daniel O'Connell gründet die *Catholic Association* und ruft die katholische Bevölkerung zu friedlichen Massenkundgebungen auf
1829	Wahl O'Connels zum ersten katholischen Abgeordneten im britischen Parlament. Aufhebung anti-katholischer Gesetze
1831	Allgemeine Schulpflicht per Gesetz vorgeschrieben; Unterricht ist kostenlos, aber englischsprachig
1845-1851	Kartoffelfäule verursacht Missernten und große Hungersnot. Über eine Million Menschen sterben, weitere zwei Millionen emigrieren in die USA und nach Kanada
1848	Aufstand und Niederlage des revolutionären protestantischen *Young Ireland Movement*
1850	Gründung der Liga für Pächterrechte durch C.G. Duffy
1858	Gründung der *Irish Republican Brotherhood* (*Fenian Movement*) in den USA
1867	Aufstand und Niederlage der revolutionären Fenier in Irland
1869	*Disestablishment* der Church of Ireland unter Gladstone, das heißt, sie trennte sich vom Staat und von der anglikanischen Kirche
1870	Der protestantische Anwalt Isaac Butt gründet die *Home-Rule*-Bewegung, die eine irische Selbstverwaltung fordert. Verteilung von kirchlichem Grundbesitz
1879-1882	«Landkriege» zum Erwerb von Grundbesitz. Michael Davitt gründet die *Land League* (Landliga)
1884	Gründung der *Gaelic Athletic Association* (GAA) zur Förderung irischer Sportarten und des Nationalbewusstseins
1886	Charles Stewart Parnell fordert vergeblich ein von England unabhängiges Parlament für Irland. Sein *Home-Rule*-Gesetz scheitert. Gründung der *Unionist Party*
1893	Gründung der *Gaelic League* durch Douglas Hyde zur Förderung der irischen Sprache und Literatur
1903	*Wyndham's Act* verbessert die Rechte irischer Pachtbauern
1905	Gründung der *Sinn Féin* durch Arthur Griffith zur Durchsetzung politischer und wirtschaftlicher Selbstverantwortung.
1912	Verabschiedung eines *Home-Rule*-Gesetzes im britischen Unterhaus, aber noch keine Zustimmung durch das Oberhaus. Nordirland bildet ein Freiwilligenheer als Schutz gegen das *Home-Rule*-Gesetz
1913	*Irish Volunteers* unterstützen die Forderung nach *Home Rule*

1914	Der Ausbruch des Ersten Weltkriegs verhindert das sofortige In-Kraft-Treten des umstrittenen *Home-Rule*-Gesetzes
1916	Einwöchiger Osteraufstand in Dublin unter der Führung des Nationalisten Patrick Pearse und des Sozialisten James Connolly. Proklamation der Irischen Republik. Niederlage der Aufständischen, Hinrichtung von 15 Anführern
1918	Wahlsieg der verbotenen Partei *Sinn Féin*. Widerstand gegen allgemeine Wehrpflicht
1919	Das irische Parlament *Dáil Éireann* tritt zusammen und bildet eine eigene Regierung unter Eamon de Valera
1919-1921	Kampf um die endgültige Unabhängigkeit von England
1921	Unterzeichnung des anglo-irischen Vertrags; Irland erhält den Status eines Freistaats unter britischer Krone; Nordirland bildet ein eigenes Parlament. Erste nordirische Versammlung
1922	Südirland wird als *Irish Free State* unabhängiges «Dominium». Annahme des Vertrags durch *Dáil Éireann*; Gründung einer Regierung mit Arthur Griffith als Premierminister
1921-1923	Bewaffneter Kampf zwischen Befürwortern (Michael Collins) und Gegnern (Eamon de Valera) des Vertrags
1923	Sieg der Freistaatler im Süden und Internierung von Republikanern; im Norden Notstandsgesetzgebung und Gründung einer Sonderpolizei
1925	Anerkennung der nordirischen Grenze
1926	Der ehemalige IRA-Anführer Eamon de Valera verlässt die *Sinn Féin* und gründet die Partei *Fianna Fáil*
1931	Verbot der IRA im irischen Freistaat
1932	Wahlsieg der *Fianna Fáil* über die *Fine Gael*. Tarifauseinandersetzungen mit England. De Valera wird Premierminister und hat das Amt bis 1948 inne
1937	In-Kraft-Treten der gegenwärtigen Verfassung. Irland ist fortan ein souveräner, unabhängiger, demokratischer Staat
1939	IRA-Bombenanschläge in England
1939-1945	Neutralität des Freistaates Irland im Zweiten Weltkrieg
1949	Irland erklärt sich zur Republik und tritt aus dem Commonwealth aus
1954	IRA-Angriffe in Armagh
1955	Irland wird Mitglied der Vereinten Nationen
1956-1962	Grenzkampagne der IRA
1965	Verhandlungen zwischen den Premiers Sean Lemass und Terence O'Neill über wirtschaftliche Zusammenarbeit zwischen Norden und Süden
1968	Erste Bürgerrechtsdemonstrationen in Derry
1969	Bogside-Schlacht in Londonderry. Beginn der bis heute andauernden Unruhen (*Troubles*) in Nordirland; seither bittere Auseinandersetzungen mit Bombenanschlägen, Schießereien und Gewalttaten befeindeter Organisationen
1972	Auflösung des Stormont-Parlaments in Belfast
1973	Beitritt Irlands zur Europäischen Gemeinschaft (EG). Bombenanschläge in Dublin und Monaghan
1974	Der politische Lösungsversuch des Sunningdale-Abkommens scheitert am Generalstreik der Protestanten in Nordirland
1976	Friedensbemühungen einer Frauenbewegung in Belfast
1977	Parlamentswahlen; *Fianna Fáil* wieder an der Macht
1979	Besuch Papst Johannes' II. in Irland
1981	Hungerstreiks im Maze-Gefängnis (9 Tote)
1983	Zusammenkunft des New Ireland-Forums

Der Name «Jameson» lässt Whiskey-Liebhabern das Herz höher schlagen! Ein Muss ist dann der Besuch des Jameson Heritage Center in Midleton (südöstlich von Cork). Dort kann man sich eindrucksvoll Geschichte und Technik rund um den Whiskey veranschaulichen – mit anschließender Verkostung, versteht sich! (Siehe auch nächste Doppelseite)

übernächste Doppelseite: *Johnstown Castle bei Wexford: Eine der herausragenden Schlossanlagen Irlands inmitten eines riesigen, teils subtropischen Parks*

JAM
HERITAG

JAMESON
IRISH WHISKEY
WATERWHEEL

J.J & S
JOHN JAMESON & SON
BOW STREET
DUBLIN

1985	Großbritannien und die Republik bilden einen Irland-Rat
1988	Tausendjahrfeier der Stadt Dublin
1989	Erstmalige Koalition zwischen *Fianna Fáil* und *Progressive Democrats*
1990	Die Juristin Mary Robinson wird erste Staatspräsidentin Irlands
1991	Dublin ist Kulturhauptstadt Europas
1992	Dem Vertrag von Maastricht stimmt eine Zweidrittels-Mehrheit der Bevölkerung zu
1993	Erstmalige Koalition zwischen *Fianna Fáil* und *Labour Party*. Staatsbesuch der irischen Präsidentin bei der Königin von Großbritannien. *Downing Street Declaration*: Wegweisende Vereinbarung über Nordirland zwischen Premiers John Major und Albert Reynolds
1994	Skandal zwingt Taoiseach (gälisch = Häuptling: Premierminister) Reynolds (*Fianna Fáil*) zum Rücktritt. Nachfolger John Bruton (*Fine Gael*). Im August: Waffenstillstand der IRA. Im Oktober: Waffenstillstand der Loyalisten
1995	John Bruton und John Major vereinbaren einen Rahmenvertrag zu Gesprächen über die Zukunft Nordirlands. Referendum erzielt knappe Mehrheit zur Befürwortung von Ehescheidung in der Republik Irland. Der Nordire Seamus Heaney, geboren 1939, erhält den Literaturnobelpreis
1996	Rinderexport empfindlich getroffen durch Ausbreitung des Rinderwahnsinns (BSE)
1997	Nach dem Rücktritt der bisherigen Präsidentin Mary Robinson, die UNO-Hochkommissarin für Menschenrechte wird, Wahl der Nordirin Mary McAleese zur neuen Präsidentin Irlands
1998	Durchbruch nach 25 Jahren Streitverhandlungen mit Nordirlands Parteien. Die Einigung bei den Friedensgesprächen in Belfast am Karfreitag wird in beiden Teilen Irlands großmehrheitlich begeistert gefeiert. Das Hauptverdienst kommt Premier Tony Blair und Taoiseach Bertie Ahern zu. Es soll ein Provinzparlament gewählt werden, das seinerseits eine Exekutive aus 12 Vertretern beider Volksteile mit gesamtirischen Vollmachten ernennen wird. Die Republik verpflichtet sich, den Gebietsanspruch auf Nordirland aus der Verfassung zu entfernen. London verzichtet auf die absolute britische Zuständigkeit für Nordirland. *Der irische Friedensprozess wird noch Jahre in Anspruch nehmen – doch endlich ist ein Anfang gemacht*, schreibt die Neue Zürcher Zeitung

0
100 km
Atlantischer
Ozean
Malin Head
Rathlin Island
Causeway Coast
Ballycastle
Larrybane
Nordkanal
Lough Swily
Lough Foyle
Creesburgh
Errigal Mountain
752
Aran Island
Letterkenny
Coleraine
Bann
Londonderry
Antrim
Donegal
Londonderry
683
Portnoo
Strabane
Ballymena
Larne
Ulster
Nord-Irland
GROSSBRITANNIEN
Glencolumbkille
Rocky Point
Donegal
Belfast Lough
Bangor
Newtownards
Omagh
Lough Neagh
Belfast
Donegal Bay
Lower Lough Erne
Tyrone
Lisburn
Grey Abbey
Erris Head
Benbulben
Sligo
Portadown
Fermanagh
Strangford Lough
Enniskillen
Armagh
Moyne Abbey
Mayo
Sligo
Leitrim
Upper Lough Erne
Down
Castlewellan
Armagh
Ballina
Doogort
Lough Conn
586
Monaghan
Newry
Mourne Mtns.
852
Achill Island
Connacht
Carrick-on-Shannon
Cavan
Dundalk
Westport
Castlebar
Cavan
Meath
Louth
Mweelrea
817
Roscommon
Monasterboice
Lough Mask
Longford
Leenane
Ballinrobe
Roscommon
Kells
Drogheda
Longford
Newgrange
Twelve Pins
730
Cong
Navan
Clifden
Tuam
Connemara
Lough Ree
Suck
Royal
Mullingar
Boyne
Roundstone
Lough Corrib
Meath
Dublin
Galway
Athlone
Westmeath
Canal
Galway
Ballinasloe
DUBLIN
Galway Bay
Offaly
Tulla-more
Killdare
Grand Canal
Dun Laoghaire
Poulnabrone-Dolmen
Aran Islands
Burren
Gort
Shannon
Birr
Kildare
Enniskerry
Bray
Doolin
Leinster
Cliffs of Mother
Wicklow
Kilfenora
Lough Derg
Port Laoise
Glendalough
REPUBLIK
Glendalough
Wicklow
Ennis
Nenagh
Roscrea
Laois
Clare
Wicklow Mountains
Kilkee
Carlow
Limerick
694
Carlow
Shannon
926
Arklow
Loop Head
Foynes
Adare Manor
Tipperary
Lugnaquillia Mtn.
Kilkenny
IRLAND
Golden Vale
Nore
Slaney
793
Limerick
Maigue
Rock of Cashel
Kilkenny
Wexford
Tipperary
Jerpoint Abbey
Enniscorthy
Feale
Kilmuckridge
Brandon Mountain
953
Suir
Cliffs of Dunquin
O'Connor Pass
Tralee
Clonmel
Barrow
Slaney
Kerry
Munster
919
Dingle
Knockeen-Dolmen
Wexford
Slea Head
Dingle Bay
Ring of Kerry
Laune
Killarney
Mallow
Blackwater
Lismore
Waterford
Waterford
Rosslare
1041
Killarney Nat. Park
Dungarvan
Valencia Island
Carrauntoohill
Carnsore Point
Ring of Kerry
Blarney Castle
Kenmare
Cork
Midleton
Staigue Fort
Sneem
Lee
Youghal
Ring of Beara
Healy Pass
Caha Mtns.
Glengarriff
Cork
Cobh
St. Georgs Kanal
Dunboy Castle
Bantry
Bandon
Bantry Bay
King Charles' Fort
Rosscarbery
Mizen Head
Keltische See
© KARTOGRAPHIE Peh/Schefcik

Max Schmid / Ulrich Sacker
KALIFORNIEN
200 Seiten mit 173 Farbfotos auf 110 Farbbildseiten, 14 s/w-Abb.,
DM/sFr 58,-/öS 448,-
ISBN 3-7243-0304-1

Max Schmid / Udo Sautter
USA
240 Seiten mit 160 Farbfotos,
48 s/w-Abb.,Karte,
DM 68.-/sFr 64.50/öS 498.-
ISBN 3-7243-0330-0

Max Schmid
H. und B. Wagner
AMERIKAS NATURPARADIESE
200 Seiten mit 118 Farbfotos,
44 s/w-Abb.,Karte,
DM 58,-/sFr 55,-/öS 424,–
ISBN 3-7243-0325-4

Erika und Klaus Beer
Manfred Köhler
HIGHWAY 50
Die längste Straße der USA: vom Atlantik zum Pazifik
200 Seiten mit 211 Farbfotos,
43 s/w-Abb., Karte,
DM 58.-/sFr 55.-/öS 424.-
ISBN 3-7243-0333-5

Max Schmid / Rainer Höh
ROCKY MOUNTAINS
200 Seiten mit 142 Farbfotos,
19 s/w-Abb., Karte,
DM 58,-/sFr 55,-/öS 448,-
ISBN 3-7243-0322-X

Max Schmid / Rainer Höh
NEUENGLAND (USA)
200 Seiten mit 164 Farbfotos,
15 s/w-Abb., Karte,
DM 58,-/sFr 55,-/öS 448,-
ISBN 3-7243-0316-5

Max Schmid / Udo Sautter
KANADA
208 Seiten mit 110 Farbfotos,
34 s/w-Abb.,
DM/sFr 58,-/öS 448,-
ISBN 3-7243-0298-3

Kenneth McKenney /
div. Fotografen
MEXIKO
288 Seiten mit 283 Farbfotos,
17 s/w-Abb.,
DM/sFr 68,-/öS 498,-
ISBN 3-7243-0301-7

Cathleen Naundorf/ R. Marggraf
BRASILIEN
200 Seiten mit 166 Farbfotos,
29 s/w-Abb., Karte,
DM 58,-/sFr 55,-/öS 448,-
ISBN 3-7243-0321-1

Guido A. Rossi/Giovanni Caselli
ÄGYPTEN
280 Seiten mit 190 Farb-fotos,
25 s/w-Abb. im Text,
DM/sFr 68,-/öS 498,-
ISBN 3-7243-0292-4

Kenneth McKenney
AUSTRALIEN
288 Seiten mit 240 Farbfotos,
23 s/w-Abb., DM/sFr 68,-/öS 498,- ISBN 3-7243-0299-1

Christian Prager/H.-P. Stoffel
NEUSEELAND
200 Seiten mit 162 Farb-fotos, 37 s/w-Abb.,Karte,
DM 58.-/sFr 55.-/öS 424,-
ISBN 3-7243-0328-9

Christian Prager
Claudia Bette-Wenngatz
SÜDAFRIKA
200 Seiten mit 156 Farb-fotos,
45 s/w-Abb.,Karte,
DM 58.-/sFr 55.-/öS 424.-
ISBN 3-7243-0334-3

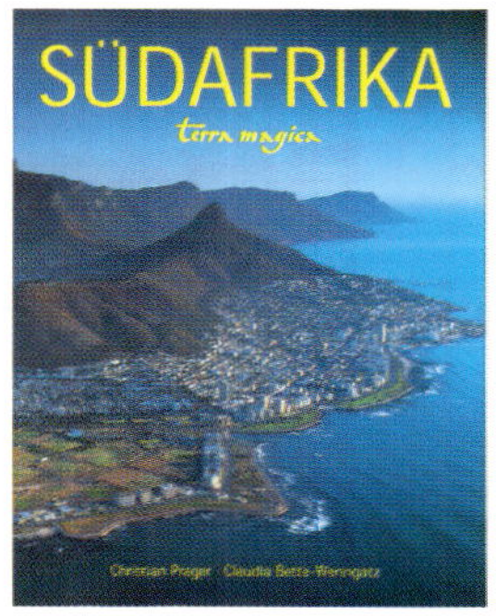

Sabine Berger
Annaliese Wulf
THAILAND
200 Seiten mit 166 Farb-fotos,
43 s/w-Abb.,Karte,
DM 58.-/sFr 55.-/öS 424.-
ISBN 3-7243-0327-0

CHINA
288 Seiten mit 192 Farbfotos,
32 s/w-Abb.,
DM/sFr 68,-/öS 498,-
ISBN 3-7243-0306-8

Max Schmid/
Bedrich Rohan
SCHOTTLAND
200 Seiten mit 172 Farbfotos,
30 s/w-Abb.,
DM/sFr 58,-/öS 448,-
ISBN 3-7243-0305-X

Udo Heß
NORWEGEN
200 Seiten mit 124 Farb-fotos, 45 s/w-Abb.,Karte,
DM 58.-/sFr 55.-/öS 424,-
ISBN 3-7243-0329-7

Traumkreuzfahrt in den HOHEN NORDEN
Orkneys · Island · Spitzbergen · Nordkap · Norwegen
200 Seiten mit 155 Farb-fotos,
20 s/w-Abb., Karte,
DM 58,-/sFr 55,-/öS 448,-
ISBN 3-7243-0318-1

Dennis Gunton/Janez Skok
HIMALAYA
Tibet, Bhutan, Ladakh, Nepal, Sikkim, Nordindien, Kaschmir
288 Seiten mit 230 Farb-fotos,
11 s/w-Abb., Karten,
DM 68,-/sFr 64,50/öS 498,-
ISBN 3-7243-0317-3

Orts- und Namenregister

(kursive Seitenzahlen = Abbildungen)

Torc Waterfall im Killarney National Park: Der Nationalpark umfasst mehrere tausend Hektar urwüchsiger Landschaft

nächste Doppelseite: *Charles Fort bei Kinsale: eine der besterhaltenen Verteidigungsanlagen aus dem 17. Jahrhundert*